[제2판]

지역사회복지실천현장의 이론과 사례

강세현

KNOWLEDGE COMMUNITY 공동체

Preface

사회복지는 사람들이 느끼고 겪는 욕구를 파악하고 사회문제의 원인을 규명하는 일에서 시작하여 그러한 욕구와 사회문제를 해결하기 위하여 여러 측면의 사회복지실천현장에 직접 또는 간접적으로 개입하는 실천적 활동을 포함한다. 특히 사회현상에 대해 설명하고 원인을 찾는 활동보다는 사람들이 겪는 어려움을 해결하는 실천적 측면에 더 큰 비중을 둔다. 따라서 사회복지실천현장에서 적용되는 지식과 기술을 파악하고, 사회복지실천현장에 관한 정보와 실태를 체계적으로 정리하여 이해하고 활용하는 것이 사회복지실천 영역에 매우 중요한 의미를 지니고 있다.

이 책은 2014년 출간한 내용을 수정·보완한 것으로서, 사회복지실천현장에 대해 이론적 및 법률적 차원에서 논의하고, 지역사회의 실천현상 사례를 연구하는 데 목적을 두고 있다. 사회복지실천현장이란 사회복지실천이 행해지는 장(setting)과 문제(problem) 및 대상집단(client)을 모두 포괄하는 개념이며, 더 나아가 사회복지의 다양한 기관과 그러한 기관에서 활동하는 데 필요한 특별한 능력까지 포함하는 복합적인 개념이다.

이 책에서는 사회복지실천현장에 대한 내용을 사회복지서비스 제공방식에 따라 분류하여 살펴보고 있다. 사회복지서비스 제공방식에 따른 분류는 직접적 실천을 제공하는 서비스기관과 간접적 실천에 해당하는 행정기관으로 나누어 볼 수 있다. 서비스기관은 주로 대상자나 문제 영역에 따라서 서비스 분야를 나누는데, 이 책에서 살펴보는 서비스 분야는 지역주민·저소득층 복지실천현장, 아동복지실천현장, 청소년복지실천현장, 노인복지실천현장, 장애인복지실천현장, 여성·가족복지실천현장, 정신보건복지실천현장이다. 그리고 간접적 사회복지실천현장으로서 사회복지협의회, 지역사회보장협의체, 사회복지공동모금회, 사회복지사협회에 대해서도 살펴보고 있다.

각각의 사회복지실천현장은 하나의 장으로 구성하였으며, 각 장에서는 사회복지기관·시설의 개념 정의, 설치 및 운영, 사업에 관한 내용을 이론적 및 법률적 차원에서 논의하여 제시하고 있으며, 이어서 지역사회복지실천현장 사례에 관한 내용으로 현황 및 실태, 주요 사업 및 프로그램 관련 사항들을 분석하고 정리하여 제시하고 있다.

끝으로 이 책의 출판을 위해 적극적으로 성원해 주신 도서출판 공동체의 김동훈 사장님과 공동체 가족 여러분께 감사를 드린다.

2017년 1월
관탈섬이 내다보이는 연구실에서
강세현

Contents

제4장 청소년복지실천현장 95

제5장 노인복지실천현장 127

제6장 장애인복지실천현장 171

CHAPTER 1

사회복지실천현장의 개념과 분류

1. 사회복지실천현장의 개념
2. 사회복지실천현장의 분류

제1장 사회복지실천현장의 개념과 분류

1. 사회복지실천현장의 개념

1) 사회복지

오늘날 우리는 급변하는 매우 불확실한 세계의 중심에 서서 살아가고 있다. 사람들은 일생을 살아가는 동안 수많은 개인적 및 사회적 문제를 만나게 된다. 사회복지는 사람들이 살아가는 동안 필요로 하는 사회적 욕구와 사회문제를 해결하려는 노력을 포함한다. 그래서 사회복지는 현대 사회생활의 중요한 부분을 차지하고 있다. 프리드랜더와 앱트(Friedlander & Apte, 1980 : 4)는 사회복지의 개념을 다음과 같이 정의하고 있다.

> "사회복지는 인간의 복지와 사회질서 유지에 기본적인 것으로 인정되는 사회적 욕구를 충족시키기 위한 제반 준비를 확보하고 강화하는 법률, 프로그램, 급여 및 서비스 체계이다."

이어서 그들은 사회복지는 "인간의 기본적 욕구를 충족시키기 위하여 개인 및 지역사회를 도와주고, 가족 및 지역사회의 이익과 조화를 이루면서 인간의 안녕을 북돋우는 것을 목표로 하는 조직적 활동"을 포함하는 것으로 보고 있다.

따라서 사회복지는 사람들이 느끼고 겪는 욕구를 파악하고 사회문제의 원인을 규명하는 일에서 시작하여 결국에는 그러한 욕구와 문제를 해결하기 위하여 여러 측면의 사회복지실천현장에 직접 또는 간접적으로 개입하는 실천적 활동을 포함한다고 할 수 있다. 특히 현상에 대해 설명하고 원인을 규명하는 작업보다는 사람들이 겪는 어려움을 해결하는 실천적 측면에 더 큰 비중을 둔다. 이와 같은 사회복지활동의 최종적인 목적은 모든 사람이 만족스럽고 편안하며 행복한 삶을 누릴 수 있도록 하는 것이라고 할 수 있다.

사회복지 발달의 역사를 돌이켜 보건대, 사회복지는 가난한 사람과 환자와 같은 사회적 약자나 취약계층을 보호하고 구제하는 활동으로부터 시작하였다. 그러나 오늘날의 사회복지는 물론 사회적 약자나 낙오자에 대한 보호를 기본으로 하면서도 점차 일반 국민과 지역사회를 위한 보편적 욕구와 서비스 충족으로 그 영역이 확대되고 있다(강세현, 1999 : 14).

한편 사회복지(social welfare)와 사회사업(social work)은 가끔씩 혼동하거나 같은 의미로 사용되는 경우도 있다. 장인협(1991 : 29-36)은 다음과 같이 사회복지와 사회사업의 개념을 어의적 측면, 이념적 측면, 실천대상, 기능적 성격 차원에서 비교 검토하고 있다.

① **어의적 측면** : 사회복지는 제도나 정책의 목적적 개념을 중시하며 이상적인 측면을 강조한다. 이에 비해 사회사업은 사회복지 운영의 실질적·전문적 활동 측면을 포함하며, 이상보다는 실천적인 측면이 강조되는 용어이다.

② **이념적 측면** : 사회복지는 바람직한 사회 건설에 목표를 두는 데 비해 사회사업의 목표는 인간을 중심으로 하는 활동으로서 개인의 사회적 기능 향상에 있다.

③ **실천대상** : 사회복지는 인간 생활의 기본적 욕구 해결을 그 대상영역으로 하고 있어 매우 광범위하고 일반적인 개념이다. 이에 비해 사회사업은 인간관계에 관한 과학적 지식과 기술에 기반을 둔 전문적 서비스이다.

④ **기능적 성격** : 사회복지의 기능은 사회제도, 정책, 사회계획을 통해 인간의 삶의 수준을 향상시키는 데에 있으며, 사회사업의 기본 기능은 인간의 사회적 적응을 향상시키는 데에 있다.

이상의 사회복지와 사회사업의 개념적 차이를 도식화해 보면 〈표 1-1〉과 같다.

〈표 1-1〉 사회복지와 사회사업의 개념적 차이

구 분	사회복지	사회사업
① 어의적 측면	이상적 측면 강조	실천적 측면 강조
② 이념적 측면	바람직한 사회 건설 목표	개인의 사회적 기능 향상 목표
③ 실천 대상	일반적	전문적
④ 기능적 성격	인간의 삶의 수준 향상	인간의 사회적 적응 향상

이와 같은 차이에도 불구하고 사회복지와 사업사업은 깊은 상관성을 지니고 있다. 따라서 사회복지와 사회사업은 상호 보완적 의미에서 활용할 필요가 있다. 사회복지가 궁극적으로 모든 인간의 행복을 확보하며 증진시키고자 하는 것이라면 그것이 개인과의 사이에 어떠한 거리를 갖는 고정적인 제도나 정책이 되도록 해서는 안 되며, 개개의 인간에게 초점을 두어서 개인의 사회적 기능을 향상시킬 수 있는 사회사업의 실천이 불가결함을 인식해야 할 것이다(강세현, 1999 : 16).

2) 사회복지실천

사회복지실천이라는 개념은 'social work practice'를 우리나라 상황에 맞게 번역한 것으로, 지금까지 사용되어 왔던 사회사업(social work), 개별사회사업(social casework), 임상사회사업(clinical social work), 일반사회사업(generalist social work) 등을 대신하는 것이다. 일반적으로 social work는 사회사업으로, social welfare는 사회복지로 번역하기 때문에 사회사업실천이라는 용어를 사용하는 것이 타당하지만, 사회복지 분야에서는 사회복지실천이라는 용어를 보편적으로 사용하고 있다. 이는 사회사업이라는 용어가 갖는 한계점을 극복하고 사회복지의 정체성을 확보할 뿐만 아니라 사회복지사의 전문성을 부각시키기 위한 선택이었다고 할 수 있다(백은령 외, 2008 : 17).

사회복지실천이라는 개념은 1998년 사회복지사업법 시행령 및 시행규칙 개정 당시 한국사회복지사협회가 사회복지 교육의 필수과목으로 '사회복지실천론'을 채택하면서 등장하게 된 것이다.

사회복지실천 개념에 대한 가장 고전적인 정의로는 리치몬드(Richmond)에 의해 정의된 개별사회사업 정의를 들 수 있는데, 리치몬드는 "개별사회사업은 인간과 사회환경 간의 개별적으로 의식적인 조정을 통해 인격을 발달시키는 과정들로 구성된다"고 말한다(Skidmore, Thackeray, & Farley, 1991 : 51).

1973년 미국사회복지사협회(NASW : National Association of Social Workers)는 개인, 집단 그리고 지역사회로 하여금 그들 각자의 사회적 기능을 증진·회복하도록 원조하고, 그들의 목적에 알맞은 사회적 조건들을 창출할 수 있도록 원조하는 전문적인 활동이 사회복지실천이라고 정의하였다. 핀커스와 미나한(Pincus & Minahan)이 제시한 사회복지실천의 정의는 사람과 자원체계 간의 연결(linkage)과 상호관계(interaction)라고 하였다.

1982년 미국사회복지사협회는 몇 차례의 사회복지실천 개념에 대한 정의를 거듭한 결과 최종적으로 다음과 같이 정의하였다. 사회복지실천이란, 첫째는 인간과 사회환경 간의 생태체계적인 관점에 기초하여 개인, 집단, 가족이 자신들의 문제해결능력과 대처능력을 향상시키는 것이며, 둘째는 인간이 필요로 하는 사회자원, 서비스, 기회 등의 환경체계가 원활하게 상호작용할 수 있도록 도와주는 것이며, 셋째는 자원과 서비스를 제공하는 다양한 사회복지 기관이나 조직이 클라이언트에게 보다 좋은 서비스를 제공할 수 있도록 효과적이고 효율적인 운영을 추구하는 것이며, 넷째는 새로운 사회정책의 향상을 목적으로 하는 실천활동이다(임은희, 2004 : 17).

이상에서 언급한 개념 정의들을 참조하여 정리해 본다면, 사회복지실천은 인간의 삶의 질 향상을 위해 개인, 집단, 가족, 지역사회를 대상으로 사회복지사가 그들의 사회적 기능을 원활하게 수행해 나갈 수 있도록 클라이언트의 강점을 살려 그들의 욕구나 문제를 스스로 해결해 나갈 수 있도록 도와주는 종합적이고 체계적이며 전문적인 활동이라고 정의할 수 있다.

3) 사회복지실천현장

사회복지실천현장은 사회복지실천이 행해지는 장(setting)과 문제(problem) 및 대상집단(client)을 모두 포괄하는 개념이며, 더 나아가 사회복지의 다양한 기관과 그러한 기관에서 활동하는 데 필요한 특별한 능력까지 포함하는 복합적인 개념이다(백은령 외, 2008 : 82; Barker, 1995 : 136). 사회복지실천현장은 1920년대부터 정립되기 시작하였으며, 초기 분야로는 가족복지, 아동복지, 정신의료사회복지, 의료사회복지, 학교사회복지 등이 포함되었다. 이후 각 분야의 초점과 이름도 변화되고 새로운 분야도 등장하였는데, 직업복지, 노인복지, 농촌복지, 경찰복지 등이 그것들이다(Baker, 1995 : 136). 이러한 실천현장들은 실천의 장인 동시에 문제와 대상집단을 지칭하면서 활동하는 데 필요한 지식이나 기술의 의미도 내포하고 있다.

사회복지실천현장은 사회변화와 더불어 변화한다. 우리나라의 경우에도 사회복지서비스의 초점이 사회복지대상자에 대한 수용·보호 위주의 정책이 주를 이루던 시절에는 생활시설이 사회복지사들의 주요 실천현장이었지만, 지역사회 중심의 사회복지서비스가 확대되면서 사회복지관, 노인복지관, 장애인복지관 등 지역사회를 기반으로 한 실천현장이 사회복지사들의 주된 실천 분야이자 활동의 장의 되었다. 최근에는 학교 내에서의 부적응·왕따 등의 문제나 북한이탈주민이나 이주노동자들의 문제가 사회적인 쟁점으로 부각되면서 학교, 북한이탈주민을 위한 복지기관, 이주노동자 대상의 복지기관 등도 사회복지사들의 새로운 실천활동의 장으로 등장하였다.

이와 같이 사회복지실천현장은 광범위할 뿐만 아니라 매우 다양하기 때문에 개념을 정의하기가 쉽지 않다. 김혜란 등(2003)은 사회복지실천현장을 넓은 의미의 현장과 좁은 의미의 현장으로 구분하고, 넓은 의미의 현장은 사회복지실천 분야(일반적으로 필드라고 지칭함, field of practice) 또는 서비스 초점이 되는 문제영역(problem area)을, 좁은 의미의 현장은 클라이언트의 문제해결을 위해 해결하는 장소(일반적으로 세팅 혹은 장이라고 지칭함, setting)를 의미한다고 설명하고 있다(백은령 외, 2008 : 82 재인용). 다시 말해, 넓은 의미의 현장은 아동, 노인, 청소년, 여성 복지 분야와 같은 대상별 분야와 약물남용, 의료・정신보건, 교정 등의 문제영역별 분야를 의미하고, 좁은 의미의 현장인 장소는 클라이언트에게 사회복지서비스를 직접 또는 간접적으로 제공하는 사회복지기관을 의미한다. 즉, 교도소, 병원, 학교, 기업체는 각기 교정복지서비스, 의료복지서비스, 학교사회복지서비스, 산업복지서비스가 제공되는 장소라고 간주할 수 있다.

2. 사회복지실천현장의 분류

1) 기관(시설)의 기능과 목적에 따른 분류

(1) 1차 현장(Primary Settings)

기관(시설)의 1차적 기능이 사회복지서비스의 제공을 위한 것으로 사회복지전문직이 중심이 되어 활동하는 실천현장을 말한다. 1차 현장에는 사회복지관, 노인복지관, 장애인복지관, 아동복지시설, 노인복지시설, 장애인복지시설, 노숙인시설 등이 포함된다(고수현, 2010 : 41).

(2) 2차 현장(Secondary Settings)

사회복지전문기관은 아니지만 사회복지서비스가 기관 운영과 서비스의 효과성에 미치는 긍정적 영향으로 인해 사회복지사의 개입이 부분적으로 이루어지고 있는 실천현장을 말한다. 즉, 기관의 1차적 기능은 따로 있으며,

필요에 의해 사회복지서비스를 제공하게 되는 지방정부기관, 병원, 보건소, 교정시설, 기업, 학교 등이 있다. 이들 2차 현장에서는 동주민센터 및 읍면 사무소 복지사업, 의료사회복지, 교정사회복지, 산업사회복지, 학교사회복지 등을 수행하게 된다(고수현, 2010 : 41).

2) 기관의 설립 주체와 재원 조달방식에 따른 분류

(1) 공공기관

정부의 지원에 의해 운영되며, 사회복지사의 업무도 정부의 규정이나 지침에 의해 지도·감독되는 실천현장을 말한다. 공공기관의 체계는 서비스를 계획·관리·지원하는 행정체계와 소득보장이나 아동보호 등 관련 프로그램을 직접 제공하는 집행체계로 나누어진다. 보건복지부, 시·도, 시·군·구, 읍·면·동 행정담당공무원과 사회복지전담공무원이 이에 해당된다.

(2) 민간기관

사회복지 관련 사업이 목적인 사회복지법인, 재단법인, 사단법인, 종교단체, 시민사회단체 등의 비영리기관을 총칭하는 실천현장이다(백은령 외, 2008 : 84).

3) 사회복지서비스 제공방식에 따른 분류

(1) 행정기관(간접적 실천)

사회복지실천을 위한 지원기관으로서 사회복지서비스 전달체계를 효율적으로 운영하기 위해 행정업무를 수행하고 기관 간의 협의 및 연계 업무를 담당하는 실천현장을 말한다. 행정기관은 사회복지서비스 전달체계상의 문제점을 개선하고, 기획·감독·조정하는 등 체계를 효율적으로 발전시키는 것을 목표로 한다. 공공기관으로는 주로 중앙정부와 광역 지방정부의 사회복지부서 및 각종 사회복지 분야 위원회가 해당되고, 민간기관으로는 사회복지협의회, 사회복지공동모금회, 사회복지사협회가 대표적이다.

(2) 서비스기관(직접적 실천)

서비스대상자에게 직접서비스를 제공하는 것을 목적으로 하는 기관이다. 서비스기관은 주요 대상자나 문제 영역에 따라서 서비스 분야를 나누는데, 저소득층 복지 분야, 아동복지 분야, 청소년복지 분야, 노인복지 분야, 장애인복지 분야, 여성·가족복지 분야, 학교사회복지 분야, 정신보건복지 분야, 자원봉사 분야 등에서 직접서비스를 제공하는 기관들이 이에 해당된다. 공공기관으로는 기초자치단체인 시·군·구, 읍·면·동의 직접적 사회복지 서비스 부서가 있으며, 민간기관으로는 사회복지 분야별 이용시설과 생활시설이 이에 해당된다.

4) 서비스 내용(주거서비스의 제공 여부)에 따른 분류

(1) 이용시설

이용시설은 자신의 가정에 기거하는 클라이언트를 대상으로 주거서비스 이외의 사회복지 관련 서비스를 제공하는 기관을 통칭하는 것이다. 재가 또는 시설의 생활인, 지역주민을 대상으로 서비스를 제공하는 실천현장이라고 할 수 있다.

우리나라에서 사회복지 관련 법을 기준으로 하여 설치·운영되고 있는 이용시설은 〈표 1-2〉와 같이 정리하여 볼 수 있다.

〈표 1-2〉 사회복지 관련 법 기준 사회복지이용시설의 종류

<table>
<tr><th>사회복지 관련 법</th><th>시설종류</th><th>이용시설</th><th>소관부서</th></tr>
<tr><td>사회복지사업법</td><td>사회복지관</td><td>• 사회복지관</td><td rowspan="11">보건복지부</td></tr>
<tr><td>노숙인 등의 복지 및 자립지원에 관한 법률</td><td>노숙인시설</td><td>• 노숙인일시보호시설
• 노숙인급식시설
• 노숙인진료시설
• 쪽방상담소
• 노숙인종합지원센터</td></tr>
<tr><td>국민기초생활보장법</td><td>지역자활센터</td><td>• 지역자활센터</td></tr>
<tr><td rowspan="2">아동복지법</td><td>아동복지시설</td><td>• 아동상담소
• 아동전용시설
• 지역아동센터</td></tr>
<tr><td>아동복지전담기관</td><td>• 아동보호전문기관
• 가정위탁지원센터</td></tr>
<tr><td>노인복지법</td><td>노인복지시설</td><td>• 재가노인복지시설
• 노인여가복지시설
• 노인보호전문기관</td></tr>
<tr><td>장애인복지법</td><td>장애인복지시설</td><td>• 장애인지역사회재활시설
• 장애인직업재활시설
• 장애인의료재활시설
• 장애인생산품판매시설</td></tr>
<tr><td>한부모가족지원법</td><td>한부모가족복지시설</td><td>• 한부모가족복지상담소</td></tr>
<tr><td>영유아보육법</td><td>어린이집</td><td>• 국공립어린이집
• 사회복지법인어린이집
• 법인 · 단체 등 어린이집
• 직장어린이집
• 가정어린이집
• 부모협동어린이집
• 민간어린이집</td></tr>
<tr><td>정신보건법</td><td>정신보건시설</td><td>• 정신질환자사회복귀시설 중 이용시설
• 정신보건센터</td></tr>
</table>

성매매방지 및 피해자보호 등에 관한 법률	성매매피해자 보호 · 지원시설	• 자활지원센터 • 성매매피해상담소 • 성매매방지중앙지원센터	여성가족부
성폭력방지 및 피해자보호 등에 관한 법률	성폭력피해자 보호 · 지원시설	• 성폭력피해상담소 • 성폭력피해자통합지원센터	
가정폭력방지 및 피해자보호 등에 관한 법률	가정폭력피해자 보호 · 지원시설	• 가정폭력관련상담소 • 긴급전화센터	
다문화가족지원법	다문화가족지원센터	• 다문화가족지원센터	

출처 : 남진열 · 강세현 · 전영록 · 유용식(2010), p. 206 수정 · 보완.

(2) 생활시설

생활시설은 주거서비스를 포함한 제반 사회복지서비스를 제공하는 시설이다. 생활시설은 클라이언트에 대한 수용보호적 성격을 갖는 시설이다(한국전문대학사회복지교육협의회, 2008 : 98). 아동, 노인, 장애인, 한부모가족 등에게 의식주 등 제반 사회복지서비스를 24시간 제공하는 실천현장이다.

우리나라에서 사회복지 관련 법을 기준으로 하여 설치 · 운영되고 있는 생활시설은 〈표 1-3〉과 같이 정리하여 볼 수 있다.

〈표 1-3〉 사회복지 관련 법 기준 사회복지생활시설의 종류

사회복지 관련 법	시설종류	생활시설	소관부서
노숙인 등의 복지 및 자립지원에 관한 법률	노숙인시설	• 노숙인자활시설 • 노숙인재활시설 • 노숙인요양시설	보건복지부
아동복지법	아동복지시설	• 아동양육시설 • 아동일시보호시설 • 아동보호치료시설 • 자립지원시설 • 공동생활가정	
노인복지법	노인복지시설	• 노인주거복지시설 • 노인의료복지시설	
장애인복지법	장애인복지시설	• 장애인거주시설	
한부모가족지원법	한부모가족복지시설	• 모자가족복지시설 • 부자가족복지시설 • 미혼모자가족복지시설 • 일시지원복지시설	
정신보긴법	정신보건시설	• 정신요양시설 • 정신질환자사회복귀시설 중 생활시설	
성매매방지 및 피해자보호 등에 관한 법률	성매매피해지 보호 · 지원시설	• 일반지원시설 • 청소년지원시설 • 외국인여성지원시설	여성가족부
성폭력방지 및 피해자보호 등에 관한 법률	성폭력피해자 보호 · 지원시설	• 성폭력피해자보호시설	
가정폭력방지 및 피해자보호 등에 관한 법률	가정폭력피해자 보호 · 지원시설	• 가정폭력피해자보호시설	

출처 : 남진열 · 강세현 · 전영록 · 유용식(2010), p. 243 수정 · 보완.

CHAPTER 2

지역주민 · 저소득층 복지실천현장

1. 사회복지관
2. 노숙인시설
3. 지역자활센터

제2장 지역주민 · 저소득층 복지실천현장

1. 사회복지관

1) 이론적 및 법률적 논의

(1) 사회복지관의 정의

사회복지관이란 지역사회를 기반으로 일정한 시설과 전문인력을 갖추고 지역주민의 참여와 협력을 통하여 지역사회의 복지문제를 예방하고 해결하기 위하여 종합적인 복지서비스를 제공하는 시설을 말한다(사회복지사업법 제2조). 다시 말해, 지역사회의 인적·물적 자원을 동원하여 지역사회문제를 해결하고 수행하는 사회복지시설을 의미한다. 사회복지실천현장에서는 '지역사회복지관' 또는 '종합사회복지관'으로 불리기도 한다. 여기서 지역사회복지란 일정한 지역사회 내에서 주민의 생활문제를 사회복지사와 주민이 함께 공식적·비공식적 자원을 활용·개발하여 해결하거나 예방하는 다양한 노력을 말한다(남세진·강세현·전영록·유용식, 2010 : 40).

사회복지관은 사회복지서비스 욕구를 가지고 있는 모든 지역사회 주민을 대상으로 보호서비스, 재가복지서비스, 자립능력 배양을 위한 교육 훈련 등 그들이 필요로 하는 복지서비스를 제공하고, 가족기능 강화 및 주민 상호 간 연대감 조성을 통한 각종 지역사회문제를 예방·치료하는 종합적인 복지서비스 전달기구로서 지역사회 주민의 복지 증진을 위한 중심적인 역할을 수행하여야 한다(한국사회복지관협회, 2013 : 7).

우리나라의 사회복지관은 1983년의 사회복지사업법 개정에 따라 국고보조사업으로 자리 잡게 되었으며, 노태우 정부 시기인 1989년에 이르러 주택건설촉진법 등에 저소득층 영구임대아파트 건립 시 일정 규모의 사회복지관을 부속으로 건립할 것을 의무화했던 것이 전국적인 활성화의 기반이 되었다(고수현, 2010 : 309). 이런 점을 고려한다면 우리나라에서 사회복지관이 국가 차원에서 설치되기 시작한 것은 저소득층 밀집지역의 사회문제를 예방하고 해결하기 위한 목적이 컸다고 볼 수 있다. 우리나라 사회복지관의 발달연혁을 정리해 보면 다음과 같다(한국사회복지관협회, 2013 : 8).

- 1906년 원산에 메리 놀즈에 의해 반열방 설치(사회복지관사업 태동)
- 1921년 서울에 태화여자관 설치
- 1926년 원산에 보혜여자관 설치
- 1930년 서울에 인보관 설치
- 1956년 이화여자대학교 사회관 설치
- 1964년 목포사회복지관 설치
- 1975년 국제사회복지관연합회 회원국 가입
- 1976년 한국사회복지관연합회 설립(22개 사회복지관)
- 1983년 사회복지사업 개정으로 사회복지관 운영 국고보조사업으로 규정
- 1986년 사회복지관 운영 · 국고보조사업지침 수립
- 1989년 주택건설촉진법 등에 저소득층 영구임대아파트 건립 시 일정 규모의 사회복지관 건립을 의무화
- 1989년 사회복지관 설치 · 운영규정 제정
- 1989년 사회복지법인 한국사회복지관협회 설립
- 2004년 사회복지사업법 시행규칙 사회복지관의 설치기준 신설
  ※ 사회복지관 설치운영규정 폐지
- 2012년 사회복지사업법 개정(2012. 8. 5. 시행)
  ※ 사회복지관의 설치 등 규정 신설

(2) 사회복지관의 설치 및 운영

① 사회복지관의 설치

가. 시설의 설치 · 운영계획

사회복지관은 지역사회의 특성과 지역주민의 복지욕구를 고려하여 서비스 제공 등 지역복지 증진을 위한 사업을 실시하기 위해 설치할 수 있다. 시・도지사 및 시장・군수・구청장은 관내의 저소득층 밀집지역, 요보호대상자 및 인구수, 기타 지역의 특성을 고려하여 사회복지관이 설치・운영되도록 한다.

나. 시설 설치의 우선순위

시・도지사 및 시장・군수・구청장이 사회복지관을 설치하고자 할 때에는 저소득층 밀집지역에 우선 설치하되, 사회복지관이 일부 지역에 편중되지 않도록 한다.

다. 설치 · 운영 주체

사회복지관은 지방자치단체, 사회복지법인 및 기타 비영리법인이 설치・운영할 수 있다. 지방자치단체는 사회복지관을 설치한 후 사업의 전문성을 향상시키기 위해 운영능력이 있는 사회복지법인 등에 위탁하여 운영할 수 있다. 지방자치단체는 공공단체의 시설물을 위탁받아 사회복지관을 설치・운영하거나 사회복지법인 등에 위탁하여 운영할 수 있다.

제주특별자치도의 경우, 도지사가 운영하는 사회복지관에 도지사는 사회복지관을 효율적으로 운영하기 위하여 필요한 공무원 또는 운영요원을 배치할 수 있도록 조례로 정하고 있다. 또한 도지사는 사회복지관 시설을 효율적으로 운영하기 위하여 필요한 경우 사회복지법인 또는 비영리법인에게 위탁 운영할 수 있으며, 사회복지관을 위탁하여 운영하려는 경우에는 공개

모집으로 수탁자를 선정하되, 수탁자의 재정적 능력, 공신력, 사업 수행능력, 지역 간 균형 분포 및 입소 정원의 적정성, 종사자의 전문성, 시설의 환경, 시설 거주자에 대한 서비스의 만족도, 그 밖에 시설의 운영개선에 필요한 사항 등을 종합적으로 고려하여 선정하도록 하고 있다. 선정된 위탁기관의 계약기간은 3년이다(제주특별자치도 사회복지관 설치 및 운영 조례).

라. 시설 설치 시 유의사항

사회복지관을 설치하고자 하는 자는 다음과 같은 사항을 준수하여 건축의 설계 및 시공을 하여야 한다. 사회복지관을 설치할 때에는 시설 입구 등 일반이 보기 쉬운 곳에 사회복지관의 명칭을 부착하여야 한다. 사회복지관에는 강당 또는 회의실과 방음설비를 갖춘 상담실을 갖추어어야 하며, 업무 수행에 필요한 공간을 확보하여야 한다(사회복지사업법 시행규칙 제23조). 장애인, 임산부 및 노약자의 이용에 지장이 없도록 출입문・계단・화장실 등에 편의시설을 설치하여야 한다. 건축물의 시공에 있어서 에너지 효율성을 고려하되, 화재 예방시설 등 시설물의 관리 및 안전점검 등에 필요한 설비를 갖추도록 한다(한국사회복지관협회, 2013 : 23-24).

② 사회복지관의 운영

가. 사업계획의 수립

사회복지관의 관장은 지역주민의 복지욕구에 대한 조사, 관계 행정기관 및 단체의 의견을 수렴하여 매년도의 사회복지관 복지사업계획을 수립하여야 한다(사회복사업법 시행규칙 제23조의2 제4항).

나. 행정기관 연계

시・도지사 및 시장・군수・구청장은 사회복지관이 지역사회보장협의체에 참여하여 시・군・구청, 읍・면・동사무소 등 일선 행정기관과 연계하는 등 업무수행에 있어서 민·관의 파트너십 형성을 통한 관리 및 운영의 실효성이 높아질 수 있도록 적극 장려한다.

다. 자원봉사자의 교육 및 활용

사회복지관의 관장은 주민 참여를 통해 사회복지관 사업의 효율을 높이기 위하여 사업의 전문분야별로 전문지식과 기술을 가진 자원봉사자를 발굴하여 교육 후 활용하도록 한다. 자원봉사자에 대해서는 사회복지관 사업에 대한 예비지식을 사전에 충분히 숙지하도록 하여 책임을 고양하도록 하고, 항상 계획적이고 조직적으로 활용할 수 있도록 하여야 한다.

라. 비용의 수납

사회복지관의 사업 수행은 주민의 의타심을 방지하고 사업의 효과를 높이기 위하여 사업에 소요되는 최소한의 실비를 이용자로부터 수납할 수 있다. 다만, 실비이용료 수납 프로그램에 대하여는 국민기초생활보장 수급권자 및 혜택을 못 받는 저소득층 등 무료이용자를 20% 내외로 한다. 수납된 실비이용료는 사회복지관의 세입예산에 편입하여 실비이용료를 받는 자체 비용에 충당하고, 그 외 남은 금액에 대하여는 국민기초생활보장 수급권자 및 혜택을 못 받는 저소득층을 위한 사업에 우선적으로 사용하여야 한다.

마. 관리운영 규정

사회복지관 운영주체는 지방자치단체의 시설운영 지침을 참조하여 조직·인사·복무·보수·회계·물품·문서 등 사회복지관의 관리·운영에 관하여 필요한 규정을 정하여 시행하여야 한다(한국사회복지관협회, 2013 : 25-26).

바. 직원의 채용

사회복지관에는 사무분야와 사회복지관의 사업분야별로 이를 수행할 수 있는 직원을 각각 두거나 겸직할 수 있도록 하되, 직원 수는 사회복지관의 규모 및 수행하는 사업을 고려하여 정하여야 한다. 사회복지관의 관장과 각 분야별 책임자는 다음의 자격을 갖춘 자로 하여야 한다(사회복사업법 시행규칙 제23조의2 제2항).

- **관장** : 2급 이상의 사회복지사자격증 소지자 또는 이와 동등한 자격이 있다고 운영위원회에서 인정한 자
- **사무분야의 책임자** : 3급 이상의 사회복지사자격증 소지자 또는 이와 동등한 자격이 있다고 운영위원회에서 인정한 자
- **그 밖의 사업분야의 책임자** : 해당 분야의 자격증 소지자

지방자치단체는 사회복지관의 원활한 운영을 위하여 사회복지관 인력 배치 기준을 자체적으로 마련할 수 있다.

사. 현황 보고

사회복지관의 관장은 보건복지부장관이 정하는 바에 따라 사회복지관 현황보고서를 매년 1월 말까지 시장・군수・구청장 및 시・도지사를 거쳐 보건복지부장관에게 제출하여야 한다(사회복사업법 시행규칙 제23조의2 제7항).

③ 사회복지관 운영의 기본 원칙

사회복지관이 행하는 사회복지사업은 인도주의와 서비스를 필요로 하는 자의 존엄 유지를 전제로 다음 각 호의 기본 원칙에 따라 수행되어야 한다(한국사회복지관협회, 2013 : 9-10).

가. 지역성의 원칙

사회복지관은 지역사회의 특성과 지역주민의 문제나 욕구를 신속하게 파악하여 사업계획 수립 시 반영하여 지역사회의 문제를 해결하고, 이에 따른 서비스를 제공하여야 하며, 지역주민의 적극적 참여를 유도하여 주민의 능동적 역할과 책임의식을 조장하여야 한다.

나. 전문성의 원칙

사회복지관은 다양한 지역사회문제에 대처하기 위해 일반적 프로그램과 특정한 문제를 해결할 수 있는 전문적 프로그램이 병행될 수 있도록 지식과 기술을 보유한 전문인력이 사업을 수행하도록 하고, 이들 인력에 대한 지속적인 재교육 등을 통해 전문성을 증진하도록 하여야 한다.

다. 책임성의 원칙

사회복지관은 서비스이용자의 욕구를 충족하고 지역사회문제를 해결함에 있어서 효과성을 극대화하기 위하여 최선의 노력을 기울여야 한다.

라. 자율성의 원칙

사회복지관은 다양한 복지서비스를 효율적으로 제공하기 위하여 사회복지관의 능력과 전문성이 최대한 발휘될 수 있도록 자율적으로 운영되어야 한다.

마. 통합성의 원칙

사회복지관은 사업을 수행함에 있어 지역 내 공공 및 민간 복지기관 간에 연계성과 통합성을 강화시켜 지역사회복지 체계를 효율적이고 효과적으로 운영되도록 하여야 한다.

바. 자원 활용의 원칙

사회복지관은 주민 욕구의 다양성에 따라 다양한 기능 인력과 재원을 필요로 하므로, 지역사회 내의 복지자원을 최대한 동원·활용하여야 한다.

사. 중립성의 원칙

사회복지관은 정치활동, 영리활동, 특정 종교활동 등에 이용되지 않게 중립성이 유지되어야 한다.

아. 투명성의 원칙

사회복지관은 자원을 효율적으로 이용하고 운영과정의 투명성을 유지하여야 한다.

(3) 사회복지관의 사업

사회복지관에서는 저소득 취약계층과 지역주민에 대한 실질적인 사회복지서비스가 이루어질 수 있도록 각 사업을 유기적으로 연계하여 실시하여야 한다. 사회복지관은 모든 지역주민을 대상으로 사회복지서비스를 실시하되, 다음 각 호의 지역주민에게 우선 제공하여야 한다(사회복지사업법 제34조의5).

① 국민기초생활보장법에 따른 수급자 및 차상위계층
② 장애인, 노인, 한부모가족 및 다문화가족
③ 직업 및 취업 알선이 필요한 사람
④ 보호와 교육이 필요한 유아·아동 및 청소년
⑤ 그 밖에 사회복지관의 사회복지서비스를 우선 제공할 필요가 있다고 인정되는 사람

사회복지사업법 시행규칙에서 제시하고 있는 사회복지관의 사업은 기능별로 사업분야와 구체적 사업 및 내용을 구분하고 있다. 첫째, 사례관리기능에는 사례발굴, 사례개입, 서비스연계 세 가지 사업분야가 포함되어 있다. 둘째, 서비스 제공기능에는 가족기능 강화, 지역사회보호, 교육문화, 자활지원 등 기타 네 가지 사업분야로 구성되어 있다. 셋째, 지역조직화 기능에는 복지 네트워크 구축, 주민조직화, 자원개발 및 관리 세 가지 사업분야가 포함되어 있다. 총 세 가지 기능, 열 가지 사업분야로 구성되어 있고, 각 사업분야에는 구체적인 사업이나 사업내용들에 대한 설명이 제시되어 있다. 사회복지관의 사업을 정리해 보면 〈표 2-1〉과 같다. 사회복지관의 관장은 이들 사업들 중 지역사회의 특성과 지역주민의 복지욕구를 고려한 사업을 선택하여 복지사업을 수행하여야 한다(사회복지사업법 시행규칙 제23조의2 제3항).

다만, 사회복지관 사업의 우선사업대상자들을 위해 사업분야별로 각 1개 이상을 포함하여 사업을 진행한다. 이 경우 관할 시장 · 군수 · 구청장이 지역적 특성을 감안하여 필요하다고 인정한 경우에는 예외사항을 두거나 별도의 사업을 개발 · 추진할 수 있다(한국사회복지관협회, 2013 : 13).

〈표 2-1〉 사회복지관의 사업

기 능	사업분야	사업 및 내용
사례관리 기능	사례발굴	지역 내 보호가 필요한 대상자 및 위기개입대상자를 발굴하여 개입계획 수립
	사례개입	지역 내 보호가 필요한 대상자 및 위기개입대상자의 문제와 욕구에 대한 맞춤형 서비스가 제공될 수 있도록 사례개입
	서비스 연계	사례개입에 필요한 지역 내 민간 및 공공의 가용자원과 서비스에 대한 정보 제공 및 연계, 의뢰
서비스 제공기능	가족기능 강화	1. 가족관계증진사업 : 가족원 간의 의사소통을 원활히 하고 각자의 역할을 수행함으로써 이상적인 가족관계를 유지함과 동시에 가족의 능력을 개발 · 강화하는 사업

서비스 제공기능	가족기능 강화	2. 가족기능보완사업 : 사회구조 변화로 부족한 가족기능, 특히 부모의 역할을 보완하기 위하여 주로 아동 · 청소년을 대상으로 실시되는 사업 3. 가정문제해결 · 치료사업 : 문제가 발생한 가족에 대한 진단 · 치료 · 사회복귀 지원사업 4. 부양가족지원사업 : 보호대상 가족을 돌보는 가족원의 부양부담을 줄여주고 관련 정보를 공유하는 등 부양가족 대상 지원사업 5. 다문화가정, 북한이탈주민 등 지역 내 이용자 특성을 반영한 사업
	지역사회 보호	1. 급식서비스 : 지역사회에 거주하는 요보호노인이나 결식아동 등을 위한 식사제공서비스 2. 보건의료서비스 : 노인, 장애인, 저소득층 등 재가복지사업대상자들을 위한 보건 · 의료 관련서비스 3. 경제적 지원 : 경제적으로 어려운 지역사회 주민들을 대상으로 생활에 필요한 현금 및 물품 등을 지원하는 사업 4. 일상생활 지원 : 독립적인 생활능력이 떨어지는 요보호대상자들이 시설이 아닌 지역사회에 거주하기 위해서 필요한 기초적인 일상생활 지원서비스 5. 정서서비스 : 지역사회에 거주하는 독거노인이나 소년소녀가장 등 부양가족이 없는 요보호대상자들을 위한 비물질적인 지원 서비스 6. 일시보호서비스 : 독립적인 생활이 불가능한 노인이나 장애인 또는 일시적인 보호가 필요한 실직자 · 노숙자 등을 보호하기 위한 보호서비스 7. 재가복지봉사서비스 : 가정에서 보호를 요하는 장애인, 노인, 소년 · 소녀가정, 한부모가족 등 가족기능이 취약한 저소득 소외계층과 국가유공자, 지역사회 내에서 재가복지봉사서비스를 원하는 사람에게 다양한 서비스 제공
	교육문화	1. 아동 · 청소년 사회교육 : 주거환경이 열악하여 가정에서 학습하기 곤란하거나 경제적 이유 등으로 학원 등 다른 기관의 활용이 어려운 아동 · 청소년에게 필요한 경우 학습내용 등에 대하여 지도하거나 각종 기능 교육 2. 성인기능교실 : 기능습득을 목적으로 하는 성인사회교육사업 3. 노인 여가 · 문화 : 노인을 대상으로 제공되는 각종 사회교육 및 취미교실 운영사업 4. 문화복지사업 : 일반주민을 위한 여가 · 오락 프로그램, 문화 소외집단을 위한 문화 프로그램, 그 밖에 각종 지역문화행사사업

서비스 제공기능	자활지원 등 기타	1. 직업기능 훈련 : 저소득층의 자립능력 배양과 가계소득에 기여할 수 있는 기능훈련을 실시하여 창업 또는 취업을 지원하는 사업 2. 취업알선 : 직업훈련 이수자 기타 취업희망자들을 대상으로 취업에 관한 정보 제공 및 알선사업 3. 직업능력 개발 : 근로의욕 및 동기 낮은 주민의 취업욕구 증대와 재취업을 위한 심리 · 사회적 지원 프로그램 실시 사업 4. 그 밖의 특화사업
지역조직화 기능	복지 네트워크 구축	지역 내 복지기관 · 시설들과 네트워크를 구축함으로써 복지서비스 공급의 효율성을 제고하고, 사회복지관이 지역복지의 중심으로서의 역할을 강화하는 사업 – 지역사회연계사업, 지역욕구조사, 실습지도
	주민 조직화	주민이 지역사회문제에 스스로 참여하고 공동체 의식을 갖도록 주민 조직의 육성을 지원하고, 이러한 주민협력 강화에 필요한 주민의식을 높이기 위한 교육을 실시하는 사업 – 주민복지증진사업, 주민조직화 사업, 주민교육
	자원 개발 및 관리	지역주민의 다양한 욕구 충족 및 문제해결을 위해 필요한 인력, 재원 등을 발굴하여 연계 및 지원하는 사업 – 자원봉사자 개발 · 관리, 후원자 개발 · 관리

사회복지관 전체 바닥면적 중 1개 프로그램의 사업에 사용되는 바닥면적은 사무실 등의 공간을 제외하고 사회복지관 사업에 직접 사용되는 바닥면적의 40% 이상을 초과하지 않아야 한다. 다만, 기존(2002년 이전)에 신고 등 행정절차를 거친 사항에 대하여는 적용하지 아니한다.

사회복지관의 명칭은 '○○사회복지관' 또는 '○○종합사회복지관'으로 사용하여야 한다. 예를 들어, '××사회관', '××복지회관', '××사회근로복지관' 등의 명칭은 사회복지사업법 제34조의5에 따른 사회복지관으로 인정하지 않는다(한국사회복지관협회, 2013 : 15).

2) 제주지역의 실천현장 사례

(1) 종합사회복지관 현황

〈표 2-2〉 종합사회복지관 현황

(2011년 7월)

시설명	종사인원	1일 이용인원	규모(㎡)	설립일	소재지
제주 종합사회복지관	14	118	1,598	1985. 9.	제주시 도남로 121 (도남동 68-7)
아라 종합사회복지관	21	300	1,034	1992. 8.	제주시 인다12길 1 (아라1동 1683)
서귀포 종합사회복지관	28	262	1,034	1993. 6.	서귀포시 태평로512번길 9(동홍동 353-1)
서부 종합사회복지관	17	611	1,946	2003. 4.	제주시 한림읍 한림상로 207-9(한림리 1266)
은성 종합사회복지관	15	167	2,223	2004. 4.	제주시 월두2길 63-1 (아라2동 1163-10)
제주순복음 종합사회복지관	26	200	1,495	2004. 8.	제주시 천수동로 25 (건입동 115-7)
동부 종합사회복지관	7	130	1,739	2004. 11.	서귀포시 성산읍 일출로 14-11(고성리 1108)
제주영락 종합사회복지관	10	50	3,034	2005. 7.	제주시 고마로 9길 32(일도2동 324-10)
동제주 종합사회복지관	17	135	1,760	2006. 11.	제주시 구좌읍 평대12길 15(평대리 409-2)

출처 : 제주특별자치도(2010), p. 219; 제주특별자치도사회복지협의회(2011), pp. 301-309.

제주지역에서는 사회복지관 모두 종합사회복지관이라는 명칭을 사용하고 있다. 설립일이 빠른 순서대로 종합사회복지관을 나열해 보면, 제주종합사회복지관, 아라종합사회복지관, 서귀포종합사회복지관, 서부종합사회복지관, 은성종합사회복지관, 제주순복음종합사회복지관, 동부종합사회복지관, 제주영락종합사회복지관, 동제주종합사회복지관 총 9개소가 있으며, 행정시별로는 제주시 7개소, 서귀포시 2개소이다.

제주도민 인구(2013년 1월 말) 대비 사회복지관 1개소당 인구는 64,894명으로, 이는 전국의 인구(2013년 1월 말) 대비 사회복지관 1개소당 인구 평균 116,892명에 비해 낮은 수치이며, 2004년 이전 보건복지부의 사회복지관 설치기준인 인구 10만 명당 1개소보다도 낮은 수치이다.

제주특별자치도를 생활권역별로 임의적으로 나눠서 분포도를 살펴보면 〈표 2-3〉과 같다. 인구 116,550명이 거주하는 제주시 동지역 신제주권(연동, 노형동, 외도동, 이호동, 도두동)과 26,215명이 거주하는 서귀포시 읍면지역 서부권에는 사회복지관이 분포되어 있지 않음을 알 수 있다(제주특별자치도사회복지협의회조사연구전문위원회, 2013 : 32).

〈표 2-3〉 제주지역 인구 대비 사회복지관 현황

지 역	주민등록인구(명) (2013년 1월 말)	사회복지관 수	사회복지관 1개소당 인구(명)
제주특별치도	584,045	9	64,894
제주시	430,061	7	61,437
제주시 동지역 구제주권	218,190	5	43,638
제주시 동지역 신제주권	116,550	–	–
제주시 읍면지역 동부권	36,453	1	36,453
제주시 읍면지역 서부권	58,868	1	58,868
서귀포시	153,984	2	76,992
서귀포시 동지역	85,138	1	85,128
서귀포시 읍면지역 동부권	42,641	1	42,641
서귀포시 읍면지역 서부권	26,215	–	–

출처 : 제주특별자치도사회복지협의회조사연구전문위원회(2013 : 32).

(2) 제주종합사회복지관

제주종합사회복지관은 제주지역에서 가장 먼저 설립된 사회복지관이다. 설립과정을 살펴보면, 1981년 한국복지재단 제주지부가 설립되면서 사회복지관 사업을 시작하였고, 1985년 9월에는 사회복지사업법에 따라 사회복지관 시설인가를 받고 제주 1호의 사회복지관을 운영하게 되었는데, 이때에는 구 한국병원 자리(제주시 3도 1동 서사라 사거리 인근)의 건물을 임대하여 사용하였다.[1] 그러다가 1992년 12월 현 위치인 제주시 도남동에 건물을 신축하여 지금까지 사용해 오고 있다(제주도사회복지협의회, 1996 : 447; 초록우산 어린이재단 제주종합사회복지관, 2013 : 9). 규모는 1,598㎡이고, 지하 1층, 지상 4층 건물이며, 1층에는 방과 후 교실, 어린이집, 2층에는 관장실, 사무실, 상담실, 프로그램실, 회의실, 3층에는 장난감도서관, 종이접기교실, 초록우산 어린이재단 제주지역본부, 4층에는 미술교실, 조리실, 동화구연교실, 자조모임실, 피아노교실, 핑크드림도서관이 배치되어 있다(초록우산 어린이재단 제주종합사회복지관, 2013 : 8). 1일 평균 이용인원은 118명이며 종사 인원은 14명이다. 2016년 제주종합사회복지관의 운영주체는 사회복지법인 어린이재단이다.

제주종합사회복지관은 지역사회의 문제해결과 주민의 복지욕구에 부합하는 서비스를 개발하고, 그 실천방법을 강화하기 위한 다양한 사회복지 프로그램을 운영하고 있다. 동시에 지역주민의 적극적인 참여를 통한 지역 내 사회복지를 증진해 나가는 구심체 역할을 하고 있다.

1985년 개관한 이후 현재 사례관리, 서비스 제공, 지역사회조직 등 사회복지관의 고유사업뿐만 아니라 멘토링 사업, 다문화가족지원사업, 아동급식사업, 학교사회사업 등을 중점사업으로 추진하여 왔고, 효나눔노인복지센터, 단비아동가족상담센터, 단비어린이집, 가정봉사원파견센터, 신세계희망장난감도서관, 핑크드림도서관 등 부설기관을 운영하여 왔다(초록우산 어린이재단 제주종합사회복지관, 2013 : 9).

"둘이 함께 꿈꾸기"라는 부제를 갖고 있는 '1+1' 날개달기 멘토링 사업은 저소득가정 아동의 학습 및 사회적응력 향상을 위한 통합적 접근 프로그램으로 2000년 이후 지속적으로 진행하고 있다. 이 프로그램에는 오현고등학교와 업무협약을 통해 상위 50위권 내 학생들을 멘토로 구성하고 있다. 고등학생이 멘토의 역할을 제대로 수행할 수 있는가에 대한 의구심이 무색할 정도로 책임감, 자부심 그리고 멘티와의 정서적 공감대 형성에 큰 도움을 주고 있는 것으로 평가받고 있다.

1) 김정현 전 제주종합사회복지관 관장과의 면담에서 들은 사실이다.

초등학교 학생들을 대상으로 하는 학교사회사업에는 Holland 진로탐색, 인터넷 중독 예방교육, 학교폭력 예방 프로그램 등이 있다. 자신의 흥미와 능력, 진로유형, 직업세계를 탐색하는 시간과 인터넷에 대한 올바른 인식과 사용습관 형성, 그리고 자신의 행위가 학교폭력 인지조차 인식하지 못하는 학생들에게 올바른 가치관과 인식을 갖도록 해 건강한 성장을 도모하고 있다.

부설기관으로 2007년 4월에 문을 연 단비아동가족상담센터는 사회복지법인 춘강과 공동으로 '우리 아이 정서지킴이' 서비스를 제공하고 있다. 이는 사회성 형성에 어려움을 가진 아동들을 대상으로 심리치료, 언어치료, 미술치료 등을 병행해 건강한 사회구성원으로 성장하는 데 도움을 주고 있다(제주사회복지신문, 2009. 9. 1).

(3) 아라종합사회복지관

아라종합사회복지관은 대통령 공약 제6차 경제사회발전 5개년 계획 도시 서민영구임대주택 단지 내 사회복지관 설치계획에 근거하여 지역 특성 및 지역주민의 요구에 따라서 필요한 사업을 수행할 수 있도록 제주도 사회복지협의회가 제주시와 1992년 7월 위탁운영 약정을 체결하고, 1992년 8월 개관하였다(제주도사회복지협의회, 1996 : 439). 규모는 1,034㎡이고, 지하 1층 지상 3층이며, 지하에는 목욕탕, 이·미용실, 경로대학, 1층에는 어린이집, 노인정, 2층에는 사무실, 강당, 소강당(도서실), 컴퓨터 교육실, 방과 후 보육실, 프로그램실(아동, 청소년 야간보호교실)이 배치되어 있다(제주특별자치도사회복지협의회, 2012 : 75). 1일 평균 이용인원은 300명이며, 시설 종사 인원은 21명이다. 2016년 아라종합사회복지관의 운영주체는 사회복지법인 제주특별자치도사회복지협의회다.

아라종합사회복지관의 여러 가지 사업들 중 특색 있는 사업을 하나 소개하면, 제주특별자치도사회복지공동모금회 및 교육복지투자우선지역 지원사업인 '나를 찾아, 꿈을 찾아'는 연극활동을 통해 환경적 이유로 고민하는 청소년들의 자존감과 삶의 방향을 결정하는 데 도움을 주는 것을 목적으로 한 사업이다. 인근 지역 중학교 1·2학년 20명을 대상으로 한 이 사업은 집단상담 프로그램으로 시작한다. 서로 알고 이해하지 못하면 연극이라는 결승점에 도달하기 힘들기도 하지만, 무엇보다 중학교라는 낯선 환경에의 부적응이나 경제적 문제로 인한 어려움에서 벗어나자는 의미이다. 연극이 주가 되지만 문화체험이나 명사와의 만남, 캠프 등으로 평소에는 하기 힘든 다양한 활동도 하고, 프로그램이 있는 날은 함께 저녁식사를 하는 것으로 유대감도 키운다. 분노조절능력과 성취감은 저절로 길러졌다. 청소년들의 변화는 주변이 만들었다. 프로그램은 아라종합사회복지관이 만들었지만 인근 지역의 학교에서 청소년들의 참가를 독려하고 보다 큰 무대를 위한 조언도 아끼지 않았다. 지역사회교육전문가 등도 손을 보탰다. 환경이 바뀌니 아이들도 달라졌다. 큰 무대 장치를 하는 대신 자신들의 아이디어로 직접 소품을 만들었다. 연습 때는 볼 수 없었던 끼를 풀어내 관객들을 자신의 편으로 만들었다. 작품의 완성도보다는 연극을 통해 청소년들이 변화하고 작품을 만들어 가는 과정에서 살아가는 법을 배우고 살아갈 방향을 정하는 것, 또한 이 모든 일에 지역이 함께했다는 것이 큰 의미를 지니는 사업으로 평가된다(jemin.com, 2010. 4. 30).

(4) 서귀포종합사회복지관

서귀포시 동홍주공3단지아파트에 위치한 서귀포종합사회복지관은 1993년 6월 동홍종합사회복지관이라는 이름으로 개관하였으며, 1999년 서귀포종합사회복지관으로 명칭을 변경하여 오늘에 이르고 있다. 규모는 1,034㎡이고, 1일 평균 이용인원 262명이며 시설 종사 인원은 28명이다. 지하 1층, 지상 2층으로 되어 있는데, 지하 1층에는 목욕탕, 직업훈련실, 이·미용실, 무료빨래방이 있고, 지상 1층에는 어린이집, 노인정, 아동급식실, 지상 2층에는 사무실, 강당, 프로그램실, 지역아동센터, 상담실, 도서관이 위치하고 있다. 2016년 서귀포종합사회복지관의 운영주체는 사회복지법인 예담이다.

서귀포종합사회복지관은 지역사회 주민을 대상으로 보호서비스 제공, 자립능력 배양을 위한 교육훈련 기회 제공 등 각종 지역사회문제를 예방, 치료하는 매체로서 주민의 복지 증진을 위한 역할을 훌륭히 수행하고 있다(제주사회복지신문, 2008. 11. 1).

서귀포종합사회복지관은 사회복지관 고유 사업은 물론 복권기금 아동·청소년 야간보호 '꿈 키움터', 방임아동·위기청소년 통합지원사업 '징검다리', 법무부 지원 사회통합 프로그램 등을 운영하고 있다. 사랑의 열매 복권기금을 사회복지공동모금회가 지원하는 '꿈 키움터' 사업은 지역 자원들을 활용하여 방과 후 청소년들을 사회적 위험으로부터 보호하고 수준별 기초 학습 지도로 학습 향상에 도움을 주고 있다. 특히 해병93대대 및 삼성여고, 제주과학고 학생들이 학습 지원 및 토요학습 동아리 운영을 하고 있다. 또한 상담 프로그램, 기타 교실 및 탁구교실 운영 등 연계서비스를 통하여 가족에 대한 지지와 함께 건강한 가정환경 조성에 도움을 주고 있다.

'징검다리' 사업은 서귀포시 전 지역(대정-성산)의 방임아동·위기청소년을 발굴하고, 문제해결을 위해 사례관리서비스를 지원하고 있다. 대상자의 욕구에 따라 학습 및 특기적성 지원, 심리치료, 의료서비스 등 필요한 자원을 연계하여 참여 아동 및 가족 간 화합·관계 증진에 도움을 주고 있다. 법무부가 지원하는 이민자 사회통합 프로그램은 성산농협, 서귀포시다문화가족지원센터, 안덕농협을 일반운영기관으로 두고, 결혼이민자와 외국인근로자 등 국내에 체류하는 이민자를 대상으로 한국어 과정과 한국사회의 이해 및 기타 과정을 개설 운영하고 관리 감독 및 지원 등의 업무를 그 내용으로 하고 있다(서귀포종합사회복지관, 2012).

(5) 서부종합사회복지관

서부종합사회복지관은 '섬김 · 나눔 · 사랑'의 정신을 바탕으로 종합적이고 전문적인 사회복지사업을 통해 지역사회문제를 예방 · 치료하며 지역사회 및 주민의 연대감을 조성하는 매개체 역할을 추진하기 위해 2003년 4월 개관하였다. 규모는 1,946㎡이고, 건물 구조는 지하 1층 지상 4층이며, 지하에는 감시제어반, 펌프실, 발전기실, 1층에는 식당, 장애인주간보호센터, 2층에는 사무실, 방과 후 아동지도 프로그램실, 관장실, 어르신 사랑방, 자원봉사자실, 4층에는 강당, 게이트볼장(야외공연장)이 배치되어 있다(서부종합사회복지관 홈페이지). 1일 평균 이용인원은 611명이며, 시설 종사 인원은 17명이다(제주특별자치도사회복지협의회, 2011 : 304). 2016년 서부종합사회복지관의 운영주체는 사회복지법인 한림소망의집이다.

개관 이래 서부종합사복지관은 가족기능강화사업, 주민조직화사업, 지역사회보호사업, 교육문화사업 등 지역주민과 함께 살아 숨쉬는 다채로운 사회복지관 사업을 벌이고 있다.

최근 서부종합사회복지관이 펼치는 특기할 만한 가족기능강화사업으로는 '다문화 가족의 지역사회통합을 위한 어우러지는 우리의 꿈-드림 원' 프로그램을 꼽을 수 있다. 느림 원은 여성결혼이민자의 한국생활 적응력을 높이고 지역사회의 주체로 권리와 의무를 다할 수 있도록 지원하기 위한 프로그램이다. 이 프로그램은 결혼이주여성들에세 가장 시급한 한국어 교육을 통해 이들이 일상생활에 적응하는 것을 돕기 위한 '한국어 배움터 초 · 중 · 고급반'과 자격증 취득반인 '도전 워킹맘', 나눔과 봉사 등을 위한 '임파워먼트 동아리반' 등으로 나누어 진행된다. 이주여성들은 서부종합사회복지관이 운영하는 드림 원 프로그램을 통해 한국어를 배우고, 한국어를 배우는 동안 다른 나라에서 제주에 정착한 여성들과 각종 정보도 교환한다. 게다가 다양한 동아리 활동을 통해 지역사회에서 열리는 각종 행사에도 참여해 자원봉사를 하는 등 지역사회 구성원으로 제자리를 찾고 있다(제민일보, 2012. 11. 7).

주민조직화사업으로는 60세 이상 노인들이 공동체 의식을 가지고 지역사회활동에 스스로 참여하도록 유도해 전문강사를 통한 풍물교육을 받은 뒤 시설・기관 및 복지행사 등에서 공연을 펼치는 실버풍물・예술봉사단을 운영하고 있다.

지역사회보호사업에는 거동이 불편해 보호가 필요한 대상자 가정에 의료진이 직접 찾아가 무료진료를 하는 의료서비스와 소문난 밥집 경로식당, 이동목욕사업 등이 운영되고 있다.

교육문화사업으로는 심성개발 및 공동체 훈련, 지역의 기관조사, 인물 탐방 등으로 구성되어 있는 꿈・비학교(꿈과 비전이 있는 학교), 지역 노인을 대상으로 한 청춘대학, 지역 내 아동을 대상으로 공동체 생활과 체험활동의 장을 마련해 주는 아동캠프 등을 실시하고 있다(제주사회복지신문, 2008. 3. 1).

(6) 은성종합사회복지관

제주시 아라2동에 위치한 은성종합사회복지관은 지난 2004년 4월 문을 열었다. 지역주민의 복지욕구를 충족시키고 소외계층의 복지 증진을 위해 설립된 은성종합사회복지관은 건축 연면적 2,223㎡이고, 지하 1층, 지상 3층 규모로 지어졌다. 지하 1층에는 식당과 청소년연습실이, 지상 1층에는 사무실, 아동 프로그램실 등이 들어섰다. 2층에는 도서실, 컴퓨터실, 상담실, 자원봉사자실 등을, 3층에는 대강당과 무료예식장, 경로실 등을 갖추고 있다. 1일 평균 이용인원은 167명이며, 시설 종사 인원은 15명이다. 2016년 운영주체는 사회복지법인 제주은성의집이다(제주특별자치도사회복지협의회, 2011 : 306).

은성종합사회복지관은 유아부터 초등학생, 성인, 노인에 이르기까지 모든 연령층과 기초생활보장수급자, 차상위계층 등 모든 계층을 대상으로 교육과 건강, 문화교실 등 다양한 프로그램을 연중 운영하고 있다.

우선 초등학생 이하 어린이를 대상으로 한 프로그램을 보면 난타교실과 문화기행, 오름탐방, 경제캠프 등을 꼽을 수 있다. 초·중학생을 위한 프로그램으로는 영어·수학 등 방과 후 교실을 비롯해 피아노교실, 플루트·바이올린·난타교실 등이 있다. 지난 2008년부터 제주특별자치도교육청 위탁을 받아 학교부적응 학생 등 위기학생을 대상으로 인성교육, 진로상담, 학교적응 프로그램 등 대안교실도 운영하고 있다.

매주 목요일에는 노인들이 참여하는 경로대학이 열린다. 한글과 컴퓨터, 건강교실, 교양강좌 등 다채로운 프로그램이 진행된다. 매월 마지막 주 목요일에는 이·미용서비스와 둘째·넷째 주 목요일에는 한방침 서비스가 무료로 제공된다.

은성종합사회복지관을 찾으면 탁구와 농구, 배드민턴, 당구, 족구장을 무료로 이용할 수 있다. 또한 1층 한켠에 '은성쉼터 무인카페'를 개소하여 가족과 친구, 이웃끼리 찾아와 따뜻한 차를 마시면서 담소를 나눌 수 있다.

은성종합사회복지관은 북한이탈주민을 위한 특화사업도 운영하고 있다. 북한이탈주민들의 조기정착을 돕기 위해 직업교육, 자녀교육, 문화기행 등의 프로그램을 운영하고 있다. 또한 저소득층 자녀와 오현고 학생을 일대일로 연계해 학습지도, 진로상담 등을 해주는 맨토링 사업도 펼치고 있다. 이와 함께 결식 우려 학생들을 대상으로 월 2회 부식을 지원하고, 매주 목요일에는 독거노인 가구를 방문해 밑반찬을 전달해 주고 있다(제주사회복지신문, 2012. 10. 2).

(7) 제주순복음종합사회복지관

제주시 건입동에 위치한 제주순복음종합사회복지관은 사랑과 섬김의 정신으로 지역주민의 복지욕구를 충족하고 소외계층의 복지 증진을 위해 2004년 8월에 설립되었다. 규모는 1,495㎡이고, 건물구조는 지하 1층, 지상 3층으로 되어 있다. 지하 1층에는 100여 명을 수용할 수 있는 식당이, 1층에는 아동보육실과 기능교실 등이 설치되어 있다. 2층에는 상담실과 물리치료실,

주간보호실, 사무실 등이, 3층에는 다목적강당, 교육실, 기능교실 등이 들어서 있다. 1일 평균 이용인원은 200명이며, 시설 종사 인원은 26명이다(제주특별자치도사회복지협의회, 2011 : 307). 2016년 운영주체는 사회복지법인 섬김의 집이다.

복지관은 유아부터 초등학생, 성인은 물론 노인과 기초생활보장수급자, 차상위계층 등 모든 계층을 대상으로 교육과 건강, 문화교실 등을 연중 운영한다. 특기할 만한 프로그램 및 사업을 소개하면 이렇다.

우선 초등학생 이하 어린이를 대상으로 한 프로그램을 보면, 수학, 창의역사논술, 세계사, 중국어, 한자, 미술, 피아노, 종이접기, 발레, 드럼, 플루트, 기타 등 다양하다. 성인교육 프로그램으로는 기타, 요가교실이 있다. 도예공방교실은 가족이 함께 참여할 수 있는 프로그램이다.

노인주간보호사업은 제주순복음사회종합복지관이 내세우는 차별화된 사업으로 꼽힌다. 경증 치매증세를 앓거나 주간에 보호가 필요한 어르신, 독거노인 등을 대상으로 건강한 노년생활을 돕기 위해 침술, 예방접종 등 건강관리는 물론 뮤지컬, 마상쇼 관람 등 다양한 문화체험과 취미활동을 지원하고 있다(제주사회복지신문, 2012. 3. 2).

최근 눈길을 끄는 프로그램으로는 2013년 3월부터 제주특별자치도사회복지공동모금회 배분사업인 '4성(심성, 감성, 지성, 인성) 키우기'가 있다. '4성 키우기'는 성적과 우열경쟁에 대한 압박, 무관심과 반항적인 성격 등으로 학교생활에 부정적인 학생들이 꿈을 되찾고, 다시 학업과 교우생활에 관심과 흥미를 갖게 하기 위해 마련된 프로그램이다.

제주순복음종합사회복지관은 다양한 아동・청소년 지원 프로그램을 운영하고 있으며, 이 노하우를 바탕으로 '4성 키우기' 프로그램을 운영하게 되었다. 심성키우기는 심리상담, 미술치료 등을 위주로 진행되고 있으며, '나의 성장나무 그리기' 등을 통해 학생들의 심리・정서적인 상태를 파악하고 있다. 감성키우기에서는 다양한 음식을 직접 만들어 아이들에게 건강한 생각과 표현력을 높이고 있다. 지성키우기는 수학과 역사 등의 과목을 학생들의 학습능력에 따라 맞춤형으로 가르치면서 기초학습능력을 향상시키고 있다. 또한 인성키우기는 올레길, 자연과 역사 탐방 등 야외체험활동을 통해 적극성과 긍정적인 사고를 심어주고 있다(제민일보, 2013. 8. 24).

(8) 동부종합사회복지관

서귀포시 성산읍에 위치한 동부종합사회복지관은 서귀포시 동부지역(남원읍, 성산읍, 표선면) 사회복지욕구를 가지고 있는 지역주민을 대상으로 지역주민이 필요로 하는 복지서비스를 제공함으로써 맞춤형 복지행정을 구현한다는 목적으로 2004년 11월 설립되었다. 설립 당시는 남제주군종합사회복지관으로 개관했으며, 2006년 7월 1일부터 제주특별자치도 행정구조 개편에 따라 남제주군과 서귀포시가 통합되면서 동부종합사회복지관으로 개칭하였다. 이후 2015년 8월 16일까지 서귀포시에서 직영하다가, 2015년 8월 17일부터는 사회복지법인 제주가톨릭복지회에서 운영하고 있다.

규모는 1,739㎡이고, 건물구조는 지상 3층이다. 1층에는 식당, 다용도실, 주방 등이 배치되어 있고, 2층에는 사무실, 노인교실, 상담실, 건강관리실 등이, 3층에는 강당, 방과 후 교실, 공부방교실, 다목적실, 컴퓨터교실 등이 들어서 있다. 1일 평균 이용인원은 130명이며, 시설 종사 인원은 7명이다(제주특별자치도사회복지협의회, 2011 : 301).

동부종합사회복지관에서 운영하는 사업을 소개하면 이렇다. 가족기능강화사업으로는 맞벌이 부부, 저소득가정, 다문화가정의 부모교육, 방과 후 아동을 대상으로 하는 정서지원, 특기적성, 미술작품 그리기 및 그림을 통한 상담, 여름 · 겨울방학 아카데미, 문화활동의 기회가 적은 지역아동에 대한 문화체험 프로그램 등이 있고, 지역사회보호사업으로는 저소득층 재가복지대상자들에게 밑반찬, 김치 조리 및 배달서비스, 무료한방서비스, 이동목욕서비스, 찾아가는 이 · 미용서비스, 청소서비스, 소독방역서비스 등이 운영되고 있다. 주민조직화 및 자원개발 · 관리사업으로는 기부와 나눔의 문화장터(재활용품, 의류, 도서, 먹거리 등) 개설 및 운영, 자원봉사자 양성 및 자원봉사활동 등이 있고, 교육문화사업으로는 노인대상 여가·문화 프로그램, 지역주민 대상 취미·기능 프로그램 등이 운영되고 있다. 또한 자활사업으로는 실직자 및 미취업자에게 근로의욕 증진 및 직업훈련을 실시하고 있으며, 지역특화사업으로 주거환경이 열악한 저소득층 가구에 대하여 전문성을 갖춘 자원봉사자들을 활용하여 주거환경사업을 실시하고 있다(동부종합사회복지관 홈페이지).

동부종합사회복지관의 사업들 중 특기할 만한 사항은 자원봉사단체 '따사모'의 활동이다. '따사모'는 따뜻한 마음을 가진 사람들의 모임의 약자이며, 2005년 4월에 창단되어 현재 10개팀 368명이 활동하고 있는 자원봉사단체다. 봉사활동 내용은 급식도우미, 밑반찬 배달, 가사지원도우미, 서예강사, 차량봉사, 목욕도우미, 이·미용도우미, 기술자원봉사, 프로그램 도우미, 소독·방역 등이다.

'따사모'는 지난 2010년 보건복지부장관 단체 표창과 따사모자원봉사단장 대통령표창을 수상하고, 2011년에는 매년 추진하는 국립소록도병원에서의 자원봉사활동을 인정받아 국립소록도병원 감사패를 수상하였으며, 2012년에는 한국자원봉사협의회와 중앙일보사, JTBC 방송사 등이 공동 주최한 전국자원봉사대축제에서 전국 최우수 자원봉사단체로 선정되었다(제민일보, 2012. 8. 25). 2013년에는 아산사회복지재단이 주관하는 제25회 아산상 시상식에서 자원봉사 부문 아산상을 받았다(제민일보, 2013. 11. 27).

(9) 제주영락종합사회복지관

제주시 일도2동에 위치한 제주영락종합사회복지관은 제주시 지역의 영·유아, 청소년, 여성, 어르신, 장애인 등에 대한 각종 사회복지 프로그램을 개발하여 지역주민의 다양한 욕구를 충족시키기 위한 통합복지사업을 운영함으로써 지역사회의 여러 문제를 예방 및 치료하는 복지증진서비스를 제공하여 지역사회에 봉사하고 섬기는 일을 수행할 목적으로 2005년 7월에 설립되었다. 제주영락종합사회복지관의 규모는 3,034㎡이고, 건물구조는 지하 2층, 지상 4층으로 구성되어 있다. 지하 2층에는 기계제어실, 보일러실이 있고, 지하 1층에는 식당, 주방, 주차장이 있으며, 1층에는 로비, 영어교육사무실, 나눔카페, 프로그램실이 배치되어 있다. 2층에는 사무실, 관장실, 회의실, 자원봉사자실, 프로그램실, 음악실, 컴퓨터실이 있고, 3층에는 대강당, 대안교육사무실, 프로그램실, 상담실 등이, 4층에는 게이트볼장, 물품실 등이 있다. 1일 평균 이용인원은 50명이며, 시설 종사 인원은 10명이다(제주특별자치도사회복지협의회, 2011 : 308). 2016년 운영주체는 대한예수교장로회 제주노회유지재단이다.

제주영락종합사회복지관에서 운영하는 주요 사업을 소개하면 다음과 같다. 먼저 가족기능강화사업으로는 저소득가정 아동을 대상으로 태권도 교육을 통해 자신감을 키워주는 '저소득가정 청소년키움사업', 학교부적응 학생에 대한 특별교육과정인 '청소년대안교실', 저소득층가정 아동과 다문화가정 아동을 대상으로 멘토를 일대일로 연결하여 학습지원과 정서지원을 해주는 '멘토링 사업 희망등대', 50세 이상의 지역 주민을 대상으로 한글 지도 및 읽기, 쓰기 교육을 하는 '성인문해교육 영락학당' 등이 있다. 지역사회보호사업으로는 아동급식사업, 밑반찬배달서비스, 가사지원서비스 등이, 교육문화사업으로는 아동 및 청소년 대상 '토요 꿈나무교실', '영어교실', 60세 이상 지역주민을 대상으로 평생교육과 여가활동을 지원하는 '해피스쿨', '컴퓨터 클릭', '도전영어', '성인동아리 프로그램' 등이 있다. 또한 사회적 취약계층 일자리 지원을 통한 생활안정과 자립생활을 지원하는 '사회적 취약계층 일자리 창출사업'을 연중 운영하고 있다(제주영락종합사회복지관 홈페이지).

(10) 동제주종합사회복지관

제주시 구좌읍 평대리에 위치한 동제주종합사회복지관은 사회복지욕구를 가지고 있는 모든 지역주민을 대상으로 보호서비스, 재가복지서비스, 자립능력 배양을 위한 교육훈련 등 복지서비스를 제공하고, 가족기능강화 및 주민 상호 간 연대감 조성을 통한 각종 지역사회문제를 예방·치료하는 종합적인 복지서비스 전달기구의 역할을 수행하기 위해 2006년 11월 설립되었다. 2016년 운영주체는 사회복지법인 자현이다.

동제주종합사회복지관은 구좌지역의 주민들을 중심으로 다양한 사업을 전개하고 있는데, 그 가운데서도 언론의 주목을 받은 특기할 만한 프로그램을 소개하면 이렇다.

동제주종합사회복지관은 제주지역에서 유일하게 2007년 9월 노인들을 대상으로 'Well-dying을 위한 하늘소풍 준비하기' 프로그램을 개강하여 참가자들의 큰 호응을 얻으면서 여태까지 6회에 걸쳐 프로그램을 운영하고 있다. 교육과정은 노인들이 피하고 싶은 죽음에 대해 전반적인 이해와 정보를 제공하면서 두려움을 해소하고, 남은 인생을 재인식시키기 위한 심도 있는 강의로 이루어진다. 구체적으로는 죽음의 의미, 유언과 상속에 관한 법률, 집단상담 및 웃음치료, 건강한 밥상, 장례정보 제공, 양지공원 및 한울누리공원 견학, 존엄한 죽음, 유언장 작성, 자서전 쓰기, 영정사진 촬영 등으로 구성되어 있다(제민일보, 2013. 8. 12).

다음으로 방임아동·위기청소년 대상 통합지원사업인 '이루다 사업단'(이하 사업단) 운영도 언론의 주목을 받은 프로그램이다. 사업단 활동은 동제주종합사회복지관이 위치한 구좌지역이 상대적으로 경제수준이나 생활환경이 뒤처지는 사정에서 시작되었다. 농업이나 바다에 의존하는 노인인구가 많다보니 조손가정 비율도 높고, 덩달아 방임아동·위기청소년 문제가 꼬리를 이었다. 변변한 청소년 문화공간 하나 없는 데다 접근성 문제 등으로 도서관이나 지역아동센터 등을 이용하지 못하는 사례까지 나오면서 복지관이 알아서 손을 쓸 수밖에 없었다. 대상 어린이와 청소년들의 사정을 살핀 뒤 바로 시작한 것이 학습지원과 심리 · 정서치료였다. 사업단이 다음으로 신경을 쓴 것은 가족관계 회복이었다. 아무리 완벽한 사회적 돌봄이 이루어진다고 해도 가족의 역할을 넘어설 수 없기 때문이다. 또래관계 형성을 위한 문화 프로그램과 동아리 활동, 주거 · 위생 등 생활환경 개선을 위한 작업도 진행되었다. 대상 아동 · 청소년들을 위해 복지관 1층은 영화관이나 PC방, 노래방, 탁구장 등 아이들이 원하는 대로 무한 변신하는 "이루미문화존'이 되었다. 지정 기탁 후원을 통해 문화공부방도 꾸려졌다. 세화중 학생으로 구성된 밴드동아리 'Youth of Rook'은 학교와 지역사회를 주름잡은 것도 모자라 제주특별자치도 차원의 행사에 명함을 내밀 만큼 내공도 쌓았다. 구좌읍 동쪽 끝인 종달지역에 유소년 축구단을 출범한 데도 사업단의 역할이 컸다(jemin.com, 2012. 2. 10).

65세 이상 어르신들로 구성된 '실버스타 연극단'도 동제주종합사회복지관의 자랑거리이다. 평균연령 81세로 사실상 우리나라 최고령 극단이라 해도 과언이 아니다. 대사를 외우고 동선을 짜고 표정이며 동작을 통해 감정을 끌어내는 작업 등 어느 것 하나 쉬운 것이 없다. 심지어 단원들 중에는 한글을 모르는 어르신도 있다. 연극단에 함께하고 싶다는 어르신들의 의사를 전달받은 직후 주변에서 읽어주는 대본을 외우는 방식으로 작업을 함께 한다. 연극단을 운영하는 데에는 가톨릭문화원 부원장의 재능 나눔, 공익근무요원들의 지원, 제주지역 내 사회복지시설 등의 '무대 기부' 등이 한몫을 했다. 연극 대사와 동작들을 몸에 익히고, 실제로 공연을 펼치는 활동들이 어르신들에게는 큰 활력소가 된다(jemin.com, 2011. 8. 9).

2. 노숙인시설

1) 이론적 및 법률적 논의

(1) 노숙인시설의 정의

노숙인시설이란 노숙인 등을 위한 노숙인복지시설과 노숙인종합지원센터를 말한다. 여기서 '노숙인 등'이란 상당한 기간 동안 일정한 주거 없이 생활하는 사람, 노숙인시설을 이용하거나 상당한 기간 동안 노숙인시설에서 생활하는 사람, 상당한 기간 동안 주거로서의 적절성이 현저히 낮은 곳에서 생활하는 사람 중 18세 이상의 사람을 말한다(노숙인 등의 복지 및 자립지원에 관한 법률 제2조; 노숙인 등의 복지 및 자립지원에 관한 법률 시행규칙 제2조).

(2) 노숙인시설의 설치 및 운영

국가와 지방자치단체는 노숙인 등의 자립과 사회복귀 등을 지원하기 위하여 노숙인 시설을 설치 및 운영하거나 사회복지법인 또는 비영리법인에 위탁하여 운영할 수 있다. 국가와 지방자치단체 외의 자가 노숙인복지시설을 설치 및 운영하고자 하는 때는 보건복지부령으로 정하는 바에 따라 시장・군수・구청장에게 신고하여야 한다. 노숙인시설의 설치 및 운영에 등에 필요한 구체적인 사항들은 보건복지부령으로 정하고 있다(노숙인 등의 복지 및 자립지원에 관한 법률 제15조).

노숙인복지시설 중 노숙인급식시설은 국가와 지방자치단체가 노숙인 등에게 필요한 급식서비스를 제공하기 위하여 설치・운영할 수 있으며, 국가와 지방자치단체 외의 자가 노숙인급식시설을 설치・운영하려면 보건복지부령으로 정하는 바에 따라 시장・군수・구청장에게 신고하여야 한다. 그리고 노숙인진료시설은 국가와 지방자치단체가 노숙인 등에게 필요한 의료서비스를 제공하기 위하여 설치・운영할 수 있으며, 공립병원, 보건소 또는 민간의료기관을 노숙인진료시설로 지정할 수 있고, 전문적인 처치와 수술을 필요로 하는 노숙인 등에 대한 전문의료서비스의 제공을 국공립병원, 보건소 또는 민간의료기관에 의뢰하거나 위탁할 수 있다(노숙인 등의 복지 및 자립지원에 관한 법률 제11조 · 제12조).

노숙인시설의 운영기준은 다음과 같다.

① 입소 · 퇴소

노숙인복지시설에 입소 또는 퇴소하려는 노숙인 등은 노숙인복지시설의 장에게 입소를 신청하거나 퇴소를 요청할 수 있다. 시장 · 군수 · 구청장 · 경찰서의 장은 보건복지부령으로 정하는 바에 따라 노숙인 등의 입소를 의뢰할 수 있다. 시장 · 군수 · 구청장은 노숙인 등의 입소 · 퇴소 결정 및 다른 사회복지시설로의 전원 등 필요한 조치를 위하여 입소 · 퇴소심사위원회를 둘 수 있다. 노숙인복지시설의 입소 · 퇴소의 기준 · 방법 · 절차 등에 필요한 사항과 입소 · 퇴소심사위원회의 구성과 운영 등에 필요한 사항은 보건복지부령으로 정하고 있다(노숙인 등의 복지 및 자립지원에 관한 법률 제17조).

② 노숙인 관리 기록

입소시설 및 노숙인일시보호시설의 장은 보호하고 있는 노숙인 등에 대한 신상기록카드(입소시설만 해당한다) 및 입소자 등 명부를 작성 · 관리하여야 하고, 보건복지부장관, 시 · 도시지사 또는 시장 · 군수 · 구청장이 요청할 때에는 노숙인 등 신상기록카드 또는 입소자 등 명부를 제출하거나 열람할 수 있게 하여야 한다.

③ 급식 위생

입소시설 및 노숙인일시보호시설의 장은 보호하고 있는 노숙인 등의 급식 위생을 위하여 다음의 조치를 취해야 한다. 첫째, 노숙인 등이 필요한 영양을 섭취할 수 있도록 식단을 작성 · 시행할 것, 둘째, 식단은 영양사가 작성하되, 영양사가 없는 시설은 보건소 또는 보건지소의 지도를 받아 식단을 작성할 것, 셋째, 감염병 또는 화농성 등의 질환을 가진 사람이 음식을 만드는 것을 금지할 것, 넷째, 먹는 물로 상수도 외의 물을 사용하는 경우에는 매 분기 1회 이상 수질검사를 받을 것이 있다.

④ 사망자 처리

입소시설 및 노숙인일시보호시설의 장은 노숙인 등이 해당 시설에서 보호 중에 사망하였을 때에는 지체 없이 사망진단 또는 검안을 실시하고, 연고자에게 사망 일시 및 사망 사유를 통지하여야 한다. 이 경우 연고자가 없거나 연고자를 알 수 없는 경우에는 「장사 등에 관한 법률」 제12조에 따라 처리한다.

⑤ 금품의 보관

입소시설 및 노숙인일시보호시설의 장은 노숙인 등을 해당 시설에서 보호할 때에 본인이 원하는 경우 소지한 금품을 보관해 주어야 하며, 노숙인 등이 요구할 때에는 이를 돌려주어야 한다.

⑥ 장부 등의 비치

노숙인시설(노숙인급식시설 및 노숙인진료시설은 제외한다)은 시설의 연혁에 관한 기록부, 재산목록과 그 소유를 증명하는 서류, 시설 운영일지, 시설의 장 및 직원의 인사기록부(이력서 및 사진을 포함한다), 예산서 및 결산서, 총계정원장 및 수입·지출보조부, 금전 및 물품의 출납부와 그 증명서류, 보고서철 및 관계 행정기관의 문서철, 소속 법인의 정관 및 관계 결의서류(법인인 경우만 해당한다), 직원의 인사, 복무 및 시설 운영에 관한 규정 서류 및 장부를 갖추어야 한다(노숙인 등의 복지 및 자립지원에 관한 법률 시행규칙 제7조).

(3) 노숙인시설의 사업

① 노숙인복지시설의 사업

노숙인복지시설의 사업내용은 다음의 표와 같다(노숙인 등의 복지 및 자립지원에 관한 법률 시행규칙 제9조 제2항).

〈표 2-4〉 노숙인복지시설의 종류별 사업내용

종 류	사업내용 및 기준
노숙인일시보호시설	노숙인 등에 대한 일시적인 잠자리 제공, 급식 제공, 응급처치 등 일시보호기능을 주로 수행하면서 종합지원센터에 상담 의뢰, 병원진료 연계, 생활물자 지원 · 보관 등 부가적 서비스 제공
노숙인자활시설	건강상에 특별한 문제가 없고 일할 의지 및 직업능력이 있는 노숙인 등을 입소시켜 생활지도 · 상담 · 안전관리 또는 전문적인 직업상담 · 훈련 등의 복지서비스를 직접 제공하거나 직업훈련기관 또는 고용지원기관 등과의 연계를 통해 노숙인 등의 자활 · 자립을 지원
노숙인재활시설	신체장애, 정신장애, 그 밖의 질환 등으로 인하여 자립이 어렵고 치료와 보호가 필요한 노숙인 등을 입소시켜 치료 및 각종 재활 프로그램을 제공하고 사회적응훈련을 실시함으로써 노숙인 등의 신체적 · 정신적 재활을 통한 자립기반 조성을 지원
노숙인요양시설	건강상의 문제 등으로 인하여 단기간 내 가정 및 사회복귀가 어려운 노숙인 등을 입소시켜 상담 · 치료 또는 요양서비스를 제공
노숙인급식시설	노숙인 등에게 필요한 급식서비스를 제공
노숙인진료시설	노숙인 등에 대한 진단 · 치료 · 재활 등 의료서비스를 제공
쪽방상담소	쪽방 밀집지역에서 쪽방 거주자에 대한 상담, 취업지원, 생계지원, 그 밖의 행정지원 서비스를 제공

② 노숙인종합지원센터의 사업

노숙인종합지원센터의 사업은 노숙인 등에 대한 주거 · 의료 · 고용 지원을 위한 상담 및 복지서비스 연계, 응급조치, 복지서비스 이력 관리, 심리상담, 노숙인 등을 노숙인시설 간에 전원 조치할 경우 이에 대한 조정, 협의 및 결정, 복지서비스 이력 관리를 위한 시스템 사용, 그 밖에 노숙인 등에 대한 위기관리사업 등 노숙인 등의 복지 증진에 필요한 사업 등이다.

2) 제주지역의 실천현장 사례

(1) 노숙인재활시설

「노숙인 등의 복지 및 자립지원에 관한 법률 시행령」에서 기존의 부랑인 복지시설은 노숙인재활시설 또는 노숙인요양시설로 본다고 규정하고 있다. 따라서 제주지역에서 기존에 운영되어 오던 부랑인시설로는 제주시희망원과 서귀포시사랑원이 있으며, 이 두 시설을 노숙인재활시설로 볼 수 있다.

① 제주시희망원

제주지역 최초의 노숙인시설인 제주시희망원은 1972년 5월 '사랑의 집' 운영을 시작으로 1979년 2월 '제주시립희망원'이 설립되었으며, 1987년 1월부터는 사회복지법인 제주공생이 제주시로부터 시설을 위탁받아 운영하여 왔고, 2012년에 제주시희망원으로 시설명칭을 변경하였다. 제주시희망원은 제주지역에서 일정한 주거 없이 떠돌아다니는 노숙인들에게 일시보호 및 장기수용의 안식처를 제공하고 상담·질병치료·자활교육 등 각종 프로그램을 통한 이용자들의 사회복귀를 목적으로 운영하고 있다. 이곳엔 2016년 12월 100여 명의 노숙인들이 생활하고 있다(제주시 내부자료, 2012; 제주사회복지신문, 2013. 4. 2; http://jejubokji.net).

제주시희망원은 '행복한 공동체 만들기'라는 비전 아래 노숙인을 위해 의료재활, 교육재활, 심리재활, 사회재활, 지역사회 연계 프로그램, 가출인 보호 및 가족 찾아주기, 직업훈련 및 취업권장 알선 등 다양한 사업과 프로그램을 펼치고 있다.

특히 자활의지가 있고 신체적 · 정신적으로 건강해 사회복귀 가능성이 높은 노숙인 중 직업재활 및 사회복귀가 가능한 자를 대상으로 하는 치료공동체인 '그루터기공동체'는 눈여겨 볼 만한 프로그램이다. 행동수정 영역, 심리정서 영역, 지적 · 영적 영역, 직업생존 영역 등 4대 영역으로 나누어 진행되는 이 프로그램은 노숙인들의 사회재활을 위해 모든 구성원이 한 가족이 되는 체계적인 구조 안에서 서로의 회복을 위해 노력하며, 사회부적응 등 약물을 남용하게 만드는 행동과 생각, 감정의 부정적 측면들을 변화시키고 궁극적으로 사회부적응이나 약물로부터 자유로운 생활방식을 갖게 하여 건강한 사회인으로 가정과 사회에 복귀하는 것을 목적으로 하고 있다(제주사회복지신문, 2011. 6. 1). 또한 사회 재진입 프로젝트는 노숙인들이 직접 동영상 제작법을 배워서 자체 뉴스나 다큐멘터리를 제작하고, 글쓰기 연습을 통해 자체 시집을 만드는 등의 활동으로 노숙인의 사회적응력을 향상시키는 데 기여하고 있다. '단계별 변화를 통한 문제음주 탈출 프로젝트-위기탈출 원! 투! 쓰리!'는 100일 단주를 목표로 대상자별로 특성에 맞추어 진행하는 음주 개선 프로그램이다(제민일보, 2012. 1. 27; 제민일보, 2012. 7. 13).

② 서귀포시사랑원

서귀포시사랑원은 영적 치유를 통한 노숙인 선도 및 자활의시 부여로 사회복귀를 유도하기 위한 목적으로 1998년 설립되었고, 사회복지법인 브니엘에서 운영하고 있다. 주요 사업으로는 원내 프로그램으로 텃밭 가꾸기, 공동작업장 운영, 영농사업(밀감밭 운영), 생일잔치, 원예, 화훼 자활사업, 석부작 등이 있고, 원외 프로그램으로는 문화재 체험활동, 알코올 치료, 건강검진, 수련회, 자활캠프, 지역 내 대민 봉사활동 등을 운영하고 있다(제주특별자치도사회복지협의회, 2011 : 294). 2013년 상반기에는 생활인 20여 명이 제주장애인문화예술제에 참가하여 서귀포협회장상을 수상하였다(서귀포시사랑원, 2013).

(2) 희망나눔종합지원센터

「노숙인 등의 복지 및 자립지원에 관한 법률」에서 기존의 상담보호센터는 노숙인종합지원센터로 본다고 규정하고 있다. 제주지역에서는 지금까지 2007년 설립된 '희망나눔상담센터'가 상담보호센터의 기능을 수행해 왔으며, 「노숙인 등의 복지 및 자립지원에 관한 법률」 제정 이후 '제주노숙인종합지원센터'로 명칭을 변경하였고, 2014년에는 '희망나눔종합지원센터'로 또다시 명칭을 변경하여 운영하고 있다.

희망나눔종합지원센터의 사업 목적은 노숙인들의 인간다운 생활과 재활 및 자립을 위한 서비스를 제공하여 이들의 건전한 사회복귀와 노숙 장기화 예방에 기여하는 것이다. 주요 서비스는 다음과 같다.

- 상담서비스 : 현장상담, 내방상담
- 의료서비스 : 응급의료, 병원 입원 연계
- 관계기관 연계서비스 : 지방자치단체・주민센터 연계, 법률기관 연계, 금융기관 연계(통장정리)
- 노숙인 자활사업 : 자격 및 면허 취득(운전, 컴퓨터, 요양보호사 등)
- 생활지원서비스 : 시설입소, 귀향・귀가 조치, 피복 제공 및 세탁(의료환복), 도시락 배달, 간식 제공(빵), 일자리 알선
- 정서함양 프로그램 : 도서대여, 오름 및 올레길 걷기, 고사리 꺾기 체험, 보말잡기 바다 체험, 교양강좌(인문학)

희망나눔종합지원센터의 주요 업무는 주거・의료・고용 지원을 위한 상담 및 복지서비스 연계, 거리 노숙인의 응급조치, 복지서비스 이력 관리, 각종 상담(심리상담, 현장상담), 노숙인시설 입소 및 귀향 조치에 따른 조정 및 협의 결정, 주거비 및 생활용품 지원 사업, 복지사각지대 대상자 발굴, 기타 노숙인 등의 위기 관리 사업 및 복지 증진에 필요한 사업이다(희망나눔종합지원센터, 2014).

3. 지역자활센터

1) 이론적 및 법률적 논의

(1) 지역자활센터의 정의

지역자활센터는 수급자 및 차상위자의 자활 촉진에 필요한 사업을 수행하기 위하여 사회복지법인 등 비영리법인과 단체의 신청을 받아 국가 또는 지방자치단체가 지정한 사회복지시설이다(국민기초생활보장법 제16조).

(2) 지역자활센터의 지정 및 운영

지역자활센터로 지정받으려는 법인이나 단체는 소재지를 관할하는 시 · 도지사 및 특별자치도지사 · 시장 · 군수 · 구청장을 거쳐 보건복지부장관에게 제출하여야 한다. 보건복지부장관은 신청인의 지역사회복지사업 및 자활지원사업의 수행능력 및 경험, 사업계획서의 타당성 여부, 지역자활센터의 지역 간 균형 배치, 신청인 소재지의 자활지원 수요 및 저소득층 밀집정도 등을 고려하여 지정 여부를 결정하고, 그 결과를 신청인에게 문서로 통지하여야 한다.

또한 보건복지부장관은 지역자활센터의 지정을 취소하려는 경우에는 지역자활센터의 소재지를 관할하는 시 · 도지사 및 특별자치도지사 · 시장 · 군수 · 구청장의 의견을 들어야 하고, 지역자활센터의 지정을 취소한 경우에는 그 사유를 명시하여 해당 지역자활센터의 장, 중앙자활센터의 장, 지역자활센터의 소재지를 관할하는 시 · 도지사 및 특별자치도지사 · 시장 · 군수 · 구청장에게 각각 문서로 통지해야 한다.

지역자활센터의 장은 사업계획 및 예산서(매 회계연도 개시 전까지), 사업실적 및 결산서(매 회계연도 종료 후 2개월 이내)를 소재지를 관할하는 시 · 도지사 및 특별자치도지사 · 시장 · 군수 · 구청장을 거쳐 보건복지부장관에게 제출하여야 한다. 그리고 지역자활센터의 지원을 받은 자활기업으로 하여금 그가 수행하는 사업으로 취득한 수익금의 일부를 해당 자활기업의 동의를 받아 사업수행비용으로 부담하게 할 수 있다. 지역자활센터의 장은 조직·인사·회계 그 밖에 지역자활센터의 운영에 필요한 규정을 작성·비치하여야 한다(국민기초생활보장법 시행규칙 제27조·제28조·제30조).

(3) 지역자활센터의 사업

지역자활센터의 사업내용은 자활의욕 고취를 위한 교육, 자활을 위한 정보제공, 상담, 직업교육 및 취업알선, 생업을 위한 자금융자 알선, 자영창업 지원 및 기술·경영 지도, 자활기업의 설립·운영 지원, 수급자 또는 차상위자의 부업소득 향상을 위한 부업장의 설치·운영 사업, 자활기업 또는 부업장의 일감 확보 및 판로 개척을 위한 알선 사업, 자활기업 또는 부업장의 운영을 위한 후원의 알선 사업, 수급자 또는 차상위자의 자녀교육 및 보육을 위한 자활지원관의 설치·운영사업 등이다(국민기초생활보장법 제16조; 국민기초생활보장법 시행령 제22조).

2) 제주지역의 실천현장 사례

(1) 지역자활센터 현황

제주지역의 지역자활센터 현황은 다음의 표와 같다. 지역자활센터는 제주수눌음지역자활센터, 제주이어도지역자활센터, 서귀포일터나눔지역자활센터, 서귀포오름지역자활센터 총 4개소가 있다. 지역자활센터 직원은 2016년 12월 말, 제주수눌음지역자활센터 13명, 제주이어도지역자활센터 6명, 서귀포일터나눔지역자활센터 9명, 서귀포오름지역자활센터 6명, 총 34명이다.

〈표 2-5〉 지역자활센터 현황 (2016년 12월 말)

시설명	직원 수	주요 사업	설립일자	소재지
제주수눌음 지역자활센터	11	간병, 재활용 의류 수거 · 수선, 자전거 수리, 청소, 방역, 도배, 재가장기요양 등	2000. 8. 24.	제주시 서광로 241-1
제주이어도 지역자활센터	6	친환경영농, 야생초 차 제조, 생태체험관광, 간병, 아이돌봄, 노인돌봄, 산모돌봄 등	2004. 4. 1.	제주시 서사로 53
서귀포일터나눔 지역자활센터	6	반찬 배달 및 판매, 중고의류 판매, 돌봄, 가사, 재가장기요양 등	2001. 7. 1.	서귀포시 속골로 22
서귀포오름 지역자활센터	6	주부식 배달, 식당, 노인돌봄, 가사, 재가장기요양 등	2004. 12. 8.	서귀포시 대정읍 상모로 312-4

출처 : 제주특별자치도(2010), p. 278; 제주발전연구원(2012), p. 81; http://jejubokji.net.

(2) 제주수눌음지역자활센터

제주수눌음지역자활센터는 저소득 주민의 고용 및 자활지원을 통한 경제적 자립을 촉진하고, 공공 및 민간 부문의 협력적 파트너십에 의한 지속가능한 고용 창출, 지역사회 자활지원 네트워크 활성화를 통한 제주수눌음 복지공동체를 구현하며, 탈빈곤과 건강한 지역경제체제 구축을 위한 대안 사회운동을 전개하려는 목적으로 2000년 8월에 설립되었다(제주특별자치도사회복지협의회, 2011 : 312). '수눌음'이란 제주지역에만 있는 특수한 형태의 품앗이로 함께 품을 교환한다는 의미이다(제주사회복지신문, 2008. 4. 1).

현재 제주수눌음지역자활센터에 속해 있는 자활기업으로는 해오름간병회, e-편한집, 에코패트롤제조, ㈜클린서비스 보금자리, 미소천사간병회, 해피클린 등 6개 기업이 있다. 자활근로사업으로는 시장진입형의 수눌음배송, 가문잔치, 식품배송, 에코하우스 등과 인턴도우미형의 자활인턴, 자활도우미, 사회서비스형의 혼디모앙, 복지간병사업단, 모두락, 자활인큐베이팅, 제주문화나들이 등이 있고, 사회복지서비스 위탁형의 아름다운 손길(가사간병사업단)의 사업이 있다. 유료간병사업에서 집수리사업, 재활용 폐기물 납품, 친환경 청소서비스, 학교 및 빌딩 청소에 이르기까지 자활의지만 있다면 바로 투입되어 근로할 수 있는 환경이 마련되어 있다(제주시청, 2013 : 22-23).

일자리 창출 및 고용지원 활동을 위해 부설 및 병설 기관으로 '제주돌봄센터', '수눌음일자리지원센터', '아름다운 가게 신제주점', '사회적 기업 (유)클린서비스 보금자리'를 운영하고 있다. 또한 자활지원 활성화를 위한 교육기관으로 '제주시청소년자활지원관', '수눌음자활교육센터', '자활인큐베이팅 교육장'을 운영하고 있다.

제주수눌음지역자활센터는 2013년 보건복지부로부터 청소년 자활 프로그램 사업 전국 최우수기관으로 선정되었다. 이 센터는 2004년 7월부터 청소년 자활 프로그램을 운영, 저소득청소년들에게 취업 및 진학 지도, 자활 지원, 아동·청소년 야간보호사업, 문화체험 지원, 가족지원 프로그램, 상담 및 사례관리 등 각종 프로그램과 서비스를 제공하고 있다(제민일보, 2013. 11. 25).

(3) 제주이어도지역자활센터

제주이어도지역자활센터는 2004년 4월 (사)한림소망의 집을 모 법인으로 보건복지부로부터 북제주자활후견기관으로 지정되어 문을 연 뒤 2007년 현재 명칭으로 바꾸어 운영하고 있다. 국민기초생활보장수급자, 자활특례자, 차상위계층 등 저소득층을 대상으로 지역주민의 특성에 맞는 각종 자활사업을 추진하고 있으며, 제주시 한경면 옛 조수초등학교에 위치하고 있다.

주요 사업들 가운데 특기할 만한 사업을 소개하면 다음과 같다. 모다드림 사업단은 친환경 영농기술로 농작물재배기술 습득, 자활·자립을 지원하는 사업으로 무농약 농산물, 녹차, 묘목재배 및 나무 화분 등 목공예품을 생산하고 있다. 제주다드림사업단이 생산하는 '제주 다드림 야생초차'는 보건복지부 주관 일하는 저소득층이 만든 자활상품 홍보 및 유통 활성화를 위한 브랜드 명인 '굿스 굿스(좋은 사람 좋은 상품)'의 시제품에 선정되는 등 성과를 올린 바 있다. 친환경 무농약 녹차와 야생차(조릿대, 꾸지뽕, 쑥, 야생들국화차)를 직접 채취해 전통 수제차 제조기술을 습득, 취업과 창업을 지원하고 있는 이 사업은 지역주민들이 쉽게 접근할 수 있도록 용담동 해안도로에 찻집 '제주다드림'도 운영하고 있다. 또한 그린터드림사업단에서는 생태문화학교와 곶자왈 · 오름 · 습지체험 등 체험학습 및 관광서비스 교육 · 훈련을 통한 취업과 창업을 지원하는 등 지역 특성을 살린 사업에 주력하고 있다 (제주사회복지신문, 2010. 7. 1).

(4) 서귀포일터나눔지역자활센터

2001년 7월 서귀포시에 자리 잡은 서귀포일터나눔지역자활센터는 근로능력이 있는 저소득층에게 집중적이고 체계적인 자활지원서비스를 제공, 자활의욕을 높이고 자립능력 향상을 지원하는 데 주력하고 있다. 또한 수급자 및 차상위계층의 자활 촉진에 필요한 사업을 수행하는 핵심 인프라로서의 역할을 수행하고 있으며, 이를 통해 일자리 창출 제공 및 자활의욕을 고취하기 위한 사업을 전개하고 있다.

서귀포일터나눔지역자활센터의 주요 사업 가운데 하나인 아가누리사업은 출산가정의 경제적 부담을 줄여주기 위해 도우미가 출산가정에 직접 가서 산모와 신생아의 건강관리 등의 서비스를 직접 제공하는 사업이다. 또한 저소득층에게 일자리 제공을 통한 자립기회를 제공하기 위해 유료간병사업인 돌보미사업을 추진하고 있다. 요양보호사자격증을 취득한 사람들이 병원과 가정에서 간병서비스를 제공하고 있으며, 이들을 대상으로 지속적인 기능교육도 실시하고 있다. 아울러 홀로 사는 어르신에 대한 서비스의 중복이나 누락을 예방하고 홀로 사는 어르신에게 제공되고 있는 복지서비스를 한 번의 신청으로 종합적으로 제공받을 수 있는 지원체계를 구축하는 독거노인 복지서비스 One-Stop 지원센터와 재가장기요양기관도 운영하고 있다(제주사회복지신문, 2010. 5. 1).

(5) 서귀포오름지역자활센터

서귀포시 대정읍 하모리에 위치하고 있는 서귀포오름지역자활센터는 2004년 12월 설립되었다. 이 센터의 주요 사업은 인큐베이팅사업(직업교육 프로그램 지원과 자격증 취득 지원), 주부식사사업(결식아동 및 소년소녀가정 대상 주부식 제공), 병원간병사업(수급자 및 저소득층의 간병서비스 지원), 복지시설도우미사업(사회복지시설에 인력 원조 및 참여자 교육), 장애통합보조원사업(초·중학교의 장애아동 대상 보조원 파견), 자활도우미사업(근로 고능력 참여자에게 자활기관 행정업무 지원), 행복한 식당(음식사업단에 체계적 기술교육을 통해 수익 창출과 공동체 지원), 행복한 가게(중고 기부물품 판매 사업, 옷수선 사업, 홈패션 사업, 택배사업) 등이다(제주특별자치도사회복지협의회, 2011 : 310).

CHAPTER 3

아동복지실천현장

1. 아동복지시설
2. 아동복지전담기관

제3장 아동복지실천현장

1. 아동복지시설

1) 이론적 및 법률적 논의

(1) 아동복지시설의 정의

아동복지시설이란 아동이 건강하게 출생하여 행복하고 안전하게 자랄 수 있도록 아동의 복지를 보장하는 것을 목적으로 설치된 아동양육시설 등의 사회복지시설로 정의할 수 있다. 여기서 '아동'이란 18세 미만의 사람을 말한다(아동복지법 제3조).

(2) 아동복지시설의 설치 및 운영

국가 또는 지방자치단체는 아동복지시설을 설치할 수 있고, 국가 또는 지방자치단체 외의 자는 시장・군수・구청장에게 신고하고 아동복시시설을 설치할 수 있다. 아동양육시설 등 여러 종류의 아동복지시설은 통합하여 설치할 수 있다. 아동복지시설에는 필요한 전분인력을 배치하여야 하며, 아동복지시설 종사자의 직종과 수, 그 자격 및 배치기준은 대통령령으로 정한다(아동복지법 제50조・제52조・54조).[1] 아동복지시설의 시설기준과 운영기준은 다음과 같다(아동복지법 시행규칙 제24조).

1) 아동복지시설 종사자의 직종・수 및 배치기준, 자격기준은 아동복지법 시행령 제52조 관련 별표를 참조할 것.

① 시설기준

가. 공통 시설기준

가) 시설의 입지조건

시설은 보건·위생·급수·안전·환경 및 교통편의 등을 충분히 고려하고, 시설 50m 주위에 청소년유해업소가 없는 쾌적한 환경의 부지를 선정하여야 한다.

나) 시설의 구조 및 설비

시설의 구조 및 설비는 그 시설을 이용하는 아동의 성별·연령별 특성에 맞도록 하여야 한다. 아동 30명 이상을 수용하는 시설에는 다음의 설비를 갖추어야 한다. 다만, 지역아동센터나 아동이 상시 생활하지 않는 경우에는 예외일 수 있다.

(가) 거실

적당한 난방 및 통풍 시설을 하고, 상당 기간의 일조량을 확보할 수 있도록 하여야 한다. 출입구는 비상재해 시 대피하기 쉽도록 복도 또는 넓은 공간에 직접 면하게 하여야 한다. 복도·다락 등을 제외한 거실의 실제 면적은 아동 1명당 6.6㎡ 이상으로 하고, 침실 1개의 정원은 3명 이하로 한다. 7세 이상의 아동을 수용하는 거실은 남녀별로 설치하여야 한다. 허약아·미숙아·질병이환아 등을 격리하여 수용할 수 있는 격리실을 따로 두어야 한다.

(나) 사무실

사무를 위한 적당한 설비를 갖추어야 한다.

(다) 양호실

진찰·건강상담 및 치료를 위한 적당한 설비를 갖추어야 한다.

(라) 상담실

상담을 위한 적당한 설비를 갖추어야 한다.

(마) 조리실

채광 및 환기가 잘 되도록 하고 창문에는 방충망을 설치하여야 한다. 식기를 소독하고 위생적으로 취사 및 조리할 수 있는 설비를 갖추어야 한다.

(바) 목욕실

욕탕·샤워 및 세면 설비를 갖추어야 한다.

(사) 세탁실

세탁에 필요한 기계·기구 등 설비를 갖추어야 한다.

(아) 건조장

세탁물을 건조할 수 있는 설비를 갖추어야 한다.

(자) 화장실

수세식 화장실을 원칙으로 하되, 수세식이 아닌 화장실은 방수처리를 하고 소독수와 살충제를 비치하여야 한다. 변기의 수는 아동 5명당 1개 이상으로 설치하여야 한다. 다만, 지역아동센터의 경우에는 변기를 1개 이상 설치할 수 있다.

(차) 급수·배수시설

급수·배수시설은 상수도에 의한다. 다만, 상수도에 의할 수 없는 경우에는 먹는 물의 수질기준에 적합한 지하수 등을 공급할 수 있는 시설을 갖추어야 한다. 지하수 등을 사용하는 경우 취수원은 화장실, 폐기물처리시설, 동물사육장, 그 밖에 지하수가 오염될 우려가 있는 장소로부터 20m 이상 떨어진 곳에 위치하여야 한다. 빗물·오수 등의 배수에 지장이 없도록 배수설비를 하여야 한다.

(카) 비상재해대비시설

소화용 기구를 비치하고, 비상구를 설치하며, 비상재해에 대비한 시설을 갖추어야 한다.

나. 시설별 기준

가) 아동양육시설・아동일시보호시설은 다음의 설비를 갖추어야 한다.

- 강당 또는 오락실 : 66㎡ 이상으로 오락용구를 비치하여야 한다.
- 도서실 : 열람석과 아동의 정서 함양을 위한 도서류를 비치하여야 한다.
- 심리검사・치료실 : 16.5㎡ 이상으로 심리검사・치료를 위한 적당한 설비를 갖추어야 한다.

나) 아동보호치료시설은 아동양육시설에 준하되, 심리검사・치료실을 별도로 갖추어야 하며, 심리검사・치료를 위한 적당한 설비를 갖추어야 한다.

다) 공동생활가정은 전용면적 82.5㎡ 이상의 주택형 숙사를 갖추어야 한다.

라) 자립지원시설은 복도・목욕실 등을 제외한 거실의 실제 면적은 아동 1명당 9.9㎡ 이상으로 하며, 1실의 정원은 2명 이하로 한다.

마) 아동상담소는 다음의 설비를 갖추어야 한다.

- 상담실 : 16.5㎡ 이상
- 심리검사・치료실 : 16.5㎡ 이상으로 하며, 2개실 이상을 갖출 것
- 집단지도실 : 33㎡ 이상
- 사무실 : 16.5㎡ 이상
- 자료실 또는 대기실 : 16.5㎡ 이상(30명 이상 시설만 해당한다)

바) 지역아동센터는 사무실・조리실・식당 및 집단지도실을 각각 갖추되, 해당 시설을 모두 합한 면적이 전용면적 82.5㎡ 이상이고, 아동 1명당 전용면적 3.3㎡ 이상이어야 한다. 다만, 집단지도실은 2개실 이상을 갖추어야 한다.

다. 아동복지사업별 시설기준

아동복지시설이 고유사업 외의 사업을 실시하려는 경우에는 해당 사업에 필요한 시설을 별도로 갖추어야 한다. 다만, 고유사업 외에 추가로 실시하는 사업이 1개인 경우에는 사무실, 상담실, 심리검사・치료실, 조리실・식당 및 도서실을 고유사업 운영에 필요한 시설과 공동으로 사용할 수 있다.

가) 아동가정지원사업

- 사무실 : 16.5㎡ 이상
- 상담실 : 16.5㎡ 이상

나) 아동주간보호사업

- 사무실 : 16.5㎡ 이상
- 거실 : 33㎡ 이상

다) 아동전문상담사업

- 사무실 : 16.5㎡ 이상
- 상담실 : 16.5㎡ 이상으로 하며, 2개실 이상을 갖출 것
- 심리검사・치료실 . 33㎡ 이상

라) 학대아동보호사업

- 사무실 : 16.5㎡ 이상
- 상담실 : 16.5㎡ 이상
- 심리검사・치료실 : 16.5㎡ 이상

마) 공동생활가정사업은 전용면적 82.5㎡ 이상의 주택형 숙사를 갖추어야 한다.

바) 방과 후 아동지도사업은 사무실·조리실·식당 및 집단지도실을 각각 갖추되, 해당 시설을 모두 합한 면적이 전용면적 82.5㎡ 이상으로 한다. 다만, 해당 시설을 이용하는 1일 평균 아동의 수가 20명 미만인 시설은 전용면적 60㎡ 이상으로 한다.

② 운영기준

가. 건강관리

아동의 입소 시에는 반드시 건강진단을 하여야 한다. 보호아동 및 직원에 대해서는 연 1회 이상 건강진단을 하여야 한다. 건강진단 결과 건강이 좋지 않은 사람에 대해서는 그 치료를 위하여 필요한 조치를 취하여야 한다.

나. 급식위생

급식은 필요한 영양을 섭취할 수 있도록 식단을 작성하고, 그에 따라 시행되어야 한다. 식단은 영양사가 작성하되, 영양사가 없는 시설은 보건소의 지도를 받아 식단을 작성하여야 한다. 전염성 질환, 화농성 창상 등을 가진 사람들은 아동의 식사를 조리해서는 안 된다. 상수도 외의 음용수를 사용하는 경우에는 적어도 연 2회 이상 수질검사를 받아야 한다.

다. 관리규정

조직, 인사, 급여, 회계, 물품 및 그 밖의 시설 관리에 필요한 규정을 제정·시행하여야 한다.

라. 장부 등의 비치

아동복지시설에는 다음의 장부 및 서류를 비치하여야 한다.

- 아동복지시설의 연혁에 관한 기록부

- 재산목록과 그 소유 또는 사용권 증명서
- 아동복지시설 운영일지
- 아동복지시설의 장 및 직원의 인사카드(이력서 및 사진을 포함한다)
- 예산서 및 결산서
- 총계정원장 및 수입·지출 보조부
- 금전 및 물품의 출납부와 그 증명서류
- 보고서철 및 관계 관청과의 문서철
- 소속 법인의 정관 및 관계 의결서류
- 입소·퇴소아동의 명단 및 관계 서류

마. 아동복지시설에서의 기거자

아동복지시설의 장은 아동의 거실이 있는 건물마다 생활지도원, 보육사, 그 밖에 필요한 직원 중 1명을 보호아동과 함께 기거하게 하여야 한다. 아동복지시설 안에서는 보호아동 및 아동복지시설 종사자 외에는 거주하지 못한다.

바. 아동의 보호조치

아동양육시설 및 아동일시보호시설의 장은 아동이 입소하였을 때에는 입소한 날부터 2주 동안 그 심신상태를 관칠하어야 한다. 아동양육시설의 장은 학대받은 아동에 대한 보호조치를 의뢰받았을 때에는 그 아동이 육체적·정신적으로 정상생활을 할 수 있을 때까지 특별지도를 위하여 다른 아동과 분리하여 수용할 수 있다.

(3) 아동복지시설의 사업

아동복지시설의 사업내용은 다음의 표와 같다(아동복지법 제52조).

〈표 3-1〉 아동복지시설의 종류별 사업내용

종 류	사업내용 및 목적
아동양육시설	보호대상 아동을 입소시켜 보호, 양육 및 취업훈련, 자립지원서비스 등을 제공하는 것을 목적으로 하는 시설
아동일시보호시설	보호대상 아동을 일시보호하고 아동에 대한 향후의 양육대책 수립 및 보호조치를 행하는 것을 목적으로 하는 시설
아동보호치료시설	아동에게 보호 및 치료서비스를 제공하는 시설 - 불량행위를 하거나 불량행위를 할 우려가 있는 아동으로서 보호자가 없거나 친권자나 후견인이 입소를 신청한 아동 또는 가정법원, 지방법원소년부지원에서 보호위탁된 19세 미만인 사람을 입소시켜 치료와 선도를 통하여 건전한 사회인으로 육성하는 것을 목적으로 하는 시설 - 정서적 · 행동적 장애로 인하여 어려움을 겪고 있는 아동 또는 학대로 인하여 부모로부터 일시 격리되어 치료받을 필요가 있는 아동을 보호 · 치료하는 시설
공동생활가정	보호대상 아동에게 가정과 같은 주거여건과 보호, 양육, 자립지원서비스를 제공하는 것을 목적으로 하는 시설
자립지원시설	아동복지시설에서 퇴소한 사람에게 취업 준비기간 또는 취업 후 일정 기간 동안 보호함으로써 자립을 지원하는 것을 목적으로 하는 시설
아동상담소	아동과 그 가족의 문제에 관한 상담, 치료, 예방 및 연구 등을 목적으로 하는 시설
아동전용시설	어린이공원, 어린이놀이터, 아동회관, 체육 · 연극 · 영화 · 과학실험전시시설, 아동휴게숙박시설, 야영장 등 아동에게 건전한 놀이 · 오락, 그 밖의 각종 편의를 제공하여 심신의 건강유지와 복지증진에 필요한 서비스를 제공하는 것을 목적으로 하는 시설
지역아동센터	지역사회 아동의 보호 · 교육, 건전한 놀이와 오락의 제공, 보호자와 지역사회의 연계 등 아동의 건전육성을 위하여 종합적인 아동복지서비스를 제공하는 시설

2) 제주지역의 실천현장 사례

(1) 아동양육시설

① 제주보육원

제주보육원이 문을 연 것은 1951년 4월 1일, 제주지역 최초의 아동양육시설이자 최초의 사회복지시설로 여겨진다. 제주보육원은 제주시 삼성혈 인근 공터에 천막을 치고 전쟁고아들을 돌보기 시작했다. 아동복지의 암흑기에 한줄기 구원의 빛이었다. 보육원 설립자는 허천만으로 전쟁 당시 제주도로 피난을 내려와 보육원을 설립한 것으로 알려졌다. 제주보육원은 1951년 9월 제주시 화북동으로 보금자리를 옮겼고, 그 이듬해인 1952년 9월 현재의 제주시 내도동으로 이전했다. 1955년 4월 정부로부터 재단법인 허가를 받은 제주보육원은 1972년 사회복지법인으로 변경되었다.

함경도 출신 여성이었던 탁명숙이 초대 원장을 맡아 20년간 보육원을 이끌었다. 1972년 3월에는 제주보육원 출신인 강도아가 제2대 원장으로 취임했다. 강도아 원장은 취임 첫해 아동들이 생활할 건물을 새로 지었고, 2012년까지 30년간 보육원 운영을 책임지며 아동복지 발전에 크게 기여하였다.

제주보육원 초칭기에는 전쟁고아를 돌봤지만, 최근에는 학대받는 아동, 미혼모 아동, 가정해체 아동 등 다양한 사회적 요인으로 인해 보호가 필요한 아동들이 늘어남에 따라 심리·정서 치료와 아동 자립에 중점을 둔 사업과 프로그램을 운영하는 데 심혈을 기울이고 있다(제주사회복지신문, 2013. 3. 4).

② 홍익아동복지센터 · 홍익영아원

홍익아동복지센터의 설립은 1951년 고수선이 동문시장에서 천막을 치고 전쟁고아 10여 명을 돌보기 시작한 것이 단초가 되었다. 이후 1986년 제주시 도련동에 시설을 건립하여 현재에 이르고 있다.

홍익아동복지센터는 아동들이 당당한 사회구성원으로 자랄 수 있도록 다양한 프로그램을 운영하고 있으며, 일부 시설과 프로그램은 지역아동들에게 개방하여 운영함으로써 지역주민들로부터 좋은 반응을 얻고 있다. 또한 제주지역에서 유일한 국내 입양상담전문기관이기도 한 이곳에는 매년 친권이 포기된 아동을 일반가정에 입양시키고 있기도 하다(제주사회복지신문, 2008. 2. 1). 최근 홍익아동복지센터의 특기할 만한 프로그램으로는 독서지도 프로그램 '생각을 모으는 아이'를 꼽을 수 있다.

한편 홍익아동복지센터와 똑같이 사회복지법인 홍익원이 운영하고 있는 홍익영아원은 1990년 1월에 설립되었으며, 아동복지법 규정에 의한 요보호아동 보호사업을 수행하고 있다(제주특별자치도사회복지협의회, 2011 : 48).

'생각을 모으는 아이'

홍익아동복지센터는 독서지도를 통한 시설보호 아동의 사고력 확장 및 올바른 독서습관을 위해 독서지도 프로그램인 '생각을 모으는 아이'를 진행하고 있다. 독서지도 프로그램은 미취학 아동부터 중학생까지 수준별 그룹으로 나누어 주 1회 외부강사의 도움으로 책 읽기를 하는 것이다. 또 아동들 수준에 맞는 책을 선정해 아동들이 책 읽는 습관을 갖도록 도움을 준다. 특히 홍익아동복지센터에 근무하는 직원들도 지속적으로 아동들과 함께하며 책 읽는 분위기를 조성하기 위해 독서지도 교육을 받았다.

홍익아동복지센터가 독서지도 프로그램을 운영하는 것은 시설에서 생활하는 아동들이 독서와 토론을 통해 사회적응력을 높여 자립할 수 있도록 하기 위해서이다. 사회적응력 향상을 위해 사회가 요구하는 창의적이고 논리적인 사고능력이 필요하다고 판단, 지난 2011년부터 제주특별자치도사회복지공동모금회로부터 지원받아 독서지도 프로그램을 진행하고 있다. 게다가 어휘량이 폭발적으로 증가하는 미취학 아동도 독서지도 프로그램에 참여할 있도록 그룹을 만들었다.

미취학 아동을 대상으로 한 독서지도 프로그램의 효과는 컸다. 실제 프로그램에 참여한 5~7세 아동은 책에 관심을 보이고, 책을 가지고 놀이를 하는 등 책을 보는 시간이 눈에 띄게 늘었다는 게 독서 프로그램 담당자의 설명이다. 독서 프로그램에 참여한 40여 명의 아동들이 1년 동안 읽은 책은 그룹당 평균 30권씩 모두 177권으로, 아동 한 명당 해당 그룹에 편성된 책 30권을 읽은 셈이다.

독서지도 프로그램을 통한 성과도 좋았다. 문학나눔이 주관한 제16회 우수문학 도서 독서감상문대회 장려상을 비롯해 삼양초등학교가 실시한 소감문 쓰기, 백일장, 편지쓰기, 독서신문, 독서퀴즈 등에서 상을 받았다.

출처 : 제민일보(2012. 11. 24).

③ 제남아동센터

제남아동센터는 1952년 7월 설립되었으며, 서귀포시 서호동에 위치하고 있다. 현재 제남아동센터는 아동들에게 가족공동체 의식을 심어주고 가정적인 생활환경 조성과 지역사회 열린 복지시설로 지역주민과의 관계 강화를 꾀하고 나아가 아동들이 성공적으로 사회에 복귀할 수 있도록 다양한 프로그램 실천을 통해 아동 양육에 힘쓰고 있다(제주특별자치도사회복지협의회, 2011 : 44). '흙과 함께 떠나는 도예나라로의 여행'은 제남아동센터가 최근 제주특별자치도사회복지공동모금회의 지원을 받아 운영하는 특색 있는 프로그램 중의 하나이다.

'흙과 함께 떠나는 도예나라로의 여행'

제남아동센터는 문화소외지역 아동 및 지역주민과 함께하는 '흙과 함께 떠나는 도예나라로의 여행'을 진행하고 있다. 도예나라는 제남아동센터 입소아동들의 정서적 안정과 사회성 훈련 등을 위해 흙으로 그릇이나 장식품 등을 빚고 불에 구워 작품을 만드는 것이다.

제남아동센터는 학대와 방임 등으로 마음의 문을 닫아버린 아동들이 희망을 갖게 하기 위해 고민하다 '흙'에 집중했다. 흙을 주무르고, 불에 구워 작품을 만드는 과정에서 정서적 안정을 찾을 수 있고, 다른 사람에게 털어놓지 못했던 마음속의 이야기를 또래 아동들에게 하다 보면 '괜찮다', '할 수 있다'는 희망과 자신감을 되찾을 수 있다고 판단했다. 도예 프로그램은 시설아동들의 표현력을 높이는 등 긍정적인 변화를 가져오게 하였다.

출처 : 제민일보(2013. 6. 15).

④ 천사의 집

천사의 집은 사회복지법인 천사보육원이 운영하는 아동양육시설로 1953년 9월 한국전쟁으로 인한 전쟁고아를 보호하기 위해 문을 열었고, 서귀포시 대정읍에 위치하고 있다. 천사의 집에서는 정체성이 혼란스러운 아동들이 사회에서 편견에 의한 차별대우를 받지 않기 위한 활동과 퇴소 후 자립을 돕는 디딤씨앗통장에 100% 가입했다.

뛰어난 학습효과를 보이는 아동들은 영재교육을 받고 있으며 공부를 열심히 하는 아동들을 위해서 학습실을 따로 준비했다. 공부 외에도 아동들의 재능은 반짝반짝 빛을 발하고 있다. 2005년에 창단한 '엔젤첼로앙상블'은 매해 정기연주회를 가질 정도로 눈부신 활약을 하고 있다. 아름다운 하모니를 만들어 가며 아동들의 자신감과 자존감도 함께 자라고 있다. 또 다른 음악활동으로 2009년 보건복지부장관배 꿈나무예술제에서 금상을 수상한 '작은 알프스'는 각종 행사에 초청돼 맑고 경쾌한 요들송을 선사한다. 주위에서 받은 사랑을 지역주민을 위한 위문공연 및 각종 행사에도 참여하고 사랑을 베풀어 준 분들게 감사의 마음도 전하고 있다. 뿐만 아니라 혼자 사는 어려운 노인을 찾아 '사랑나눔 음악회'를 여는 등 자신들보다 더 어려운 이웃에게 사랑을 전하며 봉사활동을 하고 있다(제주사회복지신문, 2011. 4. 1).

⑤ 예향원

예향원은 아동양육시설 중 가장 최근인 2000년 12월에 설립되었으며, 다른 아동양육시설과는 다르게 개인이 운영하는 시설이다. 주요 사업으로는 상담, 오지 교통지원, 시설운영 자립을 위한 사슴목장 운영 등이다(제주특별자치도사회복지협의회, 2011 : 43).

(2) 아동보호치료시설

① 단비아동가족상담센터

제주지역의 아동보호치료시설은 유일하게 사회복지법인 어린이재단이 운영하는 단비아동가족상담센터가 2007년 4월 설립되어 운영되고 있으며, 제주시 도남동에 위치하고 있다. 단비아동가족상담센터는 유아·아동 및 청소년들이 가정과 학교, 사회에서 겪는 인지, 언어, 사회, 정서, 행동, 학습, 대인관계, 적응 등의 문제로 인해 도움이 필요할 때 유아·아동들을 대상으로 다양한 치료 및 특수교육 프로그램 등을 실시하여 아동의 심리, 정서적 안정과 기능향상을 지원하는 일을 하고 있다. 주요 사업 및 프로그램은 아래와 같다(제주특별자치도사회복지협의회, 2011 : 49).

- 심리, 언어검사 및 상담 : 심리검사, 언어검사, 인지검사 등을 통해 아동의 현재 상태를 객관적으로 알아본다.
- 개별 및 집단 치료서비스 : 유·아동·청소년 수준, 욕구, 문제행동 등에 알맞은 치료서비스를 제공한다.
- 문제행동 아동 조기개입서비스 : 유·아동 및 청소년들이 가정과 학교, 사회에서 겪는 정서, 발달, 행동, 인지, 언어 사회성 등의 문제로 인해 도움을 필요로 하는 아동들을 조기 발견하여 아동과 가족에게 다양한 치료서비스를 제공한다.
- 장애아동 재활·치료서비스 : 성장기의 정신적·감각적 장애아동의 기능 향상과 행동 발달을 위하여 적절한 재활치료서비스 및 지원정보를 제공한다.
- 아동발달지원서비스 : 발달문제가 우려되는 영유아, 아동에 대하여 발달검사를 통한 조기 선별과 함께 중재서비스를 제공함으로써 아동의 정상적인 발달을 지원한다.
- 치료지원비서비스 : 특수교육지원센터(제주시 교육지원청)의 지원을 받아 특수교육지원대상자로 선정된 자에 대하여 치료서비스(언어치료 포함)를 제공한다.
- 부모교육 : 적극적인 부모역할, 자녀를 양육하는 기술 등을 제공한다.

(3) 공동생활가정

① 빙새기 그룹홈

빙새기 그룹홈은 2005년 4월 설립되어 사회복지법인 어린이재단에서 운영하고 있으며, 제주시 노형동에 위치하고 있다. 아동학대로 인해 보호가 필요한 아동을 대상으로 일시보호를 통해 아동의 신변을 보호하고 아동에게 공동생활가정의 형태를 구성하여 가정과 같은 주거여건과 보호를 제공하여 아동을 안전하게 보호하는 일을 하고 있다. 또한 아동보호, 정서함양 프로그램 등의 서비스를 제공하여 심리·정서적 치료를 함으로써 학대피해 아동의 가정 복귀를 돕고 있다(제주특별자치도사회복지협의회, 2011 : 50).

② 사랑의 집 공동생활가정

사랑의 집 공동생활가정은 (사)빛사랑청소년회가 2007년 11월 설립하여 운영하고 있으며, 부모의 이혼, 가출, 가정폭력, 경제적 어려움 등으로 인해 보호를 받을 수 없는 아동들을 가정과 같은 환경에서 심리·정서적 안정 속에서 일정 기간 보호, 교육하여 가정으로 복귀하도록 도와주는 일을 하고 있다(제주특별자치도사회복지협의회, 2011 : 51).

③ 제주 몽생이 공동생활가정

제주시 화북동에 위치하고 있는 제주 몽생이 공동생활가정은 개인이 운영하고 있으며 2011년 5월 설립되었다. 가정해체, 방임, 학대, 빈곤, 유기 등의 이유로 보호가 필요한 아동에게 가정과 같은 주거환경에서 아동의 개별적인 특성에 맞추어 보호양육서비스를 제공하고 가정복귀를 도와주는 일을 하고 있다(제주특별자치도사회복지협의회, 2011 : 52).

④ 학대피해 아동 전문그룹홈 아이오름

사회복지법인 제남이 운영하는 공동생활가정으로 2007년 7월 설립되었고, 서귀포시 서귀동에 위치하고 있다. 학대피해 아동 전문그룹홈 아이오름은 서귀포 지역 내 보호자 및 어른들로부터 신체·정서적 학대 방임으로 인해 고통받는 아동들을 학대의 위험으로부터 안전하게 보호함은 물론 쉼터를 통해 상처받은 몸과 마음의 회복을 돕고, 통합적인 일시 및 단기 개입을 기초로 상담과 심리치료, 사회복지 프로그램의 개별적이고 종합적인 서비스를 제공하고 있다(제주특별자치도사회복지협의회, 2011 : 53).

⑤ 한나공동생활가정

제주시 삼양동에 위치한 한나 공동생활가정은 2006년 설립되었으며, 사회복지법인 홍익원이 운영하고 있다. 요보호아동을 소그룹으로 보호, 양육하면서 교육지원, 정서개발, 건강관리, 안전교육 사업들을 전개하고 있다(제주특별자치도사회복지협의회, 2011 : 54).

(4) 지역아동센터

제주지역의 지역아동센터는 2016년 12월 제주시 38개소, 서귀포시 29개소, 총 67개소이다(http://www.jeju.go.kr). 아래에서는 여러 지역 아동센터들 중 최근 제주특별자치도사회복지공동모금회의 지원을 받아 운영하는 프로그램으로 언론의 주목을 받은 제일지역아동센터와 제주시 동부지역 거점지역아동센터인 해바라기지역아동센터를 소개하고자 한다.

① 제일지역아동센터

제일지역아동센터는 제주시 일도2동 삼화아파트단지 내 상가 건물에 위치하고 있으며, 2005년 2월 설립되었다. 제일지역아동센터는 아동들을 위한 다양하고 차별화된 프로그램이 눈길을 끈다. 프로그램은 교육, 보호, 문화, 복지, 지역사회 연계 프로그램으로 나뉘어 운영된다. 일례로 교육 프로그램을 보면 기초영어, 컴퓨터, 한자 교실을 비롯해 피아노, 기타, 플루트, 야구 등 예체능 분야에 이르기까지 총망라되어 있다. 영어며 컴퓨터교육 등은 다른 지역아동센터들이 운영하는 프로그램과 별반 다를 게 없지만 야구연습이 가능한 것은 어엿한 자체 야구단을 두고 있기 때문이다. 제일지역아동센터가 야구단을 창단한 것은 2010년 6월, 전국 지역아동센터 최초의 야구단이다. 이름은 '제일드래곤즈'. 사회복지공동모금회와 사회복지단체 등의 후원을 받아 야구 장비와 유니폼을 마련했다. 창단 이후 센터아동들은 매주 토요일마다 야구연습에 몰두한다. 이 센터를 이용하는 중학교 1학년 허모 군은 서울 잠실야구장에서 열린 프로야구 경기의 시구자로 나서기도 했다. 관악기인 플루트 매력에 흠뻑 빠진 아동들도 있다. EBS로부터 플루트를 지원받은 것이 계기가 되었다. 이렇듯 제일지역아동센터만의 차별화된 프로그램을 운영할 수 있는 것은 후원자와 자원봉사자들의 아낌없는 지원 덕분이기도 하다.

제주과학고등학교 봉사동아리 '자바(JABA)' 회원들과 제주외국어고등학교 봉사동아리 '에스뻬란사' 회원들은 주말마다 정기적으로 센터를 찾아 아동들에게 수학, 과학, 영어를 가르쳐 준다. 삼화아파트 주민들은 매달 일정액의 후원금을 모아 지원해 준다. 제주특별자치도사회복지협의회도 결혼이주여성들과 연계하여 아동들의 영어공부를 도와주고 있다(제주사회복지신문, 2011. 9. 1).

'실용미술을 통한 진로탐색 체험'

제일지역아동센터는 아동들에게 새로운 직업의 세계를 경험하고 자신의 진로와 장래를 결정하는 데 도움을 줄 수 있도록 '실용미술을 통한 진로탐색 체험'을 제주특별자치도사회복지공동모금회 지원으로 실시하고 있다. 실용미술 진로 탐색 프로그램은 학업보다 다른 분야에 관심을 갖는 아동들에게 실제 생활 및 직업 선택에 밀접한 실용미술을 가르치면서 적성에 맞는 진로와 장래가 무엇인지를 깨닫게 해주고 있다. 제일지역아동센터는 초등학교 5학년 이상부터 고등학생을 대상으로 티셔츠, 바지, 가방 등에 새로운 디자인을 가미해 리폼할 수 있는 패션페인팅과 행사나 축제 때 얼굴과 팔 그리고 몸에 그림을 그려주는 바디페인팅을 가르치고 있다. 특히 아동들이 배운 실용미술기술로 만든 옷과 가방 등을 행사와 바자회 때 판매하면서 생산자와 상거래하는 사회활동을 체험하고 있고,

각종 행사와 축제 때 참가자들에게 바디페인팅 봉사를 하면서 자신감과 사회성을 높이고 있다. 아동들은 또 동양화 등 미술과 회화 분야도 배우면서 전시회에 출품하기도 했다.

출처 : 제민일보(2013. 10. 26).

② 해바라기지역아동센터

2004년 8월 문을 연 해바라기지역아동센터는 전형적인 농어촌 마을인 제주시 구좌읍 평대리에 자리 잡고 있다. 이 센터를 이용하는 아동과 청소년은 40여 명이고, 이들 대부분은 한부모가족, 조손가정, 기초생활수급자 자녀 등 저소득층 및 취약계층 자녀들이다.

센터가 운영하는 프로그램은 교육, 보호, 문화, 복지, 지역사회 연계 등 5가지로 나뉜다. 먼저 교육 프로그램을 살펴보면, 학습지도는 물론 생활교육, 인권교육, 사회적응력 강화 교육 등 다양하다. 과학교실, 미술치료, 종이접기교실, 영어캠프, 다도예절교실 등이 대표적인 사례이다. 구좌읍 상도리에 위치한 경찰부대와 연계해 기초학습이 부진한 아동들을 대상으로 일대일 맞춤형 학습지도도 실시하고 있다.

무엇보다 문화 프로그램이 단연 돋보인다. 연극, 미술, 음악, 체육 등 다양한 예체능 분야의 특기적성 프로그램을 운영하다 보니 아이들의 호응도가 매우 높다. 센터 아동들로 구성된 발레단과 어린이밴드, 축구단의 실력은 아이들치고는 수준급이다.

제주대학교 소리어울림단은 매주 센터를 찾아 피아노, 드럼, 바이올린 등 악기교실을 연다. 센터 아동들은 이렇게 배우고 연습한 실력과 끼를 공연을 통해 마음껏 뽐낸다. 센터 아동들과 어머니 등 30여 명으로 구성된 '엄마랑 하는 난타'팀은 제주특별자치도사회복지협의회가 마련한 2011년 사회복지인 한마음축제에 참가해 최우수상을 받기도 했다. 야간보호 프로그램인 '구좌읍 청소년 가슴에 별을 달자'는 야간에 부모의 보살핌을 받지 못하는 맞벌이 · 조손 · 한부모가족 자녀들에게 큰 도움을 주고 있다.

차별화된 프로그램 운영과 질 높은 복지서비스로 정평이 난 해바라기지역아동센터는 2011년 보건복지부의 특수목적형 지역아동센터 시범사업으로 제주시 동부지역 거점지역아동센터로 선정되었다. 거점지역아동센터는 지역아동센터의 효율적인 운영과 지역사회욕구에 맞는 운영모델을 개발하는 역할을 한다(제주사회복지신문, 2011. 11. 1).

2. 아동복지전담기관

1) 이론적 및 법률적 논의

(1) 아동복지전담기관의 정의

아동복지전담기관이란 아동보호전문기관과 가정위탁지원센터를 말한다(아동복지법 제3조).

(2) 아동복지전담기관의 설치 및 운영

① 아동보호전문기관의 설치 및 운영

국가는 아동학대예방사업을 활성화하고 지역 간 연계체계를 구축하기 위하여 중앙아동보호전문기관을 둔다. 지방자치단체는 학대받은 아동의 발견, 보호, 치료에 대한 신속처리 및 아동학대 예방을 담당하는 지역아동보호전문기관을 시 · 도 및 시 · 군 · 구에 둔다. 다만, 시 · 도지사는 조례로 정하는 바에 따라 둘 이상의 시 · 군 · 구를 통합하여 하나의 지역아동보호전문기관을 설치 · 운영할 수 있다. 지역아동보호전문기관을 통합하여 설치 · 운영하는 경우 시 · 도지사는 지역아동보호전문기관의 설치 · 운영에 필요한 비용을 관할 구역의 아동의 수를 고려하여 시장 · 군수 · 구청장에게 공동으로 부담하게 할 수 있다. 보건복지부장관, 시 · 도지사 및 시장 · 군수 · 구청장은 아동학대예방사업을 목적으로 하는 비영리법인을 지정하여 중앙아동보호전문기관 및 지역아동보호전문기관의 운영을 위탁할 수 있다(아동복지법 제45조). 아동보호전문기관의 운영을 위탁받으려는 자는 보건복지부령으로 정하는 바에 따라 중앙아동보호전문기관의 경우에는 보건복지부장관에게, 지역아동보호전문기관의 경우에는 시·도지사 또는 시장·군수·구청장에게 신청하여야 한다. 시·도지사 또는 시장·군수·구청장은 지역아동보호전문기관의 운영을 위탁하는 경우에는 관할 구역 내의 아동 수, 이미 지정받은 법인의 소재지 및 그 법인과의 지리적 거리 등을 고려하여야 한다(아동복지법 시행령 제44조). 아동보호전문기관의 설치기준과 운영, 상담원 등 직원의 배치기준, 위탁기관 지정의 요건 등에 필요한 사항은 대통령령으로 정한다.[2)]

가. 아동보호전문기관의 설치기준

가) 사무실

긴급전화 설치에 필요한 적정규모를 확보하여야 하며, 아동학대 관련 사무를 처리할 수 있는 적당한 설비를 갖추어야 한다.

나) 상담실

16.5㎡ 이상의 규모로 상담내용이 드러나지 않고 자연스러운 분위기에서 상담할 수 있는 구조를 갖추어야 한다. 효과적인 상담을 위하여 녹취기, 무인카메라 등 필요한 장비를 갖추어야 한다.

다) 심리검사·치료실

16.5㎡ 이상의 규모로 아동의 심리치료에 적합한 구조와 설비를 갖추어야 한다. 놀이치료, 미술치료, 음악치료, 심리상담 등 전문적인 치료를 위하

2) 아동보호전문기관의 상담원 등 직원배치기준, 직원의 자격기준은 아동복지법 시행령 제42조 및 제43조 관련 별표를 참조할 것.

여 필요한 설비를 갖추어야 한다. 가족에 대한 상담·치료·교육에 적합한 구조와 설비를 갖추어야 한다.

라) 그 밖의 시설

16.5㎡ 이상의 자료실 또는 대기실 등을 갖추어야 한다.

나. 아동보호전문기관의 운영기준

가) 관리규정

아동보호전문기관의 장은 조직, 인사, 급여, 회계, 물품 및 그 밖에 운영에 필요한 규정을 제정·시행하여야 한다.

나) 장부 등의 비치

아동보호전문기관은 아래의 장부 및 서류를 갖추어 두어야 한다.

- 시설 연혁에 관한 기록부
- 재산목록과 그 소유권 또는 사용권에 대한 증명서
- 아동보호전문기관의 운영일지
- 아동보호전문기관의 장 및 직원의 인사카드
- 예산서 및 결산서
- 총계정 원장 및 수입·지출 보조부
- 금전·물품의 출납부와 그 증명서류
- 보고서철 및 관계 행정기관의 문서철
- 신고 또는 접수받은 아동학대의 조사·상담 기록과 관련 서류

다) 그 밖의 사항

- 아동보호전문기관은 지역사회에서 발생하는 아동학대와 방임의 문제에 전문적으로 개입할 때에는 가정 보존과 가족기능의 회복에 우선을

두어야 한다.

- 아동보호전문기관은 학대받은 아동과 관련된 부모 또는 그 가족을 대상으로 정기적으로 가정상담 및 치료를 하여야 한다.
- 아동보호전문기관은 신고된 아동학대나 방임에 대한 현장조사 등 사례 관리를 철저히 하여야 한다.
- 아동보호전문기관은 지역사회 주민, 신고의무자, 아동학대 행위자 등을 대상으로 아동학대 예방을 위한 교육을 하여야 한다.

② 가정위탁지원센터의 설치 및 운영

국가는 가정위탁사업을 활성화하고 지역 간 연계체계를 구축하기 위하여 중앙가정위탁지원센터를 둔다. 지방자치단체는 보호대상 아동에 대한 가정위탁사업을 활성하기 위하여 시·도 및 시·군·구에 지역가정위탁지원센터를 둔다. 다만, 시·도지사는 조례로 정하는 바에 따라 둘 이상의 시·군·구를 통합하여 하나의 지역가정위탁지원센터를 설치·운영할 수 있다. 지역가정위탁지원센터를 통합하여 설치·운영하는 경우 시·도지사는 지역가정위탁지원센터의 설치·운영에 필요한 비용을 관할 구역의 아동의 수 등을 고려하여 시·군·구청장에게 공동으로 부담하게 할 수 있다. 보건복지부장관, 시·도지사 및 시장·군수·구청장은 가정위탁 지원을 목적으로 하는 비영리법인을 지정하여 중앙가정위탁지원센터 및 지역가정위탁지원센터의 운영을 위탁할 수 있다(아동복지법 제48조). 가정위탁지원센터의 운영을 위탁받으려는 자는 보건복지부령으로 정하는 바에 따라 중앙가정위탁지원센터의 경우에는 보건복지부장관에게, 지역가정위탁지원센터의 경우에는 시·도지사 또는 시장·군수·구청장에게 지정을 신청하여야 한다(아동복지법 시행령 제49조). 가정위탁지원센터의 설치기준과 운영, 상담원 등 직원의 배치기준, 위탁기관 지정의 요건 등에 필요한 사항은 대통령령으로 정한다.[3)]

3) 가정위탁지원센터의 상담원 등 직원의 배치기준 및 자격기준은 아동복지법 시행령 제47조와 제48조 관련 별표를 참고할 것.

가. 가정위탁지원센터의 설치기준

가) 사무실

가정위탁 관련 사무를 처리할 수 있는 적당한 설비를 갖추어야 한다.

나) 상담실

16.5㎡ 이상의 면적으로 하며, 녹취기, 무인카메라, 일방경 등의 장비를 갖추어야 한다.

다) 심리검사 · 치료실(지역가정위탁지원센터만 해당한다)

16.5㎡ 이상의 규모로 아동의 심리치료에 적합한 구조와 설비를 갖추어야 한다. 놀이치료 · 미술치료 · 음악치료, 심리상담 등 전문적인 치료를 위하여 필요한 설비를 갖추어야 한다. 가족에 대한 상담 · 치료 · 교육에 적합한 구조와 설비를 갖추어야 한다.

라) 교육실

66㎡ 이상의 규모로 교육에 적합한 구조와 설비를 갖추어야 한다.

마) 그 밖의 사항

16.5㎡ 이상의 자료실 또는 대기실 등을 갖추어야 한다.

나. 가정위탁지원센터의 운영기준

가) 관리규정

가정위탁지원센터의 장은 조직, 인사, 급여, 회계, 물품 및 그 밖에 운영에 필요한 규정을 제정 · 시행하여야 한다. 다만, 가정위탁지원센터로 지정된 법인이 별도의 관련 규정이 있는 경우에는 그 규정을 따르되, 아동복지법령 또는 관련 지침에서 정하고 있는 사항에 관하여는 해당 법령 또는 지침을 우선 적용하여야 한다.

나) 장부 등의 비치

가정위탁지원센터는 다음의 장부 및 서류를 갖추어야 한다.

- 시설(법인) 연혁에 관한 기록부
- 재산목록과 그 소유권 또는 사용권에 대한 증명서
- 센터 운영일지
- 센터장 및 직원의 인사카드
- 예산서 및 결산서
- 총계정 원장 및 수입·지출보조부
- 금전·물품의 출납부와 그 증명서류
- 보고서철 및 관계 행정기관과의 문서철
- 위탁아동 및 위탁가정, 친부모에 대한 조사·상담기록과 관련 서류(자립지원계획 등)
- 가정위탁보호조치 아동 및 귀가 아동의 명단 및 관련 서류(사후관리계획 등)

다) 운영원칙

가정위탁지원센터는 지역사회에서 발생하는 위탁아동 및 원가족의 문제에 전문적으로 개입할 때에는 가정 보존과 가족기능의 회복, 아동의 이익에 우선을 두어야 하며, 조속한 시일 내에 아동이 친가정으로 복귀할 수 있도록 최선을 다해야 한다.

(3) 아동복지전담기관의 사업

① 아동보호전문기관의 사업

가. 중앙아동보호전문기관의 사업

- 지역아동보호전문기관에 대한 지원
- 아동학대예방사업과 관련된 연구 및 자료 발간
- 효율적인 아동학대예방사업을 위한 연계체계 구축
- 아동학대예방사업을 위한 프로그램 개발과 평가
- 상담원 직무교육, 아동학대예방 관련 교육 및 홍보
- 아동보호전문기관 전산시스템 구축 및 운영
- 아동복지시설 및 아동학대와 관련된 관계기관 직원의 역량 강화 사업 지원에 관한 업무
- 아동학대 관련 국제교류
- 피해아동 및 그 가족을 위한 전담 치료보호시설 운영
- 아동학대 관련 통계 생산 및 제공

나. 지역아동보호전문기관의 사업

- 아동학대 신고접수, 현장조사 및 응급보호
- 피해아동, 아동학대행위자를 위한 상담 및 교육
- 아동학대예방 교육 및 홍보
- 피해아동 가정의 사후관리
- 아동학대사례판정위원회 설치·운영 및 자체사례회의 운영
- 현장조사서의 전산시스템 입력 및 보존
- 아동복지시설, 어린이집, 유치원, 학교, 경찰서, 주민자치센터, 보건소, 의료기관 및 사회복지관 등 아동학대와 관련된 관계기관 간의 연계
- 피해아동 및 피해아동 가정의 기능 회복 서비스 제공

- 피해아동 및 그 가족을 위한 전담 치료보호시설 운영

② 가정위탁지원센터의 사업

가. 중앙가정위탁지원센터의 사업

- 지역가정위탁지원센터에 대한 지원
- 효과적인 가정위탁사업을 위한 연계체계 구축
- 가정위탁사업과 관련된 연구 및 자료 발간
- 가정위탁사업을 위한 프로그램의 개발과 평가
- 상담원에 대한 교육 등 가정위탁에 관한 교육 및 홍보
- 가정위탁사업을 위한 정보기반 구축 및 정보제공
- 지역가정위탁지원센터에 대한 평가
- 가정위탁통합전산시스템의 운영
- 가정위탁 아동에 대한 기업·단체 등의 후원 장려 및 연계

나. 지역가정위탁지원센터의 사업

- 가정위탁사업의 홍보 및 가정위탁을 하고자 하는 가정의 발굴
- 가정위탁을 하고자 하는 가정에 대한 조사 및 가정위탁대상 아동에 대한 상담
- 가정위탁을 하고자 하는 사람과 위탁가정 부모에 대한 교육
- 위탁가정의 사례관리
- 친부모 가정으로의 복귀 지원
- 가정위탁 아동의 자립계획 및 사례관리
- 관할 구역 내 가정위탁 관련 정보 제공
- 관할 구역의 가정위탁 아동에 대한 지역사회의 후원 장려 및 연계

2) 제주지역의 실천현장 사례

(1) 제주특별자치도 아동보호전문기관

제주특별자치도 아동보호전문기관은 지난 2000년 9월 '제주도아동학대예방센터'라는 이름으로 문을 연 뒤 2005년 지금의 명칭으로 변경했다. 제주시 노형동에 위치한 이 기관은 지하 1층, 지상 3층 규모로 피해아동을 위한 심리검사실, 놀이치료실, 부모상담실 등을 갖추었다. 피해아동을 일시적으로 보호하는 '빙새기 그룹홈'도 운영하고 있다.

아동학대 사례로 판정하기 모호하거나 자체 사례회의에서 판단하기 어려운 사례는 의료, 법률, 아동 관련 전문가 등으로 구성된 아동학대 사례판정위원회에서 최종 판단한다. 아동학대로 판정될 경우 지속적인 학대 위험에 노출된 아동은 일시적으로 보호하고 응급치료와 학습지도, 가사지원 및 물품지원 서비스 등 다양한 서비스를 제공한다.

아동학대 가해자에 대해서는 상담과 교육을 병행한다. 아동학대는 치료도 중요하지만 예방 또한 중요하다. 그래서 이 기관에서는 아동폭력 예방을 중점사업으로 선정하여 공을 들이고 있다. 이를 위해 일선 학교, 유치원, 어린이집 등을 방문, 학생과 교사, 부모 등을 대상으로 아동폭력 예방 프로그램을 운영하고 있다(제주사회복지신문, 2012. 8. 1).

(2) 서귀포시 아동보호전문기관

2006년 10월 문을 연 서귀포시 아동보호전문기관은 상담실과 심리검사실, 치료실 등을 갖추고 아동학대 신고 접수, 현장조사, 조치 결정(응급보호 등), 상담・심리검사 및 치료・교육・학대가정 사후관리 등의 서비스 제공 업무를 수행하고 있다. 이 기관은 또한 피해아동을 위한 전용그룹홈인 '아이오름'도 운영하고 있으며, 피해아동 및 가해자, 위기가정을 대상으로 한 심리치료캠프와 가족치료세미나를 개최하고 있다. 서귀포시 아동보호전문기관은 2008년 아동학대 예방사업 우수사례 및 수기 공모전에서 보건복지부장관상과 2009년에는 전국 아동보호전문기관 평가대회에서 소규모기관임에도 불구하고 전국 최우수기관으로 선정되어 보건복지부장관 표창을 수상하기도 했다(제주사회복지신문, 2012. 2. 1).

(3) 제주가정위탁지원센터

제주가정위탁지원센터는 2003년 4월 21일 센터 설치가 승인되고, 그 해 5월 20일 개소하였다(제주가정위탁지원센터, 2013 : 61). 이 센터에서는 위탁가정 발굴, 가정위탁 가정 및 대상 아동의 조사, 가정위탁 부모의 교육, 아동정서 지원 등 아동들이 사랑을 받으며 건강하게 성장할 수 있도록 다양한 사업을 펼치고 있다.

2012년 이 센터에 등록된 위탁아동은 325명이며, 이 가운데 일반위탁가정 7%, 친인척위탁가정 22.8%이고, 나머지 70%가 넘는 가정이 조부모가 양육하는 대리양육가정이다(제주가정위탁지원센터, 2013 : 74). 대리양육가정 아동들은 친부모가 연락이 되지 않거나 행방불명되면서 제주지역의 가족문화 특성상 조부모가 보호하는 경우가 많다. 이들은 조부모의 어려운 경제 여건, 건강 상태, 조부모와 손자 간의 세대 차이, 열악한 교육환경 등의 요인들로 일반위탁가정에 비해 특별한 관심과 지원이 필요한 아동들이다.

위탁부모는 위탁아동의 특성과 좋은 부모역할 등에 대한 부모교육을 8시간 이상 이수한 뒤 수료증을 받아야 아동을 위탁할 수 있다. 위탁가정에는 생계급여와 양육비 등이 지원된다.

이 센터의 주요 사업 및 프로그램으로는 위탁부모 교육과 친부모교육, 찾아가는 친인척 위탁부모교육, 자원봉사교육 등을 실시하는 교육사업을 비롯해 위탁아동 1일 견학, 가족캠프, 문화활동 지원 등을 펼치는 정서지원사업, 연구보고서와 자료집 발간 등의 연구조사사업, 긴급보호·지원 프로그램을 운영하고 사례관리 등을 하는 아동보호사업 등이 있다. 특히 위탁가정에 대한 지역주민들의 관심을 유도하기 위해 홍보물 제작·배포 등 다양한 홍보사업에 주력하고 있다. 게릴라·오일장 Day 캠페인 등 길거리 캠페인에는 가정위탁에 관심 있는 일반인들을 위해 거리상담실을 운영하고 현장에서 위탁부모 신청을 받기도 한다(제주사회복지신문, 2008. 12. 1). 최근 언론에 소개된 제주가정위탁지원센터의 특색 프로그램을 소개하면 다음과 같다.

'해피아이 서포터즈'

제주가정위탁지원센터는 접근성 등의 문제로 상대적으로 사례관리가 어려운 서귀포시 남원읍과 표선면 지역 31세대 40명의 위탁아동을 대상으로 '해피아이 서포터즈' 프로그램을 진행하고 있다.

이 프로그램은 학교부적응과 인터넷중독 등으로 심리치료가 필요한 아동, 학습환경 개선 및 정서지원이 필요한 아동, 가족 간 갈등해소 및 관계개선이 필요한 가정을 대상으로 심리치료와 학습지원, 가족공동체 강화 등을 목적으로 2011년부터 제주특별자치도사회복지공동모금회 제안 기획사업으로 진행되고 있다.

제주가정위탁지원센터는 '해피아이 서포터즈' 사업으로 지역 사무실을 운영해 통합사례관리를 지원하고 있으며, 특히 2013년부터는 가족기능 강화 프로그램을 추가해 운영하고 있다. '우리가족♥행복을 만드는 시간'을 진행, 가족의 의미와 소중함을 되새기는 기회를 마련하고 있다.

출처 : 제민일보(2013. 8. 10).

CHAPTER 4

청소년복지실천현장

1. 청소년활동지원기관
2. 청소년수련시설
3. 청소년복지지원기관
4. 청소년복지시설
5. 청소년보호 · 재활센터
6. 학교 밖 청소년지원센터

제4장 청소년복지실천현장

1. 청소년활동지원기관

1) 이론적 및 법률적 논의

(1) 청소년활동지원기관의 정의

청소년활동지원기관은 청소년활동을 지원하는 기관으로서 청소년 육성사업을 지원하는 한국청소년활동진흥원이 있고, 지역의 청소년활동 진흥을 위한 사업을 지원하는 지방청소년활동진흥센터가 있다(청소년활동진흥법 제6조 · 제7조).

(2) 청소년활동지원기관의 설치 및 운영

① 한국청소년활동진흥원의 설치 및 운영

한국청소년활동진흥원은 청소년육성을 위한 사업을 하기 위하여 법인으로 설립하고, 그 주된 사무소의 소재지에서 설립 등기를 함으로써 성립한다. 한국청소년활동진흥원의 정관에는 목적, 명칭, 주된 사무소의 소재지, 사업에 관한 사항, 임원 및 직원에 관한 사항, 이사회에 관한 사항, 재산 및 회계에 관한 사항, 정관의 변경에 관한 사항이 포함되어야 한다. 정부는 예산의 범위에서 활동진흥원의 사업 및 운영에 드는 경비를 보조할 수 있고, 개인 · 법인 또는 단체는 활동진흥원의 사업 또는 운영을 지원하기 위하여 금전이나 그 밖의 재산을 출연 또는 기부할 수 있다(청소년활동진흥법 제6조 · 제6조의2 · 제6조6).

② 지방청소년활동진흥센터의 설치 및 운영

특별시·광역시·특별자치시·도·특별자치도 및 시·군·구는 해당 지역의 청소년활동을 진흥하기 위하여 지방청소년활동진흥센터를 설치·운영할 수 있다. 지방청소년활동진흥센터는 사업을 수행함에 있어 한국청소년활동진흥원과 연계·협력하고, 국가 및 지방자치단체는 예산의 범위에서 지방청소년활동진흥센터의 운영에 필요한 경비의 전부 또는 일부를 지원할 수 있다(청소년활동진흥법 제7조).

(3) 청소년활동지원기관의 사업

① 한국청소년활동진흥원의 사업

한국청소년활동진흥원이 수행하는 사업은 청소년활동, 청소년복지, 청소년보호에 관한 종합적 안내 및 서비스 제공, 청소년육성에 필요한 정보 등의 종합적 관리 및 제공, 청소년수련활동 인증위원회 등 청소년수련활동 인증제도의 운영, 청소년 자원봉사활동의 활성화, 청소년 프로그램의 개발과 보급, 국가가 설치하는 수련시설의 유지·관리 및 운영 업무의 수탁, 국가 및 지방자치단체가 개발한 주요 청소년수련거리의 시범 운영, 청소년활동시설이 실시하는 국제교류 및 협력사업에 대한 지원, 청소년지도자의 연수, 수련시설 종합 안전점검에 대한 지원, 수련시설의 안전에 관한 컨설팅 및 홍보, 그 밖에 여성가족부장관이 지정하거나 활동진흥원의 목적을 수행하기 위하여 필요한 사업이다(청소년활동진흥법 제6조).

② 지방청소년활동진흥센터의 사업

지방청소년활동진흥센터가 수행하는 사업은 지역 청소년활동의 요구에 관한 조사, 지역 청소년 자원봉사활동의 활성화, 청소년수련활동 인증제도의 지원, 인증받은 청소년수련활동의 홍보와 지원, 청소년활동 프로그램의 개발과 보급, 청소년활동에 대한 교육과 홍보, 숙박형 등 청소년수련활동

계획의 신고에 대한 지원, 정보 공개에 대한 지원, 그 밖에 청소년활동을 위하여 필요한 사업이다(청소년활동진흥법 제7조).

2) 제주지역의 실천현장 사례

(1) 제주특별자치도 청소년활동진흥센터

2016년 현재까지 지역의 청소년활동 진흥을 위한 사업을 지원하는 기관인 지방청소년활동진흥센터는 제주시 구남로길에 위치한 제주특별자치도 청소년활동진흥센터 1개소가 설치・운영되고 있다.

제주특별자치도 청소년활동진흥센터는 1997년 9월 설립되어 재단법인 성지문화재단에서 운영하고 있다. 이 센터는 청소년활동에 관한 정보를 제공하고, 봉사, 체험, 참여, 문화 등 종합적인 서비스를 지원 및 관리함으로써 청소년들의 다양한 참여와 성취를 통해 청소년들의 건전한 성장과 역량개발을 도모하는 것을 목적으로 설립되었다.

이 센터의 주요 사업 및 프로그램을 살펴보면 이렇다. 첫째, 핵심기능사업으로 청소년활동 요구조사 및 제공, 청소년활동 우수 프로그램 공모 및 보급, 청소년활동 시범 프로그램 보급, 전문인력풀 운영 및 관리, 청소년실무자 역량 강화, 청소년활동 홍보 지원, 청소년활동 정보 제공 등이 있다. 둘째, 정책과제사업으로 청소년자원봉사활동 운영 관리, 대한민국청소년자원봉사단 운영, 청소년가족봉사단 운영, 청소년활동인증제 운영 지원, 국제청소년성취포상제 운영 지원 등이 있다. 셋째, 지역특성화사업으로 가족제자사랑한마음걷기대회, 지역 간 교류사업 등이 있다. 넷째, 수탁사업으로 청소년참여위원회 운영, 청소년문화존모니터링, 청소년지도자 전문연수, 학교폭력예방홍보사업 등을 수행하고 있다(http://jejubokji.net).

2. 청소년수련시설

1) 이론적 및 법률적 논의

(1) 청소년수련시설의 정의

청소년수련시설에는 청소년수련관, 청소년수련원, 청소년문화의 집, 청소년특화시설, 청소년야영장, 유스호스텔이 포함된다. 청소년수련관은 다양한 청소년수련거리를 실시할 수 있는 각종 시설 및 설비를 갖춘 종합수련시설이고, 청소년수련원은 숙박기능을 갖춘 생활관과 다양한 청소년수련거리를 실시할 수 있는 각종 시설과 설비를 갖춘 종합수련시설이며, 청소년문화의 집은 간단한 청소년수련활동을 실시할 수 있는 시설 및 설비를 갖춘 정보·문화·예술 중심의 수련시설이다. 청소년특화시설은 청소년의 직업체험, 문화예술, 과학정보, 환경 등 특정 목적의 청소년활동을 전문적으로 실시할 수 있는 시설과 설비를 갖춘 수련시설이고, 청소년야영장은 야영에 적합한 시설 및 설비를 갖추고 청소년수련거리 또는 야영편의를 제공하는 수련시설이며, 유스호스텔은 청소년의 숙박 및 체류에 적합한 시설·설비와 부대·편익시설을 갖추고 숙식편의 제공, 여행청소년의 활동지원을 기능으로 하는 시설이다(청소년기본법 제3조·제17조).

(2) 청소년수련시설의 설치 및 운영

국가는 둘 이상의 시·도 또는 전국의 청소년이 이용할 수 있는 국립청소년수련시설을 설치·운영하여야 한다. 특별시장·광역시장·특별자치시장·도지사·특별자치도지사 및 시장·군수·구청장은 청소년수련관을 1개소 이상 설치·운영하여야 하고, 읍·면·동에 청소년문화의 집을 1개소 이상 설치·운영하여야 하며, 청소년특화시설·청소년야영장 및 유스호스텔을 설치·운영할 수 있다. 국가는 청소년수련시설의 설치·운영 경비의 전부 또는 일부를 예산의 범위에서 보조할 수 있다.

청소년수련시설을 설치·운영하려는 개인·법인 또는 단체는 특별자치시장·특별자치도지사·시장·군수·구청장의 허가를 받아야 하고, 국가 및 지방자치단체는 허가를 받아 청소년수련시설을 설치·운영하는 자에게 예산의 범위에서 그 설치 및 운영에 필요한 경비의 일부를 보조할 수 있다(청소년활동진흥법 제11조). 국가 및 지방자치단체, 특별자치시장·특별자치도지사·시장·군수·구청장의 허가를 받은 수련시설 설치·운영자는 수련시설의 효율적 운영을 위하여 청소년단체에 그 운영을 위탁할 수 있고, 국가 및 지방자치단체는 수련시설의 운영을 위탁받은 청소년단체에 예산의 범위에서 그 위탁된 수련시설의 운영에 필요한 경비를 지원할 수 있다(청소년활동진흥법 제16조).

① 시설기준

청소년수련시설은 청소년이 다양한 활동을 통하여 기량과 품성을 함양하는 데 적합한 시설과 설비를 갖추어야 한다. 청소년수련시설에 공통적으로 적용되는 일반기준은 다음과 같다(청소년활동진흥법 시행규칙 제8조).[1]

가. 입지

청소년의 건전한 정서 함양에 적합한 장소로서 수련시설은 다음의 입지조건을 갖추어야 한다. 청소년수련관, 청소년문화의 집, 청소년특화시설은 일상생활권, 도심지 근교 및 그 밖의 지역 중 청소년 수련활동 실시에 적합한 곳으로서 청소년이 이용하기에 편리한 지역이어야 한다. 청소년수련원과 청소년야영장은 자연경관이 수려한 지역, 국립·도립·군립공원, 그 밖의 지역 중 자연과 더불어 행하는 청소년 수련활동 실시에 적합한 곳으로서 청소년이 이용하기에 편리한 지역이어야 한다. 유스호스텔은 명승고적지, 역사유적지 부근 및 그 밖의 지역 중 청소년이 여행활동 시 이용하기에 편리한 지역이어야 한다.

1) 그 밖에 청소년수련시설의 공통기준 중 단위시설·설비기준, 개별기준은 청소년활동진흥법 시행규칙 제8조 관련 별표 3을 참조할 것.

나. 구조

시설 및 기구·설비 등은 청소년이 이용하기에 편리한 구조로 하여야 하며 장애인을 위한 배려를 하여야 한다. 그리고 수용인원에 적합한 면적과 구조로 하여야 한다.

다. 설치기준

주변환경을 자연친화적으로 보존·활용하여야 하고, 시설의 종류별로 개별기준에 정한 시설·설비를 설치하되, 그 설치기준은 개별기준에서 정한 것을 제외하고는 공통기준의 단위시설·설비기준에 따른다. 「체육시설의 설치·이용에 관한 법률」 상의 체육시설업, 「공중위생관리법」 상의 공중위생영업 중 이용업 및 미용업, 「식품위생법」 상의 식품접객업 중 휴게음식점영업·일반음식점영업을 하기 위한 시설을 설치하는 경우에는 이 기준에서 정한 외에 해당 법령에서 정한 기준에 따라야 한다.

폐교시설 등 기존시설을 활용한 수련시설의 경우에는 「시설물의 안전관리에 관한 특별법」에 따른 안전진단 전문기관으로 하여금 안전점검을 실시하도록 하고, 안전점검을 실시한 결과 시설물의 재해 및 재난예방과 안전성 확보 등을 위하여 필요하다고 인정되는 경우에는 정밀안전진단을 실시하여야 한다. 또한 청소년수련관, 청소년수련원, 청소년야영장, 청소년특화시설 및 유스호스텔은 전용시설로만 설치하여야 하고, 다른 용도와 복합시설로 설치할 수 없다.

라. 관리시설

관리실·사무실·안내시설 등 시설물의 관리·운영에 필요한 시설·설비를 수련시설의 종류에 따라 설치하여야 한다.

마. 기타시설

수련시설의 종류 및 기능의 범위에서 입지여건·특성·자연환경 등에 따라 해당 수련시설의 개별기준에서 정하지 않았더라도 다른 종류의 수련시설의 개별기준에서 정한 시설・설비 등을 설치할 수 있다.

바. 금지시설

동일 건물 또는 해당 시설에 청소년보호법에 따른 청소년유해업소가 있어서는 안 되며, 설치예정지역으로부터 직선거리 50m 이내에는 유흥지점 등 청소년이 이용하기에 적합하지 않은 시설이 있어서는 안 된다.

② 운영기준

청소년수련시설 청소년수련활동 운영, 생활지도, 시설의 관리 및 운영, 종사자 교육 등 운영 기준은 다음과 같다(청소년활동진흥법 시행규칙 제9조).

가. 청소년수련활동 운영

청소년수련거리별로 추구하려는 구체적인 목적이 명시되어야 하고, 청소년수련거리는 청소년지도사에 의하여 실시되어야 한다. 청소년수련거리의 실시에 있어서는 청소년 개인의 정신적・신체적 능력을 참작하여야 하며, 청소년수련거리에 강제로 참여하게 하여서는 안 된다. 또한 수련시설은 인증받은 청소년수련활동을 비롯한 다양한 활동을 실시할 수 있도록 유영하여야 한다.

나. 생활지도

특별한 경우를 제외하고는 23시 이전에 취침하도록 하여야 하며, 취침시간 후에는 취침을 방해하는 행위가 없도록 하여야 한다. 청소년의 남녀혼숙을 금하여야 하고, 미성년자에 대하여는 음주・흡연행위를 금하여야 하며, 성인이라 하더라도 흡연은 정해진 장소에서 하도록 하고, 음주 등으로 인하여 해당 수련시설을 이용하는 청소년의 지도에 지장을 초래하지 않도록 하여야 한다. 음주자 등 시설의 운영에 지장을 초래할 우려가 있는 사람의 출입을 금지시켜야 하고, 집단급식소 등은 청소년들의 자립정신의 배양을 위하여 자급식 운영을 원칙으로 한다. 청소년에게 정신적 · 신체적 폭행이나 이와 유사한 행위를 하여서는 안 되며, 청소년의 탈선을 방지하고 타인으로부터의 위해 등을 예방하기 위한 조치를 취하여야 한다.

다. 시설의 관리 및 운영

청소년수련시설의 등록증을 이용자들이 잘 볼 수 있는 장소에 게시하여야 하고, 숙박실별로 해당 숙박실의 숙박 정원을 표시하여야 한다. 시설을 항상 청결하게 유지 · 관리하고, 위생관리를 철저히 하여야 한다. 해당 수련시설의 시설기준을 초과하여 운영하여서는 안 되며, 수련시설의 운영과 관련하여 정당한 경비 외의 부당한 수수료 또는 금품을 제공받거나 수련시설 이용자의 유치 등을 목적으로 금품 등을 제공하여서는 안 된다. 해당 수련시설에 체육시설업, 이용업 및 미용업, 휴게음식점영업 · 일반음식점영업 시설이나 그 밖에 다른 법령에 따른 시설이 설치된 경우에는 이 기준에서 정한 것 외에 그 법령에서 정한 위생기준, 관리 · 운영기준 등을 준수하여야 한다. 유스호스텔의 경우에는 이 기준에서 정한 것 외에 사단법인 한국유스호스텔연맹이 여성가족부장관의 승인을 받아 정한 유스호스텔의 시설 운영과 관련한 사항을 준수하도록 노력하여야 한다.

라. 종사자 교육

수련시설의 설치 · 운영자는 수련시설의 종사자에 대하여 연 1회 이상 수련시설의 운영 · 안전 · 위생 등에 관한 교육을 실시하여야 한다.

(3) 청소년수련시설의 사업

청소년수련시설의 사업은 청소년수련활동에 필요한 프로그램과 이와 관련된 사업을 의미하는 청소년수련거리 실시, 청소년의 직업체험, 문화예술,

과학정보, 환경 등의 청소년수련활동 실시, 숙박·야영·여행 등의 청소년 수련활동을 지원하는 사업 등이다(청소년활동진흥법 제10조).

2) 제주지역의 실천현장 사례

(1) 청소년수련시설 현황

2015년 12월 31일 기준, 제주지역의 청소년수련시설 현황은 〈표 4-1〉과 같다. 청소년수련관은 제주시 1개소, 서귀포시 2개소, 합계 3개소이고, 청소년문화의 집은 제주시 10개소, 서귀포시 11개소, 합계 21개소이며, 청소년수련원은 제주시 4개소, 서귀포시 1개소, 합계 5개소이다. 청소년야영장은 제주시 1개소, 서귀포시 1개소, 합계 2개소이고, 유스호스텔은 제주시 9개소, 서귀포시 8개소, 합계 17개소이다.

〈표 4-1〉 청소년수련시설 현황 (2015. 12. 31. 기준, 단위 : 개소)

구 분	합 계	청소년 수련관	청소년 문화의 집	청소년 수련원	청소년 야영장	유스 호스텔
합 계	48	3	21	5	2	17
제주시	25	1	10	4	1	9
서귀포시	23	2	11	1	1	8

출처 : http://www.jeju.go.kr(2016)

시설 현황에 있어 법률이 정한 설치 기준과 비교해 보면, 청소년활동진흥법 제11조에 따르면 특별시장·광역시장·특별자치시장·도지사·특별자치도지사 및 시장·군수·구청장은 청소년수련관을 1개소 이상 설치·운영하여야 하고, 읍·면·동에 청소년 문화의 집을 1개소 이상 설치·운영하여야 되도록 규정하고 있다. 청소년수련관은 제주시 1개소, 서귀포시 2개소로 법률상의 기준을 충족시키고 있으나, 청소년문화의 집 설치 수는 법률상의 기준에 비해 훨씬 못 미치고 있다. 제주시는 26개 읍・면・동 가운데 10개소, 서귀포시는 17개 읍・면・동 가운데 11개소만 청소년문화의 집이 설치・운영되고 있어, 지역 간 청소년 문화시설 불균형 문제가 발생하고 있다.

다음으로 제주지역 청소년수련시설의 운영 상황은 대체로 미흡한 것으로 평가되고 있다. 2014년 여성가족부가 안전한 수련활동 여건을 조성하기 위하여 전국 청소년수련시설을 대상으로 시설운영 및 관리체계, 청소년 이용 및 프로그램 운영 상황, 인사 및 조직 등의 분야를 종합평가한 결과 제주지역의 수련시설 대부분은 낙제수준에 머무른 것으로 나타났다. 청소년수련원 5개소 가운데 1개소만 '우수'로 평가되었고, 나머지 4개소는 모두 '매우 미흡'을 받았다. 유스호스텔 15개소 중 4개소에 대한 평가도 1개소만 '우수'를 받는 데 그치고, '적정' 1개소, '미흡' 1개소, '매우 미흡' 1개소로 조사되었다(제민일보, 2014. 7. 18). 또한 2013년 전국 청소년문화의 집에 대한 평가 결과, 전체 5등급 가운데 B등급(우수) 1개소, C등급(보통) 17개소, D등급(미흡) 1개소로 제주지역 평균은 68.1로 나타나 전국 평균 점수인 74.81에 훨씬 못 미치는 것으로 나타났다(제주특별자치도, 2014b : 90).

또한 청소년수련시설의 안전문제도 제기되고 있는 실정이다. 2014년 제주특별자치도가 청소년수련시설 24개소를 대상으로 시설점검을 실시한 결과 검사대상 중 절반에 가까운 11개소에서 문제가 있는 것으로 나타났다. 특히 비자림 청소년수련원 1층 강당과 화북・예래 청소년문화의 집 창고는 판넬구조로 건축되어 있어 수련활동 중 화재 발생 시 유독가스 발생으로 인한 대형 참사 발생 가능성이 높은 것으로 조사되었다. 제주시청소년수련관과 이도1동・아라 청소년문화의 집은 소화기와 비상유도등이 불량해 지속적인 점검이 필요하고, 법환・한림・표선 청소년문화의 집은 건물 내부에 균열이 상당수 발생해 기능보강이 시급한 것으로 지적되었다(제민일보, 2014. 7. 17).

청소년수련시설 가운데 홈페이지가 개설되어 시설을 안내하는 경우는 청소년수련관 3개소가 있고, 나머지 시설은 별도의 홈페이지가 개설되어 있지 않아 시설 안내나 사업 및 프로그램 내용 파악이 어려운 것으로 여겨진다. 여기서는 홈페이지가 개설되어 시설 정보를 파악할 수 있는 청소년수련관을 중심으로 실천현장의 내용을 살펴보고자 한다.

(2) 제주시청소년수련관

제주시 건입동에 위치한 제주시청소년수련관은 청소년 복지 증진과 청소년들이 밝고, 맑고, 바르게 자라날 수 있도록 돕기 위하여 각종 청소년 프로그램과 문화공간을 제공하며, 청소년들을 위한 각종 예능, 문화, 수련활동을 실시하고 지역주민에게 생활체육시설을 제공하여 청소년과 지역주민이 함께 어울려 아름다운 지역공동체문화를 가꾸어 나가려는 설립 목적을 실현하기 위해 2001년 12월 15일 개관하였다. 운영 방향은 첫째, 청소년의 다양한 욕구를 수용하는 개별화, 다양화, 특성화된 수련거리를 개발 운영한다. 둘째, 문화, 체육 및 수련활동을 다양하게 실시하며 청소년의 자아실현과 자기계발의 장을 제공한다. 셋째, 청소년동아리 활동을 지원하며 건전한 청소년문화 형성을 돕는다. 넷째, 청소년을 중심으로 한 가족단위의 프로그램을 개발하여 건강한 가족 만들기에 앞장선다.

사라봉 인근 부지 6,074㎡에 들어선 제주시청소년수련관은 건축 연면적 3,790㎡에 지하 1층, 지상 2층 규모로 지어졌다. 지하층에는 탁구장, 포켓볼장, 노래연습장, 공연연습실, 테크노홀이, 지상 1층에는 사무실, 다목적실, 정보자료실이, 지상 2층에는 자치활동실, 카페테리아, 소모임방, 영상동아리방, 청소년위원회방이 갖추어져 다양한 프로그램들이 운영되고 있다(http://jjyouth.jejusi.go.kr).

(3) 서귀포시청소년수련관

서귀포시 강정동 강창학종합경기장 인근에 자리 잡고 있는 서귀포시청소년수련관은 미래의 주역인 청소년들의 건강한 성장을 위해 수련활동을 펼칠 수 있는 청소년들의 공간이다. 청소년들의 다양한 생각과 이야기들을 담아 그들과 세상이 통하는 것을 열어주고 미래를 함께 만들어 가고 있다. 또한 청소년들이 자발적으로 참여할 수 있는 자치활동으로 열린 공간을 제공하고, 청소년들의 새로운 욕구 충족을 위한 문화 공간 및 프로그램 운영 서비스를 실천하고 있다.

1998년 개관한 서귀포시청소년수련관 시설 현황을 살펴보면, 대지면적 7,860㎡, 건축 연면적 4,220㎡에 지하 1층, 지상 2층 규모로 지어졌다. 지하층에는 음악연습실, 난타실, 공연연습실, 도예실, 다목적실, 청소년성문화센터가 위치해 있고, 지상 1층에는 사무실, 공연장, 야구명예전당이, 지상 2층에는 청소년지도자실, 강의실, 공연장, 인터넷부스, 예절실, 교사실, 북카페, 드림스타트사무실 등이 있으며, 야외에는 농구장, 카페테리아, 도자기 가마실이 있다(http://sgpye.sgpyouth.or.kr).

서귀포시청소년수련관은 2015년 '밝은 세상 미래 청소년이 함께하는 15 프로젝트' 청소년활동 사업계획을 수립해 12개 분야 55개 프로그램을 운영하고 있다. 특히 국가청소년수련활동 인증 프로그램인 '흙으로 빚는 디자인' 등이 운영되고 있고, 신규 프로그램으로 '날아라 카이트', '들엉조아', '예뻐질락' 등 8개 프로그램을 새롭게 편성하였다. 학교 연계사업으로는 청소년들이 학교 밖 활동 시간에 다양한 체험을 할 수 있도록 '초등 창의적 체험활동', '중등 자유학기제' 등이 운영되고 있다(제민일보, 2015. 2. 13).

(4) 서귀포시 대정청소년수련관

서귀포시 대정청소년수련관은 1998년 남제주군청소년수련관으로 개관하였다가, 2006년 제주특별자치도 출범에 따라 서귀포시와 남제주군이 합쳐지면서 대정청소년수련관으로 명칭이 변경되었다. 서귀포시 대정읍 하모리에 위치하고 있는 대정청소년수련관은 부지면적 4,313㎡, 건축 연면적 3,132㎡의 규모에 지하 1층, 지상 3층 건물로 지어졌고, 공연장, 멀티미디어실, 인터넷카페, 공연연습실, 음악연습실, 노래연습실, 다목적실 등의 시설을 갖추고 있다. 연중 음악교실, 문예창작교실, 창작미술교실, 풍물교실, 댄스교실, 창의력발명교실, 댄스교실, 공예교실 등의 프로그램을 운영하여 청소년들이 참여하고 있다(http://djyc.sgpyouth.or.kr).

3. 청소년복지지원기관

1) 이론적 및 법률적 논의

(1) 청소년복지지원기관의 정의

청소년복지지원기관으로는 청소년 상담 및 복지와 관련된 사업을 담당하는 한국청소년상담복지개발원과 지방자치단체 단위에서 청소년에 대한 상담 · 긴급구조 · 자활 · 의료지원 등의 업무를 수행하는 청소년상담복지센터가 있다(청소년복지지원법 제22조 · 제29조).

(2) 청소년복지지원기관의 설치 및 운영

① 한국청소년상담복지개발원의 설치 및 운영

한국청소년상담복지개발원은 법인으로 설립하고, 정관이 정하는 바에 따라 분원을 둘 수 있으며, 그 주된 사무소의 소재지에서 설립 등기를 함으로써 성립한다. 한국청소년상담복지개발원의 정관에는 목적, 명칭, 주된 사무소의 소재지, 사업에 관한 사항, 임직원에 관한 사항, 이사회에 관한 사항, 재산 및 회계에 관한 사항, 업무와 그 집행에 관한 사항, 정관 변경에 관한 사항이 포함되어야 한다. 정부는 예산의 범위에서 한국청소년상담복지개발원의 사업 및 운영에 드는 경비의 전부 또는 일부를 출연하거나 보조할 수 있고, 개인 · 법인 또는 단체는 한국청소년상담복지개발원의 운영 또는 사업 등을 지원하기 위하여 금전이나 그 밖의 재산을 출연하거나 기부할 수 있다(청소년복지지원법 제22조·제23조·제25조).

② 청소년상담복지센터의 설치 및 운영

특별시장·광역시장·도지사·특별자치도지사 및 시장·군수·구청장은 청소년 대상 상담·긴급구조·자활·의료지원 등의 업무를 수행하기 위하여 청소년상담복지센터를 설치·운영할 수 있다. 특별시·광역시·도 및 특별자치도에 설치된 청소년상담복지센터는 시·군·구의 청소년상담복지센터의 업무를 지도·지원하여야 한다.

시장·군수·구청장은 시·군·구에 설치하는 청소년상담복지센터를 시·군·구의 지방청소년활동진흥센터와 통합하여 운영할 수 있고, 또한 청소년상담복지센터를 청소년단체에 위탁하여 운영하도록 할 수 있으며, 청소년상담복지센터를 법인으로 설치할 수 있다(청소년복지지원법 제29조).

청소년상담복지센터의 설치·운영 기준은 다음과 같다(청소년복지지원법 시행령 제14조).

가. 입지 기준

일조·채광·환기 등이 원활하고 급수 및 교통수단 등이 갖추어져 있어 종사자 및 이용자의 건강 유지 및 재해 방지가 가능하고, 종사자 및 이용자가 일상생활을 하는 데 적합한 위치여야 한다.

나. 시설의 구조 및 설비

청소년상담복지센터는 사무실, 상담대기실, 집단상담 및 심리검사실, 전화 등 상담실, 위생시설, 사업실, 교육실, 개인상담실, 일시보호소(시·도 청소년상담복지센터) 시설을 갖추어야 한다. 시·도 청소년상담복지센터는 연면적 400㎡ 이상의 독립된 공간을, 시·군·구 청소년상담복지센터는 연면적 200㎡ 이상의 독립된 공간을 갖추어야 한다.

다. 운영기준

시 · 도 청소년상담복지센터는 14명 이상의 직원, 시 · 군 · 구 청소년상담복지센터는 5명 이상의 직원으로 운영하되, 지역 실정에 따라 탄력적으로 운영이 가능하다. 이 경우 시 · 도 청소년상담복지센터는 3명 이상의 청소년상담사를, 시 · 군 · 구 청소년상담복지센터는 1명 이상의 청소년상담사를 반드시 두어야 한다. 청소년상담복지센터의 장은 전임이어야 하며, 다른 기관의 업무를 같이 수행할 수 없다.

(3) 청소년복지지원기관의 사업

① 한국청소년상담복지개발원의 사업

한국청소년상담복지개발원의 사업은 청소년 상담 및 복지와 관련된 정책의 연구, 청소년 상담 · 복지 사업의 개발 및 운영 · 지원, 청소년 상담기법의 개발 상담치료의 제작 · 보급, 청소년 상담 · 복지 인력의 양성 및 교육, 청소년 상담 · 복지 관련 기관 간의 연계 및 지원, 지방자치단체 청소년복지지원기관의 청소년 상담 · 복지 관련 사항에 대한 지도 및 지원, 청소년 가족에 대한 상담 · 교육, 청소년에 관한 상담 · 복지 정보체계의 구축 · 운영, 그 밖에 한국청소년상담복지개발원의 목적을 수행하기 위하여 필요한 부수사업이다(청소년복지지원법 제22조).

② 청소년상담복지센터의 사업

청소년상담복지센터가 수행하는 사업은 청소년과 부모에 대한 상담 · 복지 지원, 상담 · 복지 프로그램의 개발 및 운영, 상담 자원봉사자와 청소년 지도자에 대한 교육 및 연수, 청소년 상담 또는 긴급구조를 위한 전화 운영, 청소년 폭력 · 학대 등으로 피해를 입은 청소년의 긴급구조, 법률 및 의료 지원, 일시 보호 지원, 청소년의 자립능력 향상을 위한 자활 및 재활 지원, 그 밖에 청소년 상담 및 복지 지원 등을 위하여 필요하다고 특별시장 ·

광역시장・도지사 또는 특별자치도지사가 인정하는 사업이다(청소년복지지원법 시행령 제14조).

2) 제주지역의 실천현장 사례

(1) 제주특별자치도 청소년상담복지센터

제주특별자치도 청소년상담복지센터는 1995년 10월 '제주도청소년종합상담실'이라는 명칭으로 개소하였고, 2006년 7월에는 '제주특별자치도 청소년상담지원센터'로, 또 다시 2012년 8월에는 '제주특별자치도 청소년상담복지센터'로 명칭을 변경하여 오늘에 이르고 있다. 재단법인 성지문화재단에서 운영하고 있는 이 센터는 체계적이고 종합적인 청소년 상담복지 지원서비스 제공과 지역적 여건에 맞는 청소년 상담지원 서비스 제공 및 역량강화를 설립 목적으로 하여, 청소년 상담 및 긴급구조・치료・자활 등의 기능 수행, 지역사회청소년통합지원체계 허브 역할, 청소년문제 및 위기 극복을 위한 지역사회 유기적 연계협력체계 구축을 위한 사업들을 수행하고 있다.

상담사업으로는 전화상담(청소년전화 1388, 24시간 운영), 개인상담(학업, 진로, 대인관계, 성격, 정신건강, 비행, 생활습관 등), 사이버상담, 집단상담(또래상담, 품성개발, 진로 탐색, 분노 조절, 인터넷 사용 조절 등), 심리검사(성격검사, 학습검사, 진로검사, 지능검사 등)가 있다. 청소년통합지원체계 구축 및 활성화 사업은 청소년의 사회안전망 구축을 위한 통합지원체계사업이며, 이를 위해 운영협의회, 실행위원회, 1388청소년지원단, 연계기관 실무자 등 효율적인 네트워크 구축과 연계사업을 시행하고 있다.

위기청소년사업은 일시보호소 '오름' 운영, 위기개입 및 긴급구조, 인터넷중독 예방・해소, 청소년동반자, 청소년회복 지원, 찾아가는 거리상담, 멘토링, 학교폭력 예방 및 해소 지원, 학업중단 숙려제 운영 등 청소년의 눈높이에 맞춘 다채로운 사업을 수행하고 있다. 특히 청소년동반자 사업은 취약지역 내의 청소년을 위해서 찾아가는 청소년동반자 서비스를 통해 정신적인 위로자 역할 등 다양한 역할을 하고 있다(제주사회복지신문, 2008. 7. 1). 또한 교육 및 연구사업으로 부모교육, 학교 및 청소년 관련 기관 프로그램 지원, 청소년 전문지도자 양성, 또래상담자 양성, 학교폭력 가해학생 보호자 특별교육 등을 시행하고 있다.

2015년부터 시행하고 있는 '학교 밖 청소년 통합 지원 프로그램 「꿈드림」'은 제주지역의 학교 밖 청소년들에게 지속적인 사례관리를 통한 정서적 상담 지원 및 학습 지원, 진로 계획 수립, 집단 프로그램 지원 등을 통하여 학업 복귀 및 사회 진출을 돕기 위한 맞춤형 서비스를 제공하고 있다(http://jeju1388.or.kr).

(2) 제주시 청소년상담복지센터

(사)볼리션청소년진흥회에서 운영하고 있는 제주시 청소년상담복지센터는 2015년 4월 18일 개소하였다(http://www.ihalla.com). 이 센터는 청소년 상담, 긴급구조, 자활지원, 교육, 연구 등의 기능과 지역사회청소년통합지원체계(CYS-Net)의 중심적 역할을 수행함으로써 건전한 청소년 육성과 보호에 기여하는 것을 설립 목적으로 하고 있다. 주요 사업 및 프로그램으로는 개인상담, 심리검사, 전화상담, 사이버상담, 청소년 및 일반인 대상 교육 프로그램, 학교폭력 예방, 인터넷・스마트폰 중독 예방 및 대응, 진로탐색 사업 등을 시행하고 있다.

(3) 서귀포시 청소년상담복지센터

서귀포시 청소년상담복지센터는 1999년 설립되어 재단법인 성지문화재단에서 운영하고 있다. 이 센터는 지역사회 청소년의 건강한 성장과 발달에 도움을 주고, 청소년을 위한 전문적인 상담과 청소년의 인권, 참여, 복지, 보호 등 종합적인 지원 활동 및 지역사회안전망 구축을 통하여 서귀포시 지역사회 청소년 통합지원체계의 중심 역할을 수행함으로써 지역 청소년의 건전한 육성과 보호에 기여하고 있다(제주특별자치도사회복지협의회, 2011 : 55). 주요 사업 및 프로그램으로는 지방청소년상담사업, 지역사회청소년통합지원사업, 학업중단 청소년 자립 및 학습지원사업, 청소년동반자사업 등을 시행하고 있다(http://www.jejubokji.net).

4. 청소년복지시설

1) 이론적 및 법률적 논의

(1) 청소년복지시설의 정의

청소년복지시설에는 청소년쉼터, 청소년자립지원관, 청소년치료재활센터, 청소년회복지원시설이 있다. 청소년쉼터는 가출청소년에 대하여 가정·학교·사회로 복귀하여 생활할 수 있도록 일정 기간 보호하면서 상담·주거·학업·자립 등을 지원하는 시설이고, 청소년자립지원관은 일정 기간 청소년쉼터의 지원을 받았는데도 가정·학교·사회로 복귀하여 생활할 수 없는 청소년에게 자립하여 생활할 수 있는 능력과 여건을 갖추도록 지원하는 시설이며, 청소년치료재활센터는 학습·정서·행동상의 장애를 가진 청소년을 대상으로 정상적인 성장과 생활을 할 수 있도록 해당 청소년에게 적합한 치료·교육 및 재활을 종합적으로 지원하는 거주형 시설이다. 그리고 청소년회복지원시설은 소년법에 따라 감호 위탁 처분을 받은 청소년에 대하여 보호자를 대신하여 그 청소년을 보호할 수 있는 자가 상담·주거·학업·자립 등 서비스를 제공하는 시설이다(청소년복지지원법 제31조).

(2) 청소년복지시설의 설치 및 운영

국가 또는 지방자치단체는 청소년복지시설을 설치·운영하여야 하고, 국가 또는 지방자치단체 외의 자가 청소년복지시설을 설치·운영하려면 해당

시설이 있는 지역을 관할하는 특별자치도지사 또는 시장·군수·구청장에게 신고하여야 한다. 청소년복지시설을 설치·운영하는 자는 청소년복지시설을 이용하는 청소년의 생명·신체에 손해가 발생하는 경우 이를 배상하기 위한 보험에 가입하여야 한다(청소년복지지원법 제32조).

청소년복지시설의 설치·운영기준은 다음과 같다(청소년복지지원법 시행령 제17조).

① 설치기준

가. 일시 청소년쉼터

가) 고정형

구 분	기 준
입지조건	• 시설의 적정한 분포와 보건·위생·급수·안전·환경 및 교통편의 등을 고려하여 쾌적한 환경의 부지에 설치
건물형태	• 단독건물 또는 상가건물 • 입소인원 1인당 연면적 11㎡ 이상
침 실	• 남·여용 구분 설치 • 채광, 환기 및 냉난방 가능 공간
조리실·식당	• 채광 및 환기 가능 구조 • 위생적인 취사·조리 및 식기소독 설비의 구비
화장실·목욕실	• 남·여용 구분 설치 • 수세식 화장실, 세면·샤워 설비 및 온수 공급
세탁·건조장	• 세탁 및 건조용 설비
상담실	• 칸막이 또는 방음장치를 설치하여 개별상담 및 집단상담이 가능한 공간
단체활동실	• 최대 15명 이상이 참석할 수 있는 공간
사무실	• 사무를 위한 설비를 갖춘 분리된 공간 • 이동형 일시쉼터를 같이 운영하는 경우 고정형 일시쉼터 운영을 위한 사무실과 별도의 사무실
비상재해 대비시설	• 「화재예방, 소방시설 설치·유지 및 안전관리에 관한 법률」에서 정하는 소화기 및 피난기구 등 시설 실정에 맞는 비상재해대비시설 및 장비의 설치·구비

나) 이동형

구 분	기 준
차 량	• 대형버스 또는 이에 준하는 차량
휴게공간	• 간이침대, 소파 등 휴게용 시설 • 조리시설 및 식탁 • 인터넷 및 문화공간 등 단체활동 공간을 갖추어야 한다.
상담공간	• 개별상담 및 집단상담이 가능한 공간 및 설비 • 응급 약품
사무실	• 업무용 책상 및 컴퓨터 등 필요한 설비를 갖추어야 한다. ※ 이동형 차량과 별도의 사무실을 설치하여야 한다.
비상재해 대비시설	• 소화기

나. 단기 · 중장기 청소년쉼터

구 분	기 준
입지조건	• 시설의 적정한 분포와 보건 · 위생 · 급수 · 안전 · 환경 및 교통편의 등을 고려한 쾌적한 환경의 부지에 설치
건물형태	• 단독건물, 연립주택, 상가건물, 아파트 등 • 입소인원 1인당 연면적 11㎡ 이상
침 실	• 채광, 환기 및 냉난방 가능 공간
조리실 · 식당	• 채광 및 환기 가능 • 위생적인 취사 · 조리 및 식기소독 설비의 구비
화장실 · 목욕실	• 남 · 여용 구분 설치 • 수세식 화장실, 세면 · 샤워 설비 및 온수 공급
세탁 · 건조장	• 세탁 및 건조용 설비
상담실	• 칸막이 또는 방음장치를 설치하여 개별상담 및 집단상담이 가능한 공간
단체활동실	• 최대 15명 이상이 참석할 수 있는 공간

사무실	• 사무를 위한 컴퓨터, 책상 등 설비를 갖춘 공간
숙직실	• 숙직을 위한 침구류 등을 갖춘 공간
비상재해 대비시설	• 「화재예방, 소방시설 설치 · 유지 및 안전관리에 관한 법률」에서 정하는 소화기 및 피난기구 등 시설 실정에 맞는 비상재해대비시설 및 장비의 설치 · 구비

다. 청소년자립지원관

구 분	기 준
입지조건	• 시설의 적정한 분포와 보건 · 위생 · 급수 · 안전 · 환경 및 교통편의 등을 고려하여 쾌적한 환경의 부지에 설치
건물형태	• 단독주택, 연립주택, 아파트 등 • 수용 인원 1인당 연면적 11㎡ 이상
침 실	• 남 · 여용 구분 설치 • 채광, 환기 및 냉난방 가능 공간
조리실 · 식당	• 채광 및 환기 가능 • 위생적인 취사 · 조리 및 식기소독 설비의 구비
화장실 · 목욕실	• 남 · 여용 구분 설치 • 수세식 화장실, 세면 · 샤워 설비 및 온수 공급
세탁 · 건조장	• 세탁 및 건조용 설비
상담실 · 사무실 · 숙직실	• 상담 · 사무를 위한 컴퓨터, 책상 등 적절한 설비 구비 • 시설의 여건을 고려하여 숙직실로 통합운영 가능
비상재해 대비시설	• 「화재예방, 소방시설 설치 · 유지 및 안전관리에 관한 법률」에서 정하는 소화기 및 피난기구 등 시설 실정에 맞는 비상재해대비시설 및 장비의 설치 및 구비

라. 청소년치료재활센터

구 분		기 준
공동생활시설		• 남 · 여용 구분 설치 • 1개의 공동생활시설은 5~7명의 청소년 및 보호 · 자립지원 요원 1명이 가족 형태로 생활할 수 있는 거주형 공간 마련 • 채광 · 환기 및 냉난방이 가능한 침실을 설치 • 휴식을 취하거나 공동 프로그램을 진행할 수 있는 공간 마련 • 간단한 요리가 가능한 시설 설치 • 변기, 세면대와 샤워부스가 갖춰진 위생 공간 및 간단한 세탁을 위한 설비 마련 • 생활지도를 위한 사무실 및 보호 · 자립지원 요원 침실을 설치
교육 · 재활 훈련시설	학습실	• 1실당 10명 이상의 청소년이 공부할 수 있는 시설
	공연실	• 각종 공연활동과 심리극을 연출할 수 있는 공간
	체육활동실	• 단체 체육활동이 가능한 공간
	진로체험실	• 진로체험이 가능한 설비를 갖춘 공간
	다목적실	• 다양한 소규모 활동이 가능한 공간
	생태체험실	• 다양한 생태문화를 접할 수 있는 산책로와 생태체험 공간
	의무실	• 진찰, 건강상담 및 치료를 위한 공간 • 응급환자를 위한 대비시설 및 비상의약품 상비
전문치료 시설	심리검사실	• 지능검사, 성격검사, 적성검사 및 학력검사가 가능하고, 방음시설이 마련된 공간
	심리치료실	• 놀이, 미술, 음악 등을 이용한 심리치료 공간 • 개인치료와 집단치료 공간을 분리하되, 자유롭고 안전하며 안락한 분위기로 조성하고, 방음시설을 구비
	관찰실	• 상담상황 및 안전 상태를 관찰할 수 있는 공간 • 입소 청소년의 보호자가 입소 청소년에 대한 상담과 치료를 관찰할 수 있는 공간
	상담실	• 개인상담 및 집단상담이 가능하고, 칸막이 또는 방음시설이 마련된 공간

편의시설	휴게실	• 입소 청소년의 휴식, 이용편의와 정서 안정을 위한 실내 및 실외 휴게 공간
	조리실, 식당	• 위생적인 취사 · 조리 및 식기소독 설비의 구비 • 입소 청소년 전원이 함께 식사가 가능한 공간 마련
	세탁 · 건조장	• 세탁 및 건조 설비를 갖춘 공간
	화장실 · 목욕실	• 남 · 여용 구분 설치 • 수세식 화장실, 세면 · 샤워 설비 및 온수 공급
지원시설	사무실	• 업무용 책상, 컴퓨터 등 사무에 필요한 설비를 갖춘 공간
	숙직실	• 숙직을 위한 침구류 등을 갖춘 공간
	보호자실	• 보호자 대기 시 이용편의를 위한 공간 • 보호자를 위한 침구류 등을 갖춘 공간

마. 청소년회복지원시설

구 분	기 준
입지조건	• 시설의 적정한 분포와 보건 · 위생 · 급수 · 안전 · 환경 및 교통편의 등을 고려하여 쾌적한 환경의 부지에 설치
건물형태	• 단독주택, 연립주택, 상가건물 또는 아파트 등 • 입소인원 1명당 연면적 11㎡ 이상이고, 최소 5명 이상이 생활할 수 있을 것
침 실	• 채광, 환기 및 냉난방이 가능한 공간
사무실	• 사무를 위한 컴퓨터 및 책상 등의 설비를 갖춘 공간
숙식실	• 숙직을 위한 침구류 등을 갖춘 공간
상담실	• 상담을 위한 적당한 설비를 갖춘 공간
조리실 · 식당	• 채광 및 환기가 가능한 공간 • 위생적인 취사 · 조리 및 식기소독 설비를 갖춘 공간
화장실 · 목욕실	• 수세식 화장실 • 목욕실은 세면 · 샤워 설비를 갖추고 온수 공급이 가능한 공간
세탁 · 건조장	• 세탁 및 건조용 설비
비상재해 대비시설	• 「화재예방, 소방시설 설치 · 유지 및 안전관리에 관한 법률」에서 정하는 소화기 및 피난기구 등 시설 실정에 맞는 비상재해 대비시설 및 장비의 설치 · 구비

② 운영기준

가. 관리규정

청소년복지시설의 장은 다음 사항에 관한 규정을 제정하여 효율적으로 시설을 운영하여야 한다.

- 청소년복지시설의 운영방침
- 정원 및 직원의 업무 분장
- 청소년복지시설의 입소 요령
- 청소년복지시설의 이용 수칙
- 그 밖에 청소년복지시설 프로그램 운영 등에 관한 내용

나. 장부 등의 비치

청소년복지시설의 장은 다음의 장부 및 서류를 갖추어 두어야 한다.

가) 관리에 관한 장부

- 청소년복지시설의 연혁에 관한 기록부
- 직원 관계철(인사기록카드 · 이력서 · 사진을 포함한다)
- 회의록
- 소속 법인의 정관 및 관계 결의에 관한 서류
- 문서철(보고서 및 관계 행정기관과 송신 또는 수신한 문서를 포함한다)
- 문서접수 · 발송대장

나) 사업에 관한 장부

- 청소복지시설의 입소자 관계 서류(신상조사서, 건강기록부, 입소자 · 퇴소자 명단, 보호의 경과, 지도 · 상담, 법률 지원의 내용 등)
- 운영일지 및 상담일지

- 운영프로그램 관리대장(프로그램 운영일지 및 평가 관련 서류)
- 종사자 교육·훈련 관계 서류

다) 재무·회계에 관한 장부

- 총계정원장 및 수입·지출 보조부
- 금전출납부 및 그 증명서류
- 예산서 및 결산서
- 비품수불대장
- 비품관리대장
- 재산대장·재산목록과 그 소유 또는 사용을 증명할 수 있는 서류
- 입소자의 비용부담 관계 서류
- 감호비용의 수입지출 및 집행상황에 관한 서류(청소년회복지원시설의 경우만 해당한다)
- 각종 증명서류

(3) 청소년복지시설의 사업

청소년복지시설의 사업은 가출청소년에 대한 보호·상담·주거·학업·자립 등 지원, 가정·학교·사회로 복귀하여 생활할 수 없는 청소년에 대한 자립생활 지원, 학습·정서·행동상의 장애를 가진 청소년에 대한 치료·교육 및 재활 지원, 감호 위탁 처분 청소년에 대한 상담·주거·학업·자립 등 서비스 제공 사업이다(청소년복지지원법 제31조).

2) 제주지역의 실천현장 사례

(1) 청소년복지시설 현황

2015년 12월 31일 기준, 제주지역의 청소년복지시설로는 청소년쉼터가 제주시 3개소, 서귀포시 2개소, 합계 5개소가 설치·운영되고 있다.

시설 현황에 있어 법률이 정한 설치 규정과 비교해 본다면, 청소년복지지원법 제32조에 따르면 "국가 및 지방자치단체장은 청소년복지시설을 운영하여야 한다"고 규정하고 있다. 그런데 현재 제주지역에는 청소년복지시설 중 청소년쉼터만 설치・운영되고 있고, 청소년자립지원관과 청소년치료재활센터, 청소년회복지원시설은 전무한 상태이다. 가출청소년들이 자립하여 생활할 수 있는 능력과 여건을 갖추도록 지원하고, 학습・정서・행동상의 장애를 가진 청소년들이 정상적인 성장과 생활을 할 있도록 적합한 치료・교육 및 재활을 종합적으로 지원하기 위해서는 법률이 정하는 바에 따라 청소년자립지원관과 청소년치료재활센터, 청소년회복지원시설을 설치・운영하는 것이 필요하다고 생각한다.

(2) 청소년쉼터

2015년 12월 31일, 제주지역 내 청소년쉼터는 성지청소년쉼터, 온누리청소년쉼터, 제주청소년쉼터, 동광청소년쉼터, 제주일시쉼터, 총 5개소가 있다(http://jejubokji.net).

일반적으로 청소년쉼터는 가정과 학교로부터 보호받지 못하는 가출청소년을 보호, 상담 및 교육, 자립훈련, 문화활동 등을 통하여 건강한 청소년으로 성장할 수 있도록 복지서비스를 제공함으로써 가출청소년 문제해결에 도움을 주고 나아가 가정, 학교, 사회로의 복귀를 지원하는 사업을 목적으로 설치・운영되고 있다.

청소년쉼터에서 공통적으로 운영되고 있는 주요 사업을 살펴보면, 생활지원사업(기본적인 의식주 제공, 기초수급 관리 등), 건강지원사업(병의원 진료, 건강검진 등), 상담정서지원사업(사례관리, 개인상담, 집단상담, 상담정서지원 프로그램, 사후관리, 문화예술교육, 청소년상담복지센터 연계상담 지원 등), 학업지원사업(복학 지원, 학교적응 지원, 검정고시, 개인별 학습지도, 학비 지원, 원어민영어회화 등), 자립지원사업(자립지원 프로그램, 진로탐색, 적성검사, 자격증 취득 및 직업훈련 지원, 퇴소 후 지원, 두드림존 연계

진로자립프로그램 등), 청소년활동지원사업(문화활동, 수련활동, 체육활동, 봉사활동, 청소년활동진흥센터 연계 국제청소년성취포상제 등) 등이 있다(http://jejubokji.net).

제주지역 청소년쉼터들 가운데 최근 「제주사회복지신문」에 보도된 온누리청소년쉼터의 사례를 통해 실천현장의 내용을 살펴보고자 한다. 온누리청소년쉼터는 가정 기능 상실, 학교부적응, 사회적 원인으로 인한 위기 청소년들에게 중장기 보호를 제공하고, 당면한 문제에 대한 전문적 개입을 통해 사회에 복귀시킴으로써 건강한 사회구성원으로 성장하도록 기반을 마련하고자 설립되었다. 2007년 7월에 사회복지법인 예담이 위탁받아 현재까지 운영 중이며, 만 9세부터 24세까지 여자청소년이 이용할 수 있고, 최대 10명까지 수용 가능하다. 서귀포시 동홍동에 위치한 이 쉼터는 일반 가정집 건물로서 1층에는 거실에 사무실과 상담실, 주방이 있고, 2층은 방 3개로 이루어진 생활공간으로 구성된 공간에 소장, 직원 2명과 함께 아이들이 살고 있다.

쉼터 사업으로는 숙식제공, 의료서비스 제공 등 보호사업, 자존감 향상, 예의범절교육, 학교폭력 예방 및 성교육 등 교육사업, 개인·집단상담, 심리검사 등 상담사업, 중·고등학교 학력취득, 학습지도, 학교 관련 지원 등 학업지원사업, 직업적성·진로탐색검사, 취업훈련 등 자립지원사업, 소식지 발간 등 홍보사업, 그 외 조직관리사업, 건강지원사업 등 다양한 사업을 진행하고 있다(제주사회복지신문, 2014. 4. 1).

5. 청소년보호·재활센터

1) 이론적 및 법률적 논의

(1) 청소년보호·재활센터의 정의

청소년보호·재활센터는 청소년유해환경으로부터 청소년을 보호하고 피해 청소년의 치료와 재활을 지원하는 시설이다(청소년보호법 제35조).

(2) 청소년보호·재활센터의 설치 및 운영

여성가족부장관은 청소년유해환경으로부터 청소년을 보호하고 피해 청소년의 치료와 재활을 지원하기 위하여 청소년보호·재활센터를 설치·운영할 수 있다. 또한 여성가족부장관은 청소년 보호·재활센터의 설치·운영을 청소년 보호를 목적으로 하는 법인 또는 단체에 위탁할 수 있고, 이 경우 청소년보호·재활센터의 설치·운영에 필요한 경비의 전부 또는 일부를 지원할 수 있다(청소년보호법 제35조).

(3) 청소년보호·재활센터의 사업

청소년보호·재활센터의 사업은 학습·정서·행동상의 장애를 가진 청소년에 대한 보호·상담 및 치료·재활 지원, 약물 또는 인터넷 중독 청소년에 대한 보호·상담 및 치료·재활 지원, 청소년유해환경으로 인한 피해 청소년 실태 파악 및 지원을 위한 조사·연구, 치료 프로그램 개발 및 자료 구축·관리, 그 밖에 청소년유해환경으로 인한 피해 예방, 상담 및 치료·재활을 위해 필요하다고 여성가족부장관이 인정하는 사업이다(청소년보호법 시행령 제32조).

6. 학교 밖 청소년지원센터

1) 이론적 및 법률적 논의

(1) 학교 밖 청소년지원센터의 정의

학교 밖 청소년지원센터는 학교 밖 청소년의 개인적 특성과 수요를 고려한 상담지원, 교육지원, 직업체험 및 취업지원, 자립지원 등 학교 밖 청소년이 건전한 사회구성원으로 성장할 수 있도록 지원하는 기관이다(학교 밖 청소년 지원에 관한 법률 제12조).

(2) 학교 밖 청소년지원센터의 설치 및 운영

국가와 지방자치단체는 학교 밖 청소년 지원을 위하여 필요한 경우 학교 밖 청소년 지원센터를 설치하거나 청소년상담복지센터, 청소년단체, 학교 밖 청소년을 지원하기 위하여 필요한 전문인력과 시설을 갖춘 기관 또는 단체를 지원센터로 지정할 수 있다(학교 밖 청소년 지원에 관한 법률 제12조). 학교 밖 청소년 지원센터의 설치 및 지정 기준은 〈표 4-2〉와 같다.

〈표 4-2〉 학교 밖 청소년 지원센터 설치 및 지정 기준

<table>
<tr><th colspan="2">구 분</th><th>시·도 센터</th><th>시·군·구 센터</th></tr>
<tr><td colspan="2">인 력</td><td>• 5명 이상</td><td>• 2명 이상</td></tr>
<tr><td colspan="2">면 적</td><td>• 250㎡</td><td>• 150㎡</td></tr>
<tr><td rowspan="4">시설공간</td><td>사무실</td><td colspan="2">• 사무공간</td></tr>
<tr><td>상담실</td><td colspan="2">• 초기면접, 진로상담, 심리검사 등
• 원활한 상담과 개인비밀 보호를 위해 분리된 공간 또는 방음 장치</td></tr>
<tr><td>교육실 및 활동실</td><td colspan="2">• 교육 · 활동 프로그램 운영이 원활히 이루어질 수 있는 공간 마련</td></tr>
<tr><td>상담실 및 휴게실</td><td colspan="2">• 상담대기실과 휴게실의 공동사용 가능</td></tr>
<tr><td rowspan="2">기 타</td><td>위 치</td><td colspan="2">• 접근성이 용이한 장소에 위치</td></tr>
<tr><td>설 비</td><td colspan="2">• 냉난방설비, 취시설비, 위생설비, 학업 · 직업 관련 전시물 등</td></tr>
</table>

출처 : 여성가족부(2015).

(3) 학교 밖 청소년지원센터의 사업

학교 밖 청소년 지원센터의 사업은 학교 밖 청소년에 대한 교육지원, 직업체험 및 취업지원, 자립지원, 학교 밖 청소년 지원을 위한 지역사회 자원의 발굴 및 연계·협력, 학교 밖 청소년 지원 프로그램의 개발 및 보급, 학

교 밖 청소년 지원 프로그램에 대한 정보제공 및 홍보, 학교 밖 청소년 지원 우수사례의 발굴 및 확산, 학교 밖 청소년에 대한 사회적 인식 개선, 그 밖에 학교 밖 청소년 지원을 위하여 필요한 사업이다(학교 밖 청소년 지원에 관한 법률 제12조).

2) 제주지역의 실천현장 사례

제주지역에서는 제주특별자치도청소년상담복지센터, 제주시청소년상담복지센터, 서귀포시청소년상담복지센터에서 '학교 밖 청소년지원센터 「꿈드림」'을 운영하고 있다.

'꿈을 드린다'는 의미를 담고 있는 '꿈드림'에서는 학교 밖 청소년의 개인적 특성과 요구를 고려하여 학업 복귀, 사회 진입 등 청소년의 미래를 준비할 수 있는 서비스를 제공하고 있다. 이용 대상은 9~24세 청소년 중 입학 후 3개월 이상 결석하거나 취학 의무를 유예한 청소년, 제적・퇴학 처분을 받거나 자퇴한 청소년, 상급학교에 진학하지 않은 청소년이며, 학업 중단 숙려 대상 등 잠재적 학교 밖 청소년도 지원이 가능하다. 주요 사업은 아래와 같다(http://www.jeju1388.or.kr; http://www.제주시1388.한국).

- **상담 지원** : 학업, 진로, 대인관계, 가족상담
- **교육 지원** : 자립동기 및 학업복귀 강화 프로그램
- **학습 지원** : 학업 복귀 및 학력 취득을 위한 검정고시 대비 공부방, 기초학습 대비반, 학습클리닉 등의 서비스 제공
- **체험 지원** : 직업 체험, 실물경제 체험, 진로 종합 캠프를 통해 자립에 필요한 기술을 구체적으로 연습할 수 있는 서비스 제공
- **자립 지원** : 적성 및 잠재력 탐색을 위한 자기계발 프로그램, 자격 취득 지원, 취업 지원
- **건강 지원** : 건강검진 지원, 체력 관리 지원 및 금연 서비스 지원
- 꿈드림 청소년단, 멘토링 프로그램 운영

CHAPTER 5

노인복지실천현장

제5장 노인복지실천현장

1. 노인주거복지시설

1) 이론적 및 법률적 논의

(1) 노인주거복지시설의 정의

노인주거복지시설은 가정을 대신하여 노인들이 생활할 수 있도록 주거를 포함하여 일상의 생활이 가능하도록 서비스를 제공하는 시설로서, 그 대상은 신체적·정신적·사회적으로 기능 및 능력이 감퇴되는 노인으로서 가정에서 부양받기 어려운 처지에 있는 노인이다(고수현, 2010 : 141).

노인주거복지시설에는 양로시설, 노인공동생활가정, 노인복지주택이 포함된다. 양로시설은 노인을 입소시켜 급식과 그 밖에 일상생활에 필요한 편의를 제공함을 목적으로 하는 시설이다. 노인공동생활가정은 노인들에게 가정과 같은 주거여건과 급식, 그 밖에 일상생활에 필요한 편의를 제공함을 목적으로 하는 시설이다. 노인복지주택은 노인에게 주거시설을 분양 또는 임대하여 주거의 편의·생활지도·상담 및 안전관리 등 일상생활에 필요한 편의를 제공함을 목적으로 하는 시설이다(노인복지법 제32조).

(2) 노인주거복지시설의 설치 및 운영

국가 또는 지방자치단체는 노인주거복지시설을 설치할 수 있다. 국가 또는 지방자치단체 외의 자가 노인주거복지시설을 설치하고자 하는 경우에는 특별자치도지사·시장·군수·구청장에게 신고하여야 한다. 노인주거복지시설의 시설, 인력, 운영에 관한 기준과 설치신고, 설치·운영자가 준수하여야 할 사항, 그 밖에 필요한 사항은 보건복지부령으로 정한다(노인복지법 제33조).[1] 노인주거복지시설의 시설기준과 운영기준에 대해 알아보면 다음과 같다(노인복지법 시행규칙 제17조 제1항).

① 시설기준

가. 공통사항

가) 시설의 규모

노인주거복지시설은 다음의 구분에 따른 인원이 입소할 수 있는 시설을 갖추어야 한다.

- **양로시설** : 입소인원 10명 이상(입소정원 1명당 연면적 15.9㎡ 이상의 공간을 확보하여야 한다)
- **노인공동생활가정** : 입소정원 5명 이상 9명 이하(입소정원 1명당 연면적 15.9㎡ 이상의 공간을 확보하여야 한다)
- **노인복지주택** : 30세대 이상

나) 시설의 구조 및 설비

- 시설의 구조 및 설비는 일조·채광·환기 등 입소자의 보건위생과 재해방지 등을 충분히 고려하여야 한다.
- 복도·화장실·침실 등 입소자가 통상 이용하는 설비는 휠체어 등의 이동이 가능한 공간을 확보하여야 하며, 문턱 제거, 손잡이 시설 부착, 바닥 미끄럼 방지 등 노인의 활동에 편리한 구조를 갖추어야 한다.
- 소화용 기구를 비치하고 비상구를 설치하여야 한다. 다만, 입소자 10명 미만인 시설의 경우에는 소화용 기구를 갖추는 등 시설 실정에 맞

1) 노인주거복지시설의 시설 설치에 관한 특례, 설비기준, 직원의 자격기준, 직원의 배치에 대해서는 노인복지법 시행규칙 제17조 제1항 관련 별표 2를 참조할 것.

게 비상재해에 대비하여야 한다.

- 입소자가 건강한 생활을 영위하는 데 도움이 되는 도서관, 스포츠·레크리에이션 시설 등 적정한 문화·체육부대시설을 설치하도록 하되, 지역사회와 시설 간의 상호교류 촉진을 통한 사회와의 유대감 증진을 위하여 입소자가 이용하는 데 지장을 주지 아니하는 범위에서 외부에 개방하여 운영할 수 있다.

다) 재가노인복지시설의 병설·운영

시설의 장은 시설의 개방성을 높여 지역사회와의 교류를 증진하고 입소자가 외부사회와의 단절감을 느끼지 아니하도록 하기 위하여 재가노인복지시설을 병설·운영할 수 있다.

나. 시설별 기준

노인주거복지시설별 기준은 〈표 5-1〉 과 같다.

〈표 5-1〉 노인주거복지시설별 기준

<table>
<tr><th rowspan="2">구 분</th><th colspan="2">양로시설</th><th rowspan="2">노인공동
생활가정</th><th rowspan="2">노인복지주택</th></tr>
<tr><th>입소자
30명 이상</th><th>입소자
30명 미만
10명 이상</th></tr>
<tr><td>침 실</td><td>○</td><td>○</td><td>○</td><td rowspan="5">침실 1, 관리실 1(사무실·숙직실 포함), 식당 및 조리실 1, 체력단련실 및 프로그램실 1, 의료 및 간호사실 1, 식료품점 또는 매점 1, 비상재해대비시설 1, 경보장치 1</td></tr>
<tr><td>사무실</td><td>○</td><td rowspan="2">○</td><td rowspan="3">○</td></tr>
<tr><td>요양보호사 및
자원봉사자실</td><td>○</td></tr>
<tr><td>의료 및 간호사실</td><td>○</td><td>○</td></tr>
<tr><td>체력단련실 및
프로그램실</td><td>○</td><td>○</td><td>–</td></tr>
</table>

<table>
<tr><td>식당 및 조리실</td><td>○</td><td>○</td><td>○</td><td rowspan="5"></td></tr>
<tr><td>비상재해대비시설</td><td>○</td><td>○</td><td>○</td></tr>
<tr><td>화장실</td><td>○</td><td>○</td><td>○</td></tr>
<tr><td>세면장 및 샤워실(목욕실)</td><td>○</td><td rowspan="2">○</td><td rowspan="2">○</td></tr>
<tr><td>세탁장 및 세탁물 건조장</td><td>○</td></tr>
</table>

비고 : 세탁물을 전량 위탁처리하는 경우에는 세탁장 및 세탁물건조장을 두지 아니할 수 있다.

② 운영기준

가. 건강관리(노인복지주택 제외)

가) 노인주거복지시설에는 입소자 건강관리를 위한 책임자를 두고 의사(한의사 포함), 간호사, 그 밖의 자격이 있는 자가 그 임무를 수행하여야 한다.

나) 전담의사(한의사 포함)를 두지 아니한 시설은 촉탁의사(시간제 계약에 의한 의사 또는 한의사 포함)를 두거나 의료기관과 협약을 체결하여 의료연계체계를 구축하여야 한다.

다) 촉탁의사를 두거나 의료기관과 협약을 체결한 경우 해당 촉탁의사 또는 의료기관의 의사는 매월 시설을 방문하여 입소자의 건강상태를 확인하고 건강상태가 악화된 입소자에 대하여 적절한 조치를 하여야 한다.

라) 입소자 및 직원에 대하여는 연 1회 이상의 건강진단을 하여야 하며, 건강진단 결과 건강이 좋지 아니한 자에 대하여는 그 치료를 위하여 필요한 조치를 하여야 한다.

마) 입소자에 대하여 그 건강상태에 따라 적절한 훈련과 휴식을 하도록 하여야 한다.

바) 시설의 환경을 항상 청결하게 하고 그 위생관리에 유의하여야 한다.

나. 급식위생 관리

가) 시설의 장은 입소자가 필요한 영양을 섭취할 수 있도록 영양사가 작성한 식단에 따라 급식을 행하여야 한다. 다만, 영양사가 없는 시설의 경우에는 소재지를 관할하는 보건소장 또는 다른 시설의 영양사의 지도를 받아 식단을 작성하고 이에 따라 급식하여야 한다.

나) 전염성 질환, 화농성 창상 등이 있는 자는 입소자의 식사를 조리하여서는 아니 된다.

다) 시설에서 사용되는 음용수의 경우에는 수도법 및 먹는 물 관리법이 정하는 바에 따라 수질검사를 받아야 한다.

라) 입소자의 식사를 조리하는 자는 항상 청결을 유지하여야 한다.

다. 운영규정

가) 시설의 장은 조직, 인사, 급여, 회계, 물품, 그 밖에 운영에 관하여 필요한 규정을 작성하여 시장·군수·구청장에게 제출하여야 한다.

나) 양로시설·노인공동생활가정 및 노인복지주택의 운영규정에는 다음의 사항이 포함되어야 한다.

- 입소정원 및 모십방법 등에 관힌 시항
- 입소계약에 관한 사항(계약기간, 계약목적, 입소보증금, 월 이용료, 그 밖의 비용부담액, 신원인수인의 권리·의무, 계약의 해세, 입소보증금의 반환 등에 관한 사항을 포함)
- 입소보증금, 이용료 등 비용에 대한 변경 방법 및 절차 등에 관한 사항
- 서비스의 내용과 그 비용의 부담에 관한 사항
- 특별한 보호를 필요로 하는 경우에는 그 서비스 기준과 비용에 관한 사항
- 의료를 필요로 하는 경우에는 그 구체적인 처리절차
- 시설물 사용상의 주의사항 등에 관한 사항

- 서비스 제공자의 배상책임, 면책범위에 관한 사항
- 운영규정의 개정방법 및 절차 등에 관한 사항
- 운영위원회 또는 운영감담회의 설치·운영에 관한 사항

다) 시설의 장은 운영규정에서 정한 바에 따라 해당 시설을 운영하여야 한다.

라) 모든 종사자는 시설의 장과 근로계약이 체결된 자이어야 한다.

라. 보증금의 수납 및 반환

가) 양로시설 및 노인공동생활가정을 설치한 자가 보증금을 수납한 때에는 월 입소비용의 1년분 이내에서 이를 수납하여야 한다. 다만, 입소자로부터 입소비용의 전부를 수납하여 운영하는 시설의 경우는 제외한다.

나) 노인주거복지시설(분양형 노인복지주택 제외)를 설치한 자는 입소자가 퇴소하는 때에는 지체 없이 수납한 보증금을 입소자 또는 입소자를 대신하여 입소계약을 체결한 배우자 또는 부양의무자에게 반환하여야 한다.

마. 회계

가) 시설의 설치·운영에 관한 회계는 법인회계 또는 다른 사업에 관한 회계와 분리하여 계리하여야 한다.

나) 국가 또는 지방자치단체로부터의 보조금품, 그 밖에 시설이 수수한 기부금품은 이를 별도의 계정으로 계리하여야 한다.

바. 장부 등의 비치

시설에는 다음의 장부 및 서류를 비치하여야 한다.

- 시설의 연혁에 관한 기록부

- 재산목록과 재산의 소유권 또는 사용권을 증명할 수 있는 서류
- 시설운영일지
- 예산서 및 결산서
- 총계정원장 및 수입·지출보조부
- 금전 및 물품의 출납부와 증빙서류
- 보고서철 및 행정기관과의 협의 등 관련 문서철
- 정관(법인의 경우에만 해당한다) 및 관계 질의서류
- 입소자 관리카드(입소계약 체결일, 입소보증금, 이용료, 그 밖에 비용부담 관계 등에 관한 내용을 포함한다)
- 연계의료시설과의 제휴계약서
- 촉탁의사 근무상황부(촉탁의사가 있는 경우에만 해당한다)

사. 시설(노인복지주택 제외)에서의 기거자

가) 시설의 장은 입소자의 침실 또는 침실이 있는 건물마다 요양보호사, 그 밖의 직원 중 1명을 입소자와 함께 기거하도록 조치하여야 한다.
나) 시설 안에서는 입소자 외에 시설의 장 및 직원과 그 가족이 아닌 자는 거주하지 못한다.

아. 운영위원회

노인주거복지시설은 운영위원회를 설치·운영하여야 한다. 다만, 입소자로부터 입소비용 전부를 수납하여 운영하는 노인주거복지시설은 시설의 장, 직원, 가족대표, 입소자 대표 및 노인복지명예지도원으로 구성된 운영간담회를 설치·운영할 수 있고, 시설의 장은 입소자의 상황, 서비스 제공상황 등 시설의 운영과 관리비 등의 내용을 정기적으로 운영간담회에 보고하여야 한다.

(3) 노인주거복지시설의 사업

노인주거복지시설의 장은 입소자에 대하여 적극적으로 필요한 생활지도를 하여야 하고, 입소자의 연령, 성별, 성격, 생활력, 심신의 건상상태 등을 고려하여 수시로 입소자와 면담하거나 관찰, 지도하고 특이사항을 기록, 유지하여 보호의 정도에 따라 다른 노인복지시설로의 전원 등 필요한 조치를 취해야 하며, 생활지도 등을 함에 있어서는 입소자의 의사를 최대한 존중하여야 한다.[2] 또한 노인교실 등의 기관과 제휴하여 입소자가 교양교육 등을 받도록 함으로써 건전하고 활력 있는 생활을 할 수 있도록 노력하여야 한다.

노인주거복지시설의 장은 시설 종류별로 각 시설의 특성을 고려하여 사업을 실시하여야 한다. 양로시설과 노인공동생활가정은 입소자의 생활의욕 증진 등을 도모하기 위하여 입소자의 신체적·정신적 상태에 따라 그 기능을 회복하게 하거나 기능의 감퇴를 방지하기 위한 훈련에 참가할 기회를 제공하여야 한다. 그리고 교양·오락설비 등을 구비하고 적절한 레크리에이션을 실시하여야 한다.

노인복지주택은 입주자의 거주에 불편함이 없도록 생활편의를 위한 체육시설, 여가 및 오락시설 등 부대시설 및 각종 복리시설을 설치하여 직접 또는 위탁하여 운영하여야 한다. 사회복지사는 순회서비스를 제공하는 등 항상 입주자의 안전을 위하여 세심한 배려를 하여야 하며, 생활지도·상담, 문안, 긴급사태 대처, 의료기관 등 관계기관과의 연락, 일상생활상 필요한 원조서비스를 제공하여야 한다. 필요한 경우 재가노인복지시설의 방문요양과 주야간보호서비스 등을 활용할 수 있도록 노인보건 및 복지에 관련된 사업기관과의 연계를 도모하여야 한다(노인복지법 시행규칙 제17조 제2항).

---

2) 노인주거복지시설의 입소대상·입소절차·입소비용 및 분양·임대 등에 관하여 필요한 사항은 보건복지부령으로 정한다(노인복지법 제32조)고 되어 있으며, 노인복지법 시행규칙을 참조할 것. 또한 노인복지주택의 입소자격 등에 관해서는 노인복지법 제33조의2를 참조할 것.

2) 제주지역의 실천현장 사례

(1) 제주양로원

제주시 도평동에 위치한 제주양로원은 제주지역 최초의 노인복지시설이다. 1956년 재단법인 설립인가를 받은 후 그 이듬해인 1957년 1월 19일 무의탁 노인 26명을 보호하면서 개원했다.

하지만 설립 당시 행정서류가 남아 있지 않아 현재 문서상 법인 설립일은 1957년 4월 13일, 양로원 설치일은 1957년 5월 25일로 되어 있다. 제주양로원은 당시 제주시 삼도동에 기와집을 짓고 한국전쟁 등으로 가족을 잃거나 의지할 곳 없는 노인들을 보살폈다. 초대원장은 여성인 강성욱, 제주양로원 낙성식(준공식) 때 찍은 사진을 참조하면 당시 강성욱은 젊은 여성이 아닌 평범한 할머니였던 것으로 추정하고 있다.

재단법인으로 출발한 제주양로원은 1973년 2월 사회복지법인으로 변경되었고, 1977년 11월에는 초대원장으로 20년간 양로원을 이끌어 온 강성욱이 자리에서 물러나고, 제2대 원장으로 양을산이 취임했다. 이후 제주양로원은 1978년 7월 제주시 영평동으로 이전했고, 1991년 2월 현재의 제주시 도평동으로 다시 옮겼다. 도평동으로 보금자리를 옮긴 제주양로원은 노인요양사업에도 뛰어들었다. 1992년 3월 제주요양원을 설립, 본격적인 운영에 들어갔다.

1994년 7월에는 양로원 운영법인이 사회복지법인 자연동산에서 현재의 불교자비원으로 바뀌었다. 불교자비원은 2004년 9월 양로원 부설 재가복지센터인 '제주노인복지센터'의 문을 열었다. 제주지역에서 유일하게 주거복지, 의료복지, 재가복지 등 통합적 노인복지서비스를 제공하는 시설로 거듭나게 되었다.

2016년, 제주양로원 입소자는 49명, 입소대상자는 일상생활에 지장이 없는 65세 이상 국민기초생활보장수급자이다. 양로원은 이들을 대상으로 기본적인 숙식 제공은 물론 의료·재활서비스, 여가활동 등을 지원하고 있다(제주사회복지신문, 2013. 3. 4; http://jejubokji.net).

(2) 제주평화양로원

1998년 11월 20일 무료노인주거복지시설로 문을 연 제주평화양로원은 제주시 봉개동에 위치하고 있으며, 대지 1만 1,944㎡, 건물 2,493㎡(지하 1층, 지상 3층) 규모에 물리치료실, 휴게실, 목욕탕, 생활실(1인실 20개, 2인실 15개) 등을 갖추고 있다. 방에는 냉장고와 텔레비전, 전화기 등이 갖추어져 있어 어르신들이 지금까지 살아왔던 방식 그대로 남은 인생을 보낼 수 있게 되어 있다.

입소 어르신 대부분이 건강상태가 양호해 이 양로원은 어르신들의 건강을 유지하기 위한 활동적인 프로그램을 다양하게 운영하고 있다. 제주특별자치도사회복지공동모금회의 지원을 받아 운영하고 있는 '아쿠아로빅'은 할머니 20명을 대상으로 주 2회 진행되고 있다. 정신적·육체적 스트레스를 효과적으로 해소하고 유연성과 근력을 기르는 한편, 운동량이 적은 어르신들의 프로그램을 통해 건강의식을 높이고 신체기능 유지와 정서적 안정에 도움을 주기 위해 실시하고 있는 이 프로그램은 전문강사의 진행으로 실시되고 있다.

또한 게이트볼장을 갖추어 어르신들이 운동을 통해 건강하고 활기찬 삶을 살도록 하고 있다. 1,000여 평의 텃밭에는 어르신들이 고추, 상추, 방울토마토, 가지, 호박 등 여러 종류의 채소를 직접 키워 양로원 운영에 도움을 주고 있다. 격월마다 열리는 생신잔치에는 화북동의 한 제과점에서 10년 넘게 케이크를 후원해 주고 있으며, 파티 후에는 생신을 맞은 어르신들은 관광지를 관람한다. 오일장 방문 등 소규모 나들이도 자주 해 어르신들이 직접 물건을 구입하기도 한다(제주사회복지신문, 2011. 7. 1).

2. 노인의료복지시설

1) 이론적 및 법률적 논의

(1) 노인의료복지시설의 정의

노인의료복지시설이란 노인들이 지닌 욕구들 중에서도 특히 요양에 초점을 맞추어 서비스 제공을 목적으로 하는 시설로서 노인요양시설, 노인요양공동생활가정이 포함된다. 노인요양시설은 치매·중풍 등 노인성질환 등으로 심신에 상당한 장애가 발생하여 도움을 필요로 하는 노인을 입소시켜 급식·요양과 그 밖에 일상생활에 필요한 편의를 제공함을 목적으로 하는 시설이다. 노인요양공동생활가정은 치매·중풍 등 노인성질환 등으로 심신에 상당한 장애가 발생하여 도움을 필요로 하는 노인에게 가정과 같은 주거여건과 급식·요양, 그 밖에 일상생활에 필요한 편의를 제공함을 목적으로 하는 시설이다(노인복지법 제34조).

(2) 노인의료복지시설의 설치 및 운영

국가 또는 지방자치단체는 노인의료복지시설을 설치할 수 있다. 국가 또는 지방자치단체 외의 자가 노인의료복지시설을 설치하고자 하는 경우에는 시장·군수·구청장에게 신고하여야 한다. 노인의료복지시설의 시설, 인력 및 운영에 관한 기준과 설치신고 및 설치허가 등에 관하여 필요한 사항은 보건복지부령으로 정한다(노인복지법 제35조).[3] 노인의료복지시설의 시설기준과 운영기준은 다음과 같다(노인복지법 시행규칙 제22조 제1항).

3) 노인의료복지시설의 시설 설치에 관한 특례, 설비기준, 직원의 자격기준과 배치기준에 대해서는 노인복지법 시행규칙 제22조 제1항 관련 별표 4를 참고할 것.

① 시설기준

가. 공통사항

가) 시설의 규모

노인의료복지시설은 다음의 시설을 갖추어야 한다.

- 노인요양시설 : 입소정원 10명 이상(입소정원 1명당 연면적 23.6㎡ 이상의 공간을 확보하여야 한다)
- 노인요양공동생활가정 : 입소정원 5명 이상 9명 이하(입소정원 1명당 연면적 20.5㎡ 이상의 공간을 확보하여야 한다)

나) 시설의 구조 및 설비

- 시설의 구조 및 설비는 일조・채광・환기 등 입소자의 보건위생과 재해방지 등을 충분히 고려하여야 한다.
- 복도・화장실・침실 등 입소자가 통상 이용하는 설비는 휠체어 등이 이동 가능한 공간을 확보하여야 하며, 문턱 제거, 손잡이 시설 부착, 바닥 미끄럼 방지 등 노인의 활동에 편리한 구조를 갖추어야 한다.
- 소화용 기구를 비치하고 비상구를 설치하여야 한다. 다만, 입소자 10명 미만인 경우에는 소화용 기구를 갖추는 등 시설의 실정에 맞게 비상재해에 대비하여야 한다.
- 입소자가 건강한 생활을 영위하는 데 도움이 되는 도서관, 스포츠・레크리에이션 시설 등 적정한 문화・체육부대시설을 설치하되, 지역사회와 시설 간의 상호교류 촉진을 통한 사회와의 유대감 증진을 위하여 입소자가 이용하는 데 지장을 주지 아니하는 범위에서 외부에 개방하여 운영할 수 있다.

다) 재가노인복지시설의 병설・운영

시설의 장은 시설의 개방성을 높여 지역사회와의 교류를 증진하고 입소자가 외부사회와의 단절감을 느끼지 아니하도록 재가노인복지시설을 병설·운영할 수 있다.

나. 시설별 기준

노인의료복지시설별 기준은 〈표 5-2〉와 같다.

〈표 5-2〉 노인의료복지시설별 기준

<table>
<tr><th rowspan="2">구 분</th><th colspan="2">노인요양시설</th><th rowspan="2">노인요양공동생활가정</th></tr>
<tr><th>입소자
30명 이상</th><th>입소자
30명 미만
10명 이상</th></tr>
<tr><td>침 실</td><td>○</td><td>○</td><td>○</td></tr>
<tr><td>사무실</td><td>○</td><td rowspan="3">○</td><td rowspan="4">○</td></tr>
<tr><td>요양보호사실</td><td>○</td></tr>
<tr><td>자원봉사자실</td><td>○</td></tr>
<tr><td>의료 및 간호사실</td><td>○</td><td>○</td></tr>
<tr><td>물리(작업)치료실</td><td>○</td><td>○</td><td rowspan="2">○</td></tr>
<tr><td>프로그램실</td><td>○</td><td>○</td></tr>
<tr><td>식당 및 조리실</td><td>○</td><td>○</td><td>○</td></tr>
<tr><td>비상재해대비시설</td><td>○</td><td>○</td><td>○</td></tr>
<tr><td>화장실</td><td>○</td><td>○</td><td rowspan="3">○</td></tr>
<tr><td>세면장 및 목욕실</td><td>○</td><td rowspan="2">○</td></tr>
<tr><td>세탁장 및 세탁물 건조장</td><td>○</td></tr>
</table>

비고 : (1) 세탁물을 전량 위탁처리하는 경우에는 세탁장 및 세탁물건조장을 두지 아니할 수 있다.

(2) 의료기관의 일부를 시설로 신고하는 경우에는 물리(작업)치료실, 조리실, 세탁장 및 건조장을 공동으로 사용할 수 있다. 다만, 공동으로 사용하려는 물리(작업)치료실이 시설의 침실과 다른 층에 있는 경우에는 입소자의 이동이 가능하도록 경사로 또는 엘리베이터를 설치하여야 한다.

② 운영기준

가. 건강관리

가) 노인의료복지시설에는 입소자 건강관리를 위한 책임자를 두고 의사(한의사 포함) · 간호사 기타 자격이 있는 자가 그 임무를 수행하여야 한다.

나) 전담의사(한의사 포함)를 두지 아니한 시설은 가급적 신경과, 정신건강의학과 또는 한방신경정신과 전문의로서의 촉탁의사(시간제 계약에 의한 의사 또는 한의사 포함)를 두거나 의료기관과 협약을 체결하여 의료연계체계를 구축하여야 한다.

다) 촉탁의사를 두거나 의료기관과 협약을 체결한 경우 해당 촉탁의사 또는 의료기관의 의사는 매월 시설을 방문하여 입소자의 건강상태를 확인하고 건강상태가 악화된 입소자에 대하여 적절한 조치를 하여야 한다. 이 경우 시설의 입소정원에 따른 방문횟수 등 세부적인 사항은 보건복지부장관이 정한다.

라) 입소자 및 직원에 대하여는 연 1회 이상의 건강진단을 하여야 하며, 건강진단 결과 건강이 좋지 아니한 자에 대하여는 그 치료를 위하여 필요한 조치를 하여야 한다.

마) 입소자에 대하여 그 건강상태에 따라 적절한 훈련과 휴식을 하도록 하여야 한다.

바) 시설의 환경을 항상 청결하게 하고 그 위생관리에 유의하여야 한다.

나. 급식위생 관리

가) 시설의 장은 입소자가 필요한 영양을 섭취할 수 있도록 영양사가 작성한 식단에 따라 급식을 행하여야 한다. 다만, 영양사가 없는 시설의 경우에는 소재지를 관할하는 보건소장 또는 다른 시설 등의 영양사의 지도를 받아 식단을 작성하고 이에 따라 급식하여야 한다.

나) 전염성 질환 · 화농성 창상 등이 있는 자는 입소자의 식사를 조리하여서는 아니된다.

다) 시설에서 사용되는 음용수의 경우에는 수도법 및 먹는 물 관리법이 정하는 바에 따라 수질검사를 받아야 한다.

라) 입소자의 식사를 조리하는 자는 항상 청결을 유지하여야 한다.

다. 운영규정

가) 시설의 장은 조직, 인사, 급여, 회계, 물품, 기타 시설의 운영에 관하여 필요한 규정을 작성하여 시장・군수・구청장에게 제출하여야 한다.

나) 시설의 운영규정에는 다음의 사항이 포함되어야 한다.

- 입소정원 및 모집방법 등에 관한 사항
- 입소계약에 관한 사항(계약기간, 계약목적, 입소보증금, 월 이용료 기타 비용부담액, 신원인수인의 권리・의무, 계약의 해제, 입소보증금의 반환 등에 관한 사항 포함)
- 입소보증금, 이용료 등 비용에 대한 변경 방법 및 절차 등에 관한 사항
- 서비스의 내용과 그 비용의 부담에 관한 사항
- 특별한 보호를 필요로 하는 경우에는 그 서비스 기준과 비용에 관한 사항
- 의료를 필요로 하는 경우에는 그 구체적인 처리절차
- 시설물 사용상의 주의사항 등에 관한 사항
- 서비스 제공자의 배상책임, 면책범위에 관한 사항
- 운영규정의 개정방법 및 절차 등에 관한 사항
- 운영위원회의 설치 운영에 관한 사항

라. 보증금의 수납 및 반환

가) 시설을 설치한 자가 보증금을 수납하는 때에는 월 입소비용 중 이용자 본인이 부담하여야 할 금액의 1년분 이내에서 이를 수납하여야 한다. 다만, 입소자로부터 입소비용의 전부를 수납하여 운영하는 시설의 경우는 제외한다.

나) 노인의료복지시설을 설치한 자는 입소자가 퇴소하는 때에는 수납한

보증금을 지체 없이 입소자 또는 입소자를 대신하여 입소계약을 체결한 배우자 또는 부양의무자에게 반환하여야 한다.

마. 회계

가) 시설의 설치·운영에 관한 회계는 법인회계 또는 다른 사업에 관한 회계와 분리하여 계리하여야 한다.
나) 국가 또는 지방자치단체로부터의 보조금품, 기타 시설이 수수한 기부금품은 이를 별도의 계정으로 계리하여야 한다.

바. 장부 등의 비치

시설에는 다음의 장부 및 서류를 비치하여야 한다.
- 시설의 연혁에 관한 기록부
- 재산목록과 재산의 소유권 또는 사용권을 증명할 수 있는 서류
- 시설운영일지
- 예산서 및 결산서
- 총계정원장 및 수입·지출보조부
- 금전 및 물품의 출납부와 증빙서류
- 보고서철 및 행정기관과의 협의 등 관련 문서철
- 정관(법인의 경우에 한한다) 및 관계 질의서류
- 입소자 관리카드(입소계약 체결일, 입소보증금, 이용료 기타 비용부담 관계 등에 관한 내용을 포함한다)
- 연계의료시설과의 제휴계약서
- 촉탁의사 근무상황부(촉탁의사가 있는 경우에 한한다)

사. 시설에서의 기거자

가) 시설의 장은 입소자의 침실 또는 침실이 있는 건물마다 요양보호사,

기타 직원 중 1명을 입소자와 함께 기거하도록 조치하여야 한다.

나) 시설 안에서는 입소자 외에 시설의 장 및 직원과 그 가족이 아닌 자는 거주하지 못한다.

아. 운영위원회

노인의료복지시설은 운영위원회를 설치・운영하여야 한다.

(3) 노인의료복지시설의 사업

노인의료복지시설의 장은 입소자의 요양 및 재활을 도울 수 있는 다양한 프로그램을 운영하여야 하고, 입소자에 대하여 적극적으로 필요한 생활지도를 하여야 한다. 그리고 입소자의 연령, 성별, 성격, 생활력, 심신의 건상 상태 등을 고려하여 수시로 입소자와 면담하거나 관찰, 지도하고 특이사항을 기록, 유지하여 보호의 정도에 따라 다른 노인복지시설로의 전원 등 필요한 조치를 취해야 하며, 생활지도 등을 함에 있어서는 입소자의 의사를 최대한 존중하여야 한다.[4] 또한 시설의 종사자(사무원・조리원・위생원・영양사・관리인 제외)가 치매 및 중풍환자의 간병요령 등 치매환자 보호에 필요한 교육을 받을 수 있도록 조치하여야 한다.

노인의료복지시설의 장은 다음 기준에 따른 사업을 실시하여야 한다. 입소자의 생활의욕 증진 등을 도모하기 위하여 입소자의 신체적・정신적 상태에 따라 그 기능을 회복하게 하거나 기능의 감퇴를 방시하기 위한 훈련에 참가할 기회를 제공하여야 하고, 교양・오락설비 등을 구비하고 적절한 레크리에이션을 실시하여야 한다. 입소자에 대한 상시보호를 할 수 있도록 이에 적합한 직원의 근무체제를 갖추어야 한다. 입소자의 건강상태에 유의

4) 노인의료복지시설의 입소대상・입소비용 및 입소절차와 설치・운영자의 준수사항 등에 관하여 필요한 사항은 보건복지부령으로 정하고 있으며(노인복지법 제34조), 노인복지법 시행규칙을 참조할 것.

하여야 하며 건강의 유지를 위하여 필요한 조치를 하여야 하고, 입원치료를 필요로 하는 입소자를 위하여 진료기관을 정하는 등 인근 지역의 의료기관과 긴밀한 협조체계를 갖추어야 한다. 거동이 불가능한 와상노인의 욕창 예방과 치료를 위하여 적절한 보호조치를 하여야 한다. 치매노인은 치매의 정도에 따라 분리하여 보호하여야 한다(노인복지법 시행규칙 제22조 제2항).

2) 제주지역의 실천현장 사례

(1) 노인의료복지시설 현황

2012년 12월 31일 기준, 제주지역의 노인의료복지시설 현황은 〈표 5-3〉과 같다. 노인요양시설은 제주시 34개소, 서귀포시 14개소, 합계 48개소이고, 노인요양공동생활가정은 제주시 5개소, 서귀포시 1개소, 합계 6개소이다. 노인요양시설 입소인원은 현원 2,523명이고, 노인요양공동생활가정 입소인원은 현원 43명이다. 종사자 수는 노인요양시설 1,570명, 노인요양공동생활가정 32명이다.

제주지역 노인의료복지시설들 가운데 제주사회복지신문과 지방일간지에 보도된 사례들을 중심으로 실천현장의 내용을 살펴보고자 한다.

〈표 5-3〉 노인의료복지시설 현황 (2012. 12. 31. 기준, 단위 : 개소, 명)

구 분	노인요양시설				노인요양공동생활가정			
	시설 수	입소인원		종사자 수	시설 수	입소인원		종사자 수
		정 원	현 원			정 원	현 원	
합 계	48	2,794	2,523	1,570	6	53	43	32
제주시	34	1,955	1,806	1,126	5	44	34	25
서귀포시	14	839	717	444	1	9	9	7

출처 : 제주특별자치도(2013).

(2) 제주원광요양원

'받든다'(恭敬), '살핀다'(慈悲), '베푼다'(報施). 제주원광요양원의 원훈이다. 한라산 중턱인 제주시 애월읍 고성리에 자리 잡은 제주원광요양원은 1988년 4월 문을 연 제주지역 최초의 노인의료복지시설이다. '타인의 부모라도 내 부모와 같이 모셔라'는 원불교 교리에 입각해 부모보은을 실천하기 위해 설립되었으며, '가정과 같은 집으로', '어르신의 아픔이 나의 아픔으로', '어르신이 하고 싶은 일 찾아드리기', '남아 있는 힘 찾아드리기', '우리 모두의 생활이 즐거움으로'라는 운영 목표를 실천해 나가고 있다.

제주원광요양원의 운영주체는 2005년 2월 사회복지법인 삼동회에서 사회복지법인 섬나기로 바뀌었다. '섬나기'는 섬기고 나누고 기르자는 뜻이다. 설립 초기 50명이던 입소자 정원은 2013년 200명으로 늘었고 직원도 117명으로 증가했다. 제주지역에서 입소자가 가장 많다. 입소대기자도 많아 평균 3개월 정도 기다려야 입소할 수 있다. 이 요양원은 1997년 1월 제주지역에서 처음으로 요양원 부설 재가노인복지센터를 설치하고 주·야간보호사업과 방문요양서비스 사업을 시행했다(제주사회복지신문, 2013. 5. 2).

(3) 평안전문요양원

제주지역 첫 번째 치매 전문요양시설로 문을 연 평안전문요양원은 전국 노인복지시설의 벤치마킹 대상이다. 지난 1997년 서귀포시 토평동에서 문을 연 평안전문요양원은 중증질환을 앓고 있으면서도 가정형편이 어려워 집에서 생활하기 힘든 65세 이상 국민기초생활보장수급자 어르신들을 무료로 돌보고 있다(제주사회복지신문, 2013. 7. 1).

이 요양원은 노인들의 편안하고 쾌적한 생활을 위해 빛이 잘 들고 통풍이 잘 되도록 지하 1층, 지상 3층 규모의 타원형으로 지어졌다. 이 요양원은 노인들의 건강 악화를 예방하고 재활을 위해 다양한 프로그램을 운영하고 있다(제주사회복지신문, 2008. 6. 2). 대표적인 프로그램으로는 2008년부터 해마다 진행하는 가든 파티, 평안장터, 미니올림픽, 작은음악회 등이다. 또한 어르신 여가활동의 중요성을 강조한 여가 프로그램 활성화를 비롯하여 제주특별자치도사회복지공동모금회의 지원을 받아 치매 어르신들을 위한 프로그램을 진행하고 있다.

'지역사회 어르신 연계를 통한 치매 어르신 사회성 향상'

평안전문요양원은 '지역사회 어르신과의 연계활동을 통한 생활시설 치매 어르신 사회성 향상' 프로그램을 진행하고 있다. 이 프로그램은 치매 어르신과 같은 시대를 살아온 지역 어르신과 친구 맺기를 통해 일반 어르신과 치매 어르신이 만날 기회를 갖기 위한 것이다.

지역 어르신들은 치매 어르신과 만나면서 치매 어르신이 나와 다른 존재가 아니라는 점을 알게 되고 치매에 대해 올바른 인식을 할 수 있게 된다. 또 치매 어르신은 일반 어르신과 상호작용을 통해 사회적 기능과 교류를 유지하고 향상시킬 수 있다. 시설에서 요양하고 있는 치매 어르신과 지역 어르신들을 한 자리에 모이게 하는 일은 쉽지 않지만, 이들은 함께 나들이 하고, 대화를 하면서 조금씩 서로에게 손을 내미는 등 서로 친구가 된다.

이와 함께 평안전문요양원은 치매 어르신 사회성 향상 프로그램의 일환으로 상·하반기 1회씩 야외로 나가 사진을 찍고 맛있는 음식을 같이 먹으면서 친구와의 추억을 만들 수 있도록 하고 있다. 시설에서 생활하는 치매 어르신들의 야외활동 등 주중에 이루어지는 활동은 자원봉사자가 많지 않아 어려운 상황이다. 이런 상황에서 치매 어르신의 친구인 지역 어르신은 치매 어르신의 야외활동을 하는 데 큰 도움이 된다. 이 외에도 치매 어르신 사회성 향상 프로그램은 '음식 만들고 나누기', '친구와 커플댄스 배우기', '지역주민과 함께하는 학예회' 등 다양하다.

출처 : 제민일보(2013. 4. 27).

(4) 제광원

제광원은 대한예수교장로회 제주노회유지재단에서 운영하고 있는 노인의료복지시설로 2005년 2월 설립되었으며, 제주시 오라2동에 위치하고 있다(제주특별자치도사회복지협의회, 2011 : 183). 또한 2009년 1월부터는 제광원소규모요양시설을 개원하여 입소노인에 대한 요양서비스는 물론 주간보호, 방문요양 서비스를 제공하고 있다.

이 요양원에서는 최근 노인들의 잔존기능을 이용해 신체·정서적인 안정을 찾고, 노년생활의 즐거움을 얻을 수 있도록 제주특별자치도사회복지공동모금회의 지원을 받아 '오감만족! 마음 튼튼, 몸 튼튼'이라는 재활 프로그램을 운영하고 있다.

'오감만족! 마음 튼튼, 몸 튼튼'

제광원은 사회복지사와 물리치료사들이 2010년부터 핸드벨, 전통놀이, 실버체조 등을 통해 재활 프로그램을 실시하고 있으며, 2013년부터는 전문성을 강화해 재활효과를 더욱 높이고 있다. 참가 노인들은 핸드벨을 연주하면서 즐거움과 정시적 안정감을 느끼고, 손과 작은 근육운동을 통해 재활효과도 높이고 있다. 또한 노인들이 재활 프로그램에 보다 재미있고 흥미롭게 참여할 수 있도록 구슬치기, 딱지 등 전통놀이를 통해 잔존능력뿐만 아니라 함께 즐기며 유대감과 공감대도 형성하고 있다.

특히 노인들이 쉽게 할 수 있는 맨손체조나 세라벤드와 스트레칭 로프 등의 작은 기구를 이용한 체조를 통해 약한 근육을 부드럽고 강하게 단련시켜 신체적 건강도 유지시키고 있다. 이 프로그램에 참여하는 노인들은 휠체어를 이용하는 등 거동이 불편해 외부와 단절된 생활을 하고 있다. 이에 따라 주요 관광지나 문화시설을 방문하는 등 가족봉사단원들과 함께 외부 나들이를 하면서 가족애와 즐거움을 느끼도록 하고 있다.

출처 : 제민일보(2013. 10. 5).

(5) 아노제노인요양공동생활가정

제주시 애월읍 하가리에 위치한 아노제노인요양공동생활가정은 고령화 사회를 맞고 있는 현대사회에서 신체적·정신적 노화로 소외되는 노인들이 심신의 건강 유지는 물론 행복한 마음으로 편안한 노후를 보내고 평화롭게 자신의 인생을 조망할 수 있기를 소망하는 사랑의 가정이 되고자 하는 노인의료복지시설이다.

2008년 장애인 창업형 일자리로 선정되어 2008년 10월 노인의료복지시설로 문을 연 이후 현재 어르신 5명과 직원 5명이 오순도순 행복하게 지내고 있다. 직원들은 규모가 큰 시설에서의 일괄적이고 획일적인 서비스와 달리 보다 가정적이고 친근하며 사랑이 듬뿍 담긴 서비스를 제공한다는 자부심을 가지고 있으며, 지역주민들도 시설이라는 이미지보다 가정집이라는 생각으로 애정을 가지고 찾아오며 날마다 웃음이 끊이지 않는다.

아노제 어르신들의 하루 일과는 오전에 주로 건강을 위한 스트레칭과 체조를 하고, 오후에는 족욕, 영화감상, 레크리에이션, 종이 접기, 목욕 및 이발, 스포츠마사지 등의 프로그램이 진행된다. 저녁식사 후에는 담소시간, 건강체크 또는 텔레비전 시청으로 하루를 마무리한다(제주사회복지신문, 2010. 12. 1).

3. 노인여가복지시설

1) 이론적 및 법률적 논의

(1) 노인여가복지시설의 정의

노인여가복지시설은 비교적 건강한 노인을 대상으로 노인들이 노후생활을 보람 있게 보낼 수 있도록 친목도모 및 취미활동 등 여가활동 관련 복지서비스를 제공하는 이용시설이며, 노인복지관, 경로당, 노인교실이 있다(고수현, 2010 : 166).

노인복지관은 노인의 교양·취미생활 및 사회참여활동 등에 대한 각종 정보와 서비스를 제공하고, 건강증진 및 질병 예방과 소득보장·재가복지, 그 밖에 노인의 복지 증진에 필요한 서비스를 제공함을 목적으로 하는 시설이다. 경로당은 지역 노인들이 자율적으로 친목도모·취미활동·공동작업장 운영 및 각종 정보 교환과 기타 여가활동을 할 수 있도록 하는 장소를 제공함을 목적으로 하는 시설이다. 노인교실은 노인들에 대하여 사회활동 참여 욕구를 충족시키기 위하여 건전한 취미생활·노인건강 유지·소득보장, 기타 일상생활과 관련한 학습 프로그램을 제공함을 목적으로 하는 시설이다. 노인여가복지시설의 이용대상 및 이용절차 등에 관하여 필요한 사항은 보건복지부령으로 정하고 있다(노인복지법 제36조).

(2) 노인여가복지시설의 설치 및 운영

국가 또는 지방차치단체는 노인여가복지시설을 설치할 수 있다. 국가 또는 지방자치단체 외의 자가 노인여가복지시설을 설치하고자 하는 경우에는 시장·군수·구청장에게 신고하여야 한다. 국가 또는 지방자치단체는 경로당의 활성화를 위하여 지역별·기능별 특성을 갖춘 표준모델 및 프로그램을 개발·보급하여야 한다. 노인여가복지시설의 시설, 인력 및 운영에 관한 기준과 설치 신고 등에 관하여 필요한 사항은 보건복지부령으로 정하고 있다(노인복지법 제37조).

노인여가복지시설의 시설기준과 운영기준을 살펴보면 다음과 같다(노인복지법 시행규칙 제26조).[5)]

5) 노인여가복지시설의 설비기준, 직원의 자격기준과 배치기준 등에 대해서는 노인복지법 시행규칙 제26조 제1항 관련 별표 7을 참조할 것.

① 시설기준

가. 시설의 규모

노인여가복지시설은 다음의 면적 이상이거나 또는 인원이 이용할 수 있는 시설을 갖추어야 한다.

가) 노인복지관 : 연면적 5백㎡ 이상

나) 경로당 : 이용정원 20명 이상(읍·면지역의 경우에는 10명 이상)

다) 노인교실 : 이용정원 50명 이상

나. 시설별 기준

노인여가복지시설별 기준은 〈표 5-4〉와 같다.

〈표 5-4〉 노인여가복지시설별 기준

구 분	노인복지관	경로당	노인교실
사무실	1		1
식당 및 조리실	1		
상담실 또는 면회실	1		
집회실 또는 강당	1		
프로그램실	1		
화장실	1	1	1
물리치료실	1		
비상재해대비시설	1		
거실 또는 휴게실		1	
전기시설		1	
강의실			1
휴게실			1

비고 : (1) 노인복지관 : 오락실에 인터넷 등을 통하여 전자정보의 접근이 가능한 컴퓨터를 설치할 수 있다.

(2) 노인교실 : 사무실 및 휴게실은 사업에 지장이 없는 범위에서 강의실과 겸용할 수 있다.

② 운영기준

가. 급식위생관리(노인복지관의 경우에 한한다)

가) 시설의 장은 이용자가 필요한 영양을 섭취할 수 있도록 영양사가 작성한 식단에 따라 급식을 행해야 한다. 다만, 영양사가 없는 시설의 경우에는 소재지를 관할하는 보건소장의 지도를 받아 식단을 작성하고 이에 따라 급식을 해야 한다.

나) 전염성 질환・화농성 창상 등이 있는 자는 이용자의 식사를 조리해서는 안 된다.

다) 시설에서 사용되는 음용수의 경우에는 수도법 및 먹는 물 관리법이 정하는 바에 따라 수질검사를 받아야 한다.

라) 이용자의 식사를 조리하는 자는 항상 청결을 유지해야 한다.

나. 운영규정

가) 노인여가복지시설의 장은 그 시설의 운영방법, 이용자의 준수사항 그 밖에 운영에 필요한 규정을 작성하여 시장・군수・구청장에게 제출하여야 한다.

나) 노인복지관 및 노인교실의 운영규정에는 이용정원 등에 관한 사항, 이용계약에 관한 사항(계약기간, 이용료 및 그 밖에 비용부담액 등에 관한 사항을 포함한다), 이용료 등 비용에 대한 변경방법 및 절차 등에 관한 사항, 서비스의 내용과 그 비용의 부담에 관한 사항, 시설물 사용상의 주의사항 등에 관한 사항, 서비스제공자의 배상책임・면책범위에 관한 사항, 운영규정의 개정방법 및 절차 등에 관한 사항이 포함되어야 한다.

다. 회계

가) 시설의 설치・운영에 관한 회계는 법인회계 또는 사업에 관한 회계와 분리하여 계리하여야 한다.

나) 시설이 국가 또는 지방자치단체로부터 받은 보조금품, 그 밖의 기부금품은 이를 별도의 계정으로 계리하여야 한다.

라. 장부 등의 비치

시설에는 시설의 연혁에 관한 기록부, 재산목록과 재산의 소유권 또는 사용권을 증명할 수 있는 서류, 시설운영(교육)일지, 이용노인(회원)명부, 예산서 및 결산서, 수입·지출장부와 그 증빙서류, 금전 및 물품의 출납부와 증빙서류, 보고서철 및 행정기관과의 협의 등 관련 문서철, 정관(법인의 경우에 한정한다) 및 관계 질의 서류를 비치하여야 한다.

(3) 노인여가복지시설의 사업

시설의 장은 시설종별로 각 시설의 특성을 고려하여 다음의 기준에 따른 사업을 실시하여야 한다(노인복지법 시행규칙 제26조 제2항).

① 노인복지관

가. 노인의 복지증진을 위하여 종합적인 노인복지센터로서의 기능을 수행할 수 있도록 필요한 사업을 선정·수행하여야 한다.

나. 다음의 사업을 기본 사업으로 수행하되 이용대상 노인의 실정과 지역여건 등을 감안하여 사업의 종류를 가감하거나 별도의 사업을 개발·추진할 수 있다.

- 상담·지도 : 노인의 생활·주택·신상 등에 관한 생활상담 및 노인의 질병예방·치료에 관한 건강상담 및 지도
- 취업상담 및 알선 : 노인에 대한 취업알선 및 취업자의 사후관리
- 기능회복훈련의 실시 : 노인의 기능회복 또는 기능의 감퇴를 방지하기 위한 훈련을 실시하되, 물리치료장비는 관할보건소에 종사하는 의사의 지도를 받아 사용해야 한다.

- 교양강좌 등의 실시 : 노인의 교양 향상을 위한 프로그램의 제공 및 레크리에이션 활동 등의 지도

다. 거동불편 노인의 생활편의를 위한 서비스 등의 제공을 위하여 재가노인복지시설을 병설·운영하도록 노력해야 한다.

라. 지역 특성에 따라 야간 이용이 가능한 체계를 갖추도록 노력하여야 한다.

② 경로당

이용노인들이 건전한 사회봉사활동이나 취미활동 등을 할 수 있도록 해야 한다.

③ 노인교실

주 1회 이상 교육을 실시하여야 한다.

2) 제주지역의 실천현장 사례

(1) 노인여가복지시설 현황

제주지역의 노인여가복지시설 현황을 살펴보면 〈표 5-5〉와 같다. 노인복지관은 도 2개소, 제주시 2개소, 서귀포시 3개소, 합계 7개소이다. 이 가운데 5개소는 기존의 노인복지회관에 해당하는 것이고, 나머지 2개소는 2010년 신축하여 개관한 제주특별자치도 노인복지관과 2016년 개관한 서귀포시 노인복지관으로 시설 및 운영기준을 갖추고 전문인력이 배치되어 운영되는 기관이다.[6] 경로당은 제주시 264개소, 서귀포시 132개소, 합계 396개소이다. 노인교실은 제주시 14개소, 서귀포시 3개소, 합계 17개소이다.

6) 2007년 8월 노인복지법 개정 이전에는 노인복지관을 노인복지회관이라는 명칭으로 사용하였다(남진열 · 강세현 · 전영록 · 유용식, 2010 : 221).

〈표 5-5〉 노인여가복지시설 현황 (2011. 12. 31. 기준, 단위 : 개소)

구 분	노인복지관	경로당	노인교실
합 계	7	396	17
도	2	–	
제주시	2	264	14
서귀포시	3	132	3

출처 : 제주특별자치도(2013; www.sgpswc.com).

(2) 제주특별자치도 노인복지관

제주시 노형동에 위치한 제주특별자치도 노인복지관은 지역 어르신들이 건강하고 활기찬 노후생활을 즐길 수 있도록 다양한 복지서비스를 제공하는 노인여가복지시설이다. 2010년 11월 23일 문을 연 노인복지관은 사회복지법인 제주태고복지재단이 제주특별자치도로부터 시설을 위탁받아 운영하고 있다.

노형동 근린공원 인근 부지 1,928㎡에 들어선 노인복지관은 건물 연면적 1,553㎡에 지하 1층, 지상 4층 규모로 지어졌다. 지하층에는 물리치료실, 악기연주실, 체력단련실이 배치되어 있고, 1층에는 안내데스크, 로비, 바둑실, 경로식당이, 2층에는 휴게실, 상담실, 정보화교육실, 교육 1실, 3층에는 교육 2실, 다목적실, 휴게실, 4층에는 당구장, 탁구장, 휴게실이 갖추어져 운영되고 있다. 개관한 지 얼마 되지 않았지만 회원이 540여 명, 하루 평균 이용객은 150여 명에 이르고 있다.

노인복지관이 운영하는 프로그램은 크게 세 가지이다. 체조, 에어로빅, 스포츠댄스, 요가 등 건강증진 프로그램과 노래교실, 악기연주교실, 서예교실 등 취미여가 프로그램, 영어·중국어·일본어 등 외국어교실, 명리학교실, 정보화교실 등 교육 프로그램으로 나뉜다. 물론 취업·법률문제 등과 관련된 각종 상담서비스도 제공된다. 바둑이나 장기, 탁구, 당구도 마음껏 즐길 수 있다. 또한 각종 운동기구가 배치되어 있고 물리치료도 받을 수 있다.

2011년 3월 제주시의 노인일자리사업기관으로 지정된 노인복지관은 일자리를 원하는 만 65세 이상 노인에게 지역아동센터 파견 아동귀가 지도 및 생활보조 활동 일자리를 알선해 주고 있다.

노인복지관은 제주지역에 거주하고 있는 만 60세 이상의 어르신이면 누구나 이용할 수 있다. 이용회비는 월 1만 원이고, 국민기초생활보장수급자는 무료다. 이용시간은 월~금요일 오전 9시부터 오후 6시까지이다(제주사회복지신문, 2011. 12. 1; 제주특별자치도노인복지관, 2013).

4. 재가노인복지시설

1) 이론적 및 법률적 논의

(1) 재가노인복지시설의 정의

재가노인복지시설은 다음 사항들 중 어느 하나 이상의 서비스를 제공함을 목적으로 하는 시설을 말한다(노인복지법 제38조; 노인복지법 시행규칙 제26조의2).

① 방문요양서비스 : 가정에서 일상생활을 영위하는 노인(재가노인)으로서 신체적 · 정신적 장애로 어려움을 겪고 있는 노인에게 필요한 각종 편의를 제공하여 지역사회 안에서 건전하고 안정된 노후를 영위하도록 하는 서비스

② 주 · 야간보호서비스 : 부득이한 사유로 가족의 보호를 받을 수 없는 심신이 허약한 노인과 장애노인을 주간 또는 야간 동안 보호시설에 입소시켜 필요한 각종 편의를 제공하여 이들의 생활안정과 심신기능의 유지 · 향상을 도모하고, 그 가족의 신체적 · 정신적 부담을 덜어주기 위한 서비스

③ 단기보호서비스 : 부득이한 사유로 가족의 보호를 받을 수 없어 일시적으로 보호가 필요한 심신이 허약한 노인과 장애노인을 보호시설에 단기간 입소시켜 보호함으로써 노인 및 노인가정의 복지증진을 도모하기 위한 서비스

④ 방문목욕서비스 : 목욕장비를 갖추고 재가노인을 방문하여 목욕을 제공하는 서비스

⑤ 재가노인지원서비스 : 재가노인에게 노인생활 및 신상에 관한 상담을 제공하고, 재가노인 및 가족 등 보호자를 교육하며, 각종 편의를 제공하여 지역사회 안에서 건전하고 안정된 노후생활을 영위하도록 하는 서비스

⑥ 방문간호서비스 : 간호사 등이 의사, 한의사 또는 치과의사의 지시서에 따라 재가노인의 가정 등을 방문하여 간호, 진료의 보조, 요양에 관한 상담 또는 구강위생 등을 제공하는 서비스

재가노인복지시설의 이용대상·비용부담 및 이용절차 등에 관하여 필요한 사항은 보건복지부령으로 정하고 있다.

(2) 재가노인복지시설의 설치 및 운영

국가 또는 지방자치단체는 재가노인복지시설을 설치할 수 있다. 국가 또는 지방자치단체 외의 자가 재가노인복지시설을 설치하고자 하는 경우에는 시장·군수·구청장에게 신고하여야 한다. 재가노인복지시설의 시설, 인력 및 운영에 관한 기준과 설치신고 등에 관하여 필요한 사항은 보건복지부령으로 정하고 있다(노인복지법 제39조).

재가노인복지시설의 시설기준과 운영기준은 다음과 같다(노인복지법 시행규칙 제29조).[7]

7) 재가노인복지시설의 설비기준, 직원의 자격기준, 인력기준, 특례사항 등에 관하여는 노인복지법 시행규칙 제29조 제1항 관련 별표 9를 참조할 것.

① 시설기준

가. 시설의 규모

가) 방문요양, 방문목욕 및 방문간호를 제공하는 시설 : 시설전용면적 16.5㎡ 이상(연면적 기준)

나) 주 · 야간보호, 단기보호를 제공하는 시설 : 시설 연면적 90㎡ 이상(이용정원이 6명 이상인 경우에는 1명당 6.6㎡ 이상의 생활실 또는 침실 공간을 추가로 확보하여야 함)

다) 재가노인지원서비스 : 시설전용면적 33㎡ 이상(연면적 기준)

나. 시설별 기준

가) 방문요양, 방문목욕 및 방문간호를 제공하는 시설

- 방문요양 : 사무실, 통신설비, 집기 등 사업에 필요한 설비 및 비품
- 방문목욕 : 사무실, 통신설비, 집기 등 사업에 필요한 설비 및 비품, 이동용 욕조 또는 이동목욕차량
- 방문간호 : 사무실, 통신설비, 집기 등 사업에 필요한 설비 및 비품, 혈압계, 온도계 등 방문간호에 필요한 비품

나) 주 · 야간보호, 단기보호를 제공하는 시설

보건 · 위생 · 안전 · 환경 및 교통편의 등을 충분히 고려하여 이용자가 쉽게 접근하고 편리하게 이용할 수 있는 쾌적한 환경의 부지를 선정하여야 하고, 다음의 시설들을 갖추어야 한다.

〈표 5-6〉 주 · 야간보호, 단기보호를 제공하는 시설의 기준

<table>
<tr><th rowspan="2">구 분</th><th colspan="2">주 · 야간보호</th><th colspan="2">단기보호</th></tr>
<tr><th>이용자
10명 이상</th><th>이용자
10명 미만</th><th>이용자
10명 이상</th><th>이용자
10명 미만</th></tr>
<tr><td>생활실</td><td>○</td><td>○</td><td></td><td></td></tr>
<tr><td>침 실</td><td></td><td></td><td>○</td><td>○</td></tr>
<tr><td>사무실</td><td rowspan="2">○</td><td rowspan="2">○</td><td rowspan="2">○</td><td rowspan="2">○</td></tr>
<tr><td>의료 및 간호사실</td></tr>
<tr><td>프로그램실</td><td rowspan="2">○</td><td rowspan="2">○</td><td rowspan="2">○</td><td rowspan="2">○</td></tr>
<tr><td>물리(작업)치료실</td></tr>
<tr><td>식당 및 조리실</td><td>○</td><td>○</td><td>○</td><td>○</td></tr>
<tr><td>화장실</td><td>○</td><td rowspan="3">○</td><td>○</td><td rowspan="3">○</td></tr>
<tr><td>세면장 및 목욕실</td><td rowspan="2">○</td><td rowspan="2">○</td></tr>
<tr><td>세탁장 및 건조장</td></tr>
</table>

② 운영기준

가. 급식위생관리(급식을 제공하는 경우에만 해당한다)

가) 시설의 장은 입소자가 필요한 영양을 섭취할 수 있도록 영양사가 작성한 식단에 따라 급식을 행해야 한다. 다만, 영양사가 없는 시설의 경우에는 소재지를 관할하는 보건소장 또는 다른 시설 등의 영양사의 지도를 받아 식단을 작성하고 이에 따라 급식을 해야 한다.

나) 전염성 질환 · 화농성 창상 등이 있는 자는 이용자의 식사를 조리해서는 안 된다.

다) 시설에서 사용되는 음용수의 경우에는 수도법 및 먹는 물 관리법이 정하는 바에 따라 수질검사를 받아야 한다.

라) 입소자의 식사를 조리하는 자는 항상 청결을 유지해야 한다.

나. 운영규정

가) 시설의 장은 조직, 인사, 급여, 회계, 물품, 그 밖에 시설의 운영에 관하여 필요한 규정을 작성하여 시장·군수·구청장에게 제출하여야 한다.

나) 운영규정에는 아래의 사항이 포함되어야 한다.

- 이용정원 등에 관한 사항(주·야간보호서비스 및 단기보호서비스의 경우에만 해당한다) 및 모집방법 등에 관한 사항
- 이용계약에 관한 사항(계약기간, 계약목적, 월이용료 및 그 밖에 비용부담액, 신원인수인의 권리·의무, 계약의 해지 등에 관한 사항을 포함한다)
- 이용료 등 비용에 대한 변경방법 및 절차 등에 관한 사항
- 특별한 보호를 필요로 하는 경우에는 그 서비스 기준과 비용에 관한 사항
- 의료를 필요로 하는 경우에는 그 구체적인 처리절차
- 서비스의 내용과 그 비용의 부담에 관한 사항
- 시설물 사용상의 주의사항 등에 관한 사항
- 서비스 제공자의 배상책임·면책범위에 관한 사항
- 운영규정의 개정방법 및 질차 등에 관한 사항
- 운영위원회의 설치 및 운영에 관한 사항
- 그 밖에 운영에 필요한 중요한 사항

다. 회계

가) 시설의 설치·운영에 관한 회계는 법인회계 또는 사업에 관한 회계와 분리하여 계리하여야 한다.

나) 시설이 국가 또는 지방자치단체로부터 받은 보조금품 그 밖의 기부금품은 이를 별도의 계정으로 계리하여야 한다.

라. 장부 등의 비치

시설에는 시설의 연혁에 관한 기록부, 재산목록과 재산의 소유권 또는 사용권을 증명할 수 있는 서류, 시설운영일지, 예산서 및 결산서, 금전 및 물품의 출납부와 증빙서류, 정관(법인의 경우에 한정한다) 등 제반 규정, 이용자 명부, 입소자 관리카드(입소계약 체결일, 입소보증금, 이용료, 그 밖의 비용부담 관계 등에 관한 내용을 포함한다)를 비치하여야 한다.

마. 운영위원회

운영위원회를 설치·운영하여야 한다.

(3) 재가노인복지시설의 사업

재가노인복지시설의 사업내용은 〈표 5-7〉과 같다(노인복지법 시행규칙 제29조 제2항).

〈표 5-7〉 재가노인복지시설의 사업

구 분	사업내용
방문요양 서비스	- 신체활동지원서비스 : 세면도움, 구강관리, 머리 감기기, 몸 청결, 몸 단장, 옷 갈아입히기, 목욕도움, 식사도움, 체위변경, 이동도움, 신체기능의 유지 증진, 배설도움, 화장실 이용하기 등 - 가사활동지원서비스 : 취사, 청소 및 주변 정돈, 세탁 등 - 개인활동지원서비스 : 외출 시 동행, 일상 업무 대행 등 - 정서지원서비스 : 말벗, 격려 및 위로, 생활상담, 의사소통 도움 등
방문목욕 서비스	목욕준비, 입욕 시 이동보조, 몸 씻기, 머리 말리기, 옷 갈아입히기, 목욕 후 주변 정리 등
주·야간보호 서비스	- 생활지도 및 일상동작훈련 등 심신의 기능회복을 위한 서비스 - 급식 및 목욕서비스 등 - 노인가족에 대한 교육 및 상담 - 치매전담형 주·야간보호서비스의 경우에는 프로그램관리자의 지도하에 치매노인의 기능 유지, 악화 방지를 위한 맞춤형 프로그램 실시

단기보호 서비스	– 신체활동 지원, 기능회복 훈련 등 그 밖에 일상생활에 필요한 편의를 제공하는 서비스 – 그 밖에 노인요양시설 또는 노인요양공동생활가정의 사업에 준하는 서비스
재가노인지원 서비스	일상생활 지원, 노인생활 및 신상에 관한 상담, 재가노인 및 보호자의 교육, 무의탁노인 후원을 위한 결연 및 연계지원, 여가활동 지원, 주거환경개선 지원, 긴급지원, 시 · 군 · 구의 위탁을 받은 사업, 그 밖에 지역의 재가노인복지 사업
방문간호 서비스	– 의사, 한의사 또는 치과의사의 방문간호 지시서에 따른 간호, 진료의 보조, 또는 구강위생 – 다음의 예방관리적 간호행위 • 기본관리 : 건강상태 확인, 활력징후(혈압 · 체온 · 맥박 · 호흡) 및 혈당 측정, 지남력(시간 · 장소 · 사람 등에 관한 인지능력) 평가 등 • 교육 및 상담 : 통증 · 식이 · 감염 · 구강 · 투약관리에 관한 교육 및 상담 등 • 신체훈련 : 관절 구축(拘縮) 예방 및 근력 강화, 이동장애 개선, 낙상 예방, 운동기능 향상 훈련 등 • 의료연계 및 검사 : 의료기관에의 진료 의뢰, 장기요양기관 연계, 사전 기초검사 등

2) 제주지역의 실천현장 사례

제주지역 재가노인복지시설 현황을 살펴보면 〈표 5-8〉과 같다. 2012년 12월 기준, 방문요양서비스의 경우, 시설 수는 제주시 13개소, 서귀포시 7개소, 합계 20개소이고, 이용인원은 제주시 526명, 서귀포시 239명, 합계 765명이며, 종사자 수는 제주시 191명, 서귀포시 59명, 합계 250명이다. 주 · 야간보호시설의 경우, 시설 수는 제주시 12개소, 서귀포시 5개소, 합계 17개소이고, 이용인원은 제주시 141명, 서귀포시 95명, 합계 236명이며, 종사자 수는 제주시 56명, 서귀포시 25명, 합계 81명이다. 단기보호서비스의 경우, 시설 수는 제주시 1개소, 이용인원 1명, 종사자 수는 4명이다. 방문목욕서비스의 경우, 시설 수는 제주시 11개소, 서귀포시 4개소, 합계 15개소이고, 이용인원은 제주시 26명, 서귀포시 77명, 합계 103명이며, 종사자 수는 제주시 99명, 서귀포시 18명, 합계 117명이다.

제주지역의 재가노인복지시설들은 여러 개의 서비스를 복합적으로 제공하는 시설들이 많으며, 시설명칭을 '○○○노인복지센터'라고 이름 붙인 경우가 흔하고, 주간보호서비스를 위주로 운영하는 시설의 경우는 '○○○주간보호센터'로 이름 붙여서 운영하고 있기도 하다.

〈표 5-8〉 재가노인복지시설 현황 (2012. 12. 31. 기준, 단위 : 개소, 명)

구 분	방문요양 서비스			주 · 야간보호시설			단기보호서비스			방문목욕 서비스		
	시설 수	이용인원	종사자 수	시설 수	이용인원	종사자 수	시설 수	이용인원	종사자 수	시설 수	이용인원	종사자 수
합 계	20	765	250	17	236	81	1	2	4	15	103	117
제주시	13	526	191	12	141	56	1	2	4	11	26	99
서귀포시	7	239	59	5	95	25	–	–	–	4	77	18

출처 : 제주특별자치도(2013).

5. 노인보호전문기관

1) 이론적 및 법률적 논의

(1) 노인보호전문기관의 정의

노인보호전문기관은 노인을 위한 전문적인 상담과 서비스 제공을 통한 노인의 권익 증진, 학대행위자에 대한 교육·홍보를 통하여 노인학대에 대한 인식을 개선하며, 노인학대예방사업을 통해 학대 없는 가정과 사회를 조성하기 위하여 만들어진 기관이다(고수현, 2010 : 183-184). 국가는 지역 간의 연계체계를 구축하고 노인학대를 예방하기 위하여 중앙노인보호전문기관을 설치·운영하여야 하고, 학대받는 노인의 발견·보호·치료 등을 신속히 처리하고 노인학대를 예방하기 위하여 지역노인보호전문기관을 특별시·도·특별자치도에 두도록 하고 있다. 그리고 보건복지부장관 및 시·도지사는 노인학대예방사업을 목적으로 하는 비영리법인을 지정하여 중앙노인보호전문기관과 지역노인보호전문기관의 운영을 위탁할 수 있다(노인복지법 제39조의5).

(2) 노인보호전문기관의 설치 및 운영

노인보호전문기관의 설치기준과 운영기준은 다음과 같다(노인복지법 시행령 제20조의4).[8)]

① 설치기준

가. 시설기준

가) 사무실

긴급전화의 설치·운영 및 업무에 필요한 공간과 설비를 갖추어야 한다.

나) 상담, 교육 등 프로그램 운영실

- 상담받는 사람의 신분, 사생활과 상담내용 등이 노출되지 않도록 칸막이를 설치하여야 한다.
- 효과적인 상담, 교육 등 프로그램 운영을 위한 장비(녹취기, 카메라 등)를 갖추어야 한다.
- 그 밖에 상담, 교육 등 프로그램 운영에 적합한 구조와 설비를 갖추어야 한다.

8) 노인보호전문기관의 인력기준에 대해서는 노인복지법 시행령 제20조의4 관련 별표 1의2를 참조할 것.

다) 노인보호전문기관을 다른 노인복지시설에 병설하여 운영하는 경우에는 업무에 지장이 없는 범위에서 공통되는 시설은 중복하여 갖추지 않을 수 있다.

② 운영기준

가. 조직, 인사, 급여, 그 밖에 운영에 필요한 규정을 두고 이에 따라 운영하여야 한다.

나. 기관의 연혁 및 운영에 관한 기록, 노인보호전문기관의 장과 상담원의 인사에 관한 기록, 재산목록과 그 소유권 또는 사용권에 관하여 확인할 수 있는 서류, 최근 5년 동안의 노인학대에 관한 조사 및 상담에 관한 기록 및 서류를 갖추어야 한다.

다. 지역노인보호전문기관의 경우에는 다음의 사항을 지켜야 한다.

- 학대받은 노인의 부양의무자 및 가족을 대상으로 정기적으로 가정상담 등의 프로그램을 실시하여야 한다.
- 노인학대행위자, 신고의무자, 지역주민 등을 대상으로 노인학대의 예방을 위한 교육을 실시하여야 한다.
- 학대받은 노인에게 필요한 지역사회의 보건복지서비스가 제공될 수 있도록 연계하거나 관련 정보를 제공하여야 한다.

(3) 노인보호전문기관의 사업

노인보호전문기관의 사업은 다음과 같다(노인복지법 제39조의5; 노인복지법 시행령 제20조의5; 노인복지법 시행규칙 제29조의14).

① 중앙노인보호전문기관의 사업

- 노인인권보호 관련 정책 제안
- 노인인권보호를 위한 연구 및 프로그램 개발

- 노인학대 예방의 홍보, 교육자료의 제작 및 보급
- 노인보호전문사업 관련 실적 취합, 관리 및 대외자료 제공
- 지역노인보호전문기관의 관리 및 업무 지원
- 지역노인보호전문기관 상담원의 심화교육
- 관련 기관 협력체계의 구축 및 교류
- 학대받은 노인의 단기보호
- 노인인권보호를 위하여 보건복지부장관이 위탁하는 사항

② 지역노인보호전문기관의 사업

- 노인학대 신고전화의 운영 및 사례접수
- 노인학대 의심사례에 대한 현장조사
- 피해노인 및 노인학대자에 대한 상담
- 피해노인가족 관련자와 관련 기관에 대한 상담
- 상담 및 서비스 제공에 따른 기록과 보관
- 일반인을 대상으로 한 노인학대 예방교육
- 노인학대행위자를 대상으로 한 재발방지 교육
- 피해노인을 일시적으로 보호하기 위한 시설의 운영
- 피해노인의 의료기관 치료의뢰 및 노인복지시설 입소의뢰
- 지역사회의 보건복지서비스가 피해노인 등에게 제공될 수 있도록 관련 기관과의 협력체계 구축
- 노인학대신고의무자 등에 대한 노인학대 예방교육 실시
- 노인학대 예방을 위한 홍보
- 노인학대 예방 및 방지 등을 위해 보건복지부장관 또는 시・도지사가 위탁한 사업의 수행

2) 제주지역의 실천현장 사례

① 제주특별자치도 노인보호전문기관

제주지역에는 지역노인보호전문기관으로 '제주특별자치도 노인보호전문기관' 1개소가 설치·운영되고 있다. 제주시 삼도2동(관덕로)에 위치한 제주특별자치도 노인보호전문기관은 2004년 12월 1일 '제주도노인학대예방센터'라는 이름으로 개소하였고, 2008년 1월 현재의 명칭으로 변경하였다.

이 기관은 학대받은 노인을 위한 전문적인 상담과 서비스를 제공하며, 교육 및 홍보를 통하여 노인학대를 예방하고, 노인학대에 대한 사회적 인식 확산을 위해 노력하며, 노인에 대한 부정적 인식을 개선하여 안전한 노후를 위한 지지적 환경을 조성하고, 노인에 대한 차별 해소와 권익 향상을 위한 제도 개선 등에 앞장서고 있다.

제주특별자치도 노인보호전문기관의 주요 사업으로는 다음 사항들을 꼽을 수 있다.

첫째, 노인학대상담사업이다. 노인학대 신고상담전화(1577-1389)를 24시간 운영하여 노인학대를 신고받고, 피학대노인과 학대행위자 및 가족과의 상담을 진행하여 문제해결에 적합한 사회복지서비스를 제공하고 있다. 또한 학대문제의 신속한 해결을 위해 지역사회 유관기관(관공서, 경찰, 기타 사회복지기관 등)과의 네트워크 구축에도 힘을 쏟고 있다.

둘째, 노인학대예방 교육 및 홍보사업이다. 노인학대를 예방하기 위해 제주도민(노인, 일반인, 시설종사자 및 사회복지 관련인 등)을 대상으로 노인학대예방교육을 실시하고 있으며, 노인에 대한 부정적 인식 개선과 노인인권보호, 노인자살예방 등을 위한 교육도 시행하고 있다. 텔레비전, 신문 등 다양한 매체를 활용하여 노인학대의 심각성을 알리고, 캠페인과 사진전, 전단지 배포 등 직접 활동을 통한 홍보도 실시하고 있다.

셋째, 노인일자리사업의 일환으로 '노인행복지킴이단'이 운영되고 있다. 노인행복지킴이단은 노인일자리 참여 어르신들로 구성된 팀이며, 노인학대를 예방하기 위해 교육과 홍보활동 등을 펼치고 있다.

넷째, 학대피해노인 전용쉼터를 운영하고 있다. 노인 전용쉼터는 학대 상황에서 일정 기간 보호하고 치유 프로그램과 전문상담을 통해 심리·정서적 안정을 지원하며, 학대피해노인의 원가정 및 사회복귀가 이루어질 수 있도록 학대행위자 및 가족 등에 대해 전문상담서비스를 제공함으로써 재학대 발생을 예방할 뿐만 아니라 원만하게 원가정으로 복귀할 수 있도롤 지원하는 일을 하고 있다(제주특별자치도 노인보호전문기관 홈페이지).

6. 노인일자리지원기관

노인일자리지원기관은 지역사회 등에서 노인일자리의 개발·지원, 창업·육성 및 노인에 의한 재화의 생산·판매 등을 직접 담당하는 기관이다. 국가 또는 지방자치단체는 노인일자리지원기관을 설치·운영하거나 그 운영의 전부 또는 일부를 법인·단체 등에 위탁할 수 있다. 노인일자리지원기관의 설치·운영 또는 위탁에 관하여 필요한 사항은 대통령령으로 정하고 있다(노인복시법 제23조의2).

2013년 12월 신설된 노인일자리지원기관의 시설 및 인력기준을 살펴보면 나음과 같디(노인복지법 시행규칙 세2조).

1) 시설기준

(1) 시설의 종류

- 사무실, 상담실 또는 교육실 : 1실 이상
- 노인일자리사업장(식료품 또는 공산품 등의 제조·판매나 서비스의 제공 등 해당 노인일자리 사업활동에 필요한 공간을 말한다) : 1개 이상

(2) 시설의 규모

사무실, 상담실 또는 교육실, 노인일자리사업장 시설의 면적을 합한 시설의 연면적이 100㎡ 이상이어야 한다.

2) 인력기준

(1) 인력배치 : 노인일자리지원기관의 장 1명과 상근하는 직원 4명 이상을 두어야 한다.

(2) 노인일자리지원기관의 장은 다음의 어느 하나에 해당하는 사람이어야 한다.

- 사회복지사 2급 이상의 자격증 소지자
- 사회복지사업에 5년 이상 종사한 경력이 있는 사람
- 중앙행정기관 및 지방자치단체나 중앙행정기관 및 지방자치단체로부터 관련 업무를 위탁받은 기관·단체가 취업을 지원하기 위하여 시행하는 일자리 사업에서 5년 이상 종사한 경력이 있는 사람

CHAPTER 6

장애인복지실천현장

1. 장애인 거주시설
2. 장애인 지역사회재활시설
3. 장애인 직업재활시설
4. 장애인 의료재활시설
5. 장애인 생산품판매시설

제6장 장애인복지실천현장

1. 장애인 거주시설

1) 이론적 및 법률적 논의

(1) 장애인 거주시설의 정의

장애인 거주시설은 거주공간을 활용하여 일반가정에서 생활하기 어려운 장애인에게 일정 기간 동안 거주·요양·지원 등의 서비스를 제공하는 동시에 지역사회생활을 지원하는 시설이다(장애인복지법 제58조).

장애인 거주시설에는 장애유형별 거주시설, 중증장애인 거주시설, 장애영유아 거주시설, 장애인 단기거주시설, 장애인 공동생활가정이 포함된다. 장애유형별 거주시설은 장애유형이 같거나 유사한 장애를 가진 사람들을 이용하게 하여 그들의 장애유형에 적합한 주거지원·일상생활 지원·지역사회생활 지원 등의 서비스를 제공하는 시설이다. 중증장애인 거주시설은 장애의 정도가 심하여 항상 도움이 필요한 장애인에게 주거지원·일상생활 지원·지역사회생활 지원·요양서비스를 제공하는 시설이다. 장애영유아 거주시설은 6세 미만의 장애영유아를 보호하고 재활에 필요한 주거지원·일상생활 지원·지역사회생활 지원·요양서비스를 제공하는 시설이다. 장애인 단기거주시설은 보호자의 일시적 부재 등으로 도움이 필요한 장애인에게 단기간 주거서비스, 일상생활지원서비스, 지역사회생활서비스를 제공하는 시설이다. 장애인 공동생활가정은 장애인들이 스스로 사회에 적응하기 위하여 전문인력의 지도를 받으며 공동으로 생활하는 지역사회 내의 소규모 주거시설이다(장애인복지법 시행규칙 제41조).

(2) 장애인 거주시설의 설치 및 운영

① 설치기준

장애인 거주시설을 포함하여 장애인복지시설에 공통적으로 적용되는 보편적인 설치기준을 살펴보면 다음과 같다.[1] 시설은 그 분포의 적정성과 보건·위생·급수·안전·환경 및 교통편의 등을 충분히 고려하여 장애인이 쉽게 접근하고 편리하게 이용할 수 있는 쾌적한 환경을 갖춘 부지를 선정하여야 한다. 상시 10명 이상 30명 이하가 생활할 수 있는 시설을 갖추어야 한다. 다만, 시설 종류별 개별기준에서 10명 미만의 소규모 시설을 따로 정하고 있는 경우와 장애인이 상시 생활하지 아니하는 시설은 예외로 한다. 시설의 구조와 설비는 그 시설을 이용하는 장애인의 장애유형별·성별·연령별 특성에 맞도록 하여야 한다. 다만, 6세 미만의 장애영유아를 위한 시설은 이 기준에 따른 구조 및 설비 외에 아동복지법에 따른 아동복지시설 중 영아시설에 준하는 설비를 따로 갖추어야 한다. 시설에는 장애인·노인·임산부 등의 편의증진에 관한 법령에 따른 편의시설을 갖추어야 한다.[2]

② 운영기준

장애인 거주시설을 포함한 장애인복지시설에 공통적으로 적용되는 시설 운영의 기준은 다음과 같다(장애인복지법 시행규칙 제41조·제42조).[3]

가. 시설거주자 또는 이용자의 요건

가) 국민기초생활보장법에 따른 국민기초생활보장수급자로서 장애인복

---

1) 장애인 공동생활가정은 적용되지 않으며, 장애인 거주시설 중 단기거주시설, 장애인 지역사회재활시설 중 장애인 주간보호시설, 장애인 체육시설, 장애인 수련시설, 장애인 생활이동지원센터, 수화통역센터, 점자도서관, 점자도서와 녹음서 출판시설, 장애인 재활치료시설, 장애인 직업재활시설 및 장애인 생산품판매시설의 경우에는 예외일 수 있다(장애인복지법 시행규칙 제41조·제42조).

2) 시설 종류별 설비기준, 관리 및 운영 요원의 배치기준, 관리 및 운영 요원의 자격기준 등 구체적 사항에 대해서는 장애인복지법 시행규칙 제41조 및 제42조 관련 별표 5를 참조할 것.

3) 장애인 지역사회재활시설 중 장애인 재활치료시설 및 장애인 직업재활시설은 제외한다.

지법 제2조에 따른 장애인이어야 한다.

나) 국민기초생활보장법에 따른 국민기초생활보장수급자가 아닌 경우에는 장애인복지법 제2조에 따른 장애인으로서 부양의무자가 없거나, 부양의무자가 있어도 부양능력이 없거나 부양을 받을 수 없는 자이어야 한다.

다) 입소 또는 이용 시설은 장애유형·장애 정도 및 연령 등을 고려하여 결정되어야 한다.

나. 건강관리

가) 장애인 거주시설에는 시설거주자의 건강을 관리할 책임자를 두고 의사·간호사나 그 밖의 자격이 있는 자가 항상 그 임무를 수행할 수 있다.

나) 의사는 전담의사 또는 시간제로 계약한 의사로 한다.

다) 거주시설을 이용하는 자에 대하여는 건강진단을 하여야 한다.

라) 거주시설의 시설거주자 및 직원에 대하여는 연 1회 이상의 건강진단을 하여야 한다. 다만, 건강진단 결과 건강이 좋지 아니한 자에 대하여는 그 치료를 위하여 필요한 소치를 하여야 한다.

마) 시설거주자 또는 이용자에 대하여 그 건강상태에 따라 적절한 훈련과 휴식을 하도록 하여야 한다.

바) 시설거주자 또는 이용자의 생활환경을 항상 청결히게 하고 그 위생관리에 유의하여야 한다.

다. 급식

거주시설의 장은 시설거주자가 필요한 영양을 섭취할 수 있도록 영양사가 작성한 식단에 따라 급식을 하여야 한다.

라. 생활지도

가) 시설거주자 또는 이용자가 자유롭게 이용할 수 있도록 신문·잡지·라디오·도서(특히 시각장애인 거주시설에는 점자도서 등)를 갖추어 두고, 이들이 사회에 적응할 수 있도록 지도하여야 한다.

나) 시설거주자 또는 이용자의 정서 함양을 위한 프로그램을 지속적으로 개발하여 실시하고 적절한 오락용품도 갖추어 시설거주자 등의 재활에 도움이 되도록 지도하여야 한다.

마. 관리규정

시설의 운영방침, 직제·정원 및 직원 업무분장, 시설거주(이용)자의 처우요령, 시설거주(이용)자의 생활수칙, 재활 프로그램의 내용, 시설 이용 장애인 인권지킴이단 운영, 그 밖에 시설의 관리에 관한 중요한 사항에 대한 규정을 제정·시행하여 시설을 적정하게 운영하도록 하여야 한다.

바. 장부 등의 비치

시설에는 관리에 관한 장부, 사업에 관한 장부, 재무·회계에 관한 장부 및 서류를 갖추어야 한다.[4)]

사. 장애인 거주시설의 거주자

가) 시설의 장은 시설거주자의 거실마다 또는 시설거주자의 거실이 있는 건물마다 사회재활교사나 그 밖의 필요한 직원 중 1명을 시설거주자와 함께 기거하게 하여야 한다.

나) 시설에는 시설거주자 외에 시설의 장 및 직원과 그 가족이 아닌 자는 거주하지 못한다.

---

4) 장부 및 서류의 구체적 사항에 대해서는 장애인복지법 시행규칙 제41조 및 제42조 관련 별표 5를 참조할 것.

아. 시설의 개방 운영 및 장애인의 인권 보호

가) 시설 운영위원회에 주민의 참여를 유도하고, 시설의 기자재와 설비 등을 지역사회에 최대한 개방함으로써 지역사회와의 연계를 활성화하고, 지역사회 주민이 시설의 기능과 사업에 대하여도 충분히 이해할 수 있도록 하여야 한다.

나) 시설거주자의 인권을 보호하고 그들이 지역사회와의 원활한 관계를 정립·유지할 수 있도록 시설거주자들이 원하는 지역사회활동에 자유롭게 참여할 수 있는 기회를 보장하여야 한다.

다) 거주시설에서 거주하고 있는 이용자의 인권을 보호하기 위하여 거주시설 내에 시설 이용 장애인 인권지킴이단을 다음과 같이 구성·운영하여 시설이용자의 인권보호체계를 강화하여야 한다.

(가) 구성

시설이용자 및 보호자, 시설의 종사자, 외부 인권전문가 또는 지역주민 등으로 구성한다.

(나) 운영

시설 이용 장애인의 인권침해에 대한 모니터링 등 예방활동과 인권점검 및 조사활동 등 시설 이용 장애인 인권지킴이단의 구체적 운영에 관한 사항은 보건복지부장관이 정한다.

(3) 장애인 거주시설의 사업

시설은 시설거주자 또는 이용자가 스스로 장애를 극복하고 지장 없이 사회경제활동에 참여하도록 하기 위하여 필요한 교육적·심리적 및 직능적 훈련을 실시하여야 한다. 재활훈련은 장애인의 유형별·연령별 특성에 따라 계획을 세워야 한다. 재활훈련은 시설 안에서 하는 것을 원칙으로 하되,

훈련효과를 높이기 위하여 필요한 경우에 사업장이나 그 밖의 시설 외의 훈련기관에 의뢰하여 할 수 있다. 시설의 종류별로 다음의 기준에 따라 재활사업을 실시하여야 한다(장애인복지법 시행규칙 제41조 · 제42조).

① 지체장애인 · 뇌병변장애인을 위한 시설

가. 의학적 진단 및 재활치료

거주시설 이용 장애인의 장애유형, 연령 등을 고려하여 지역사회 관련시설을 통해 의학적 진단 및 재활치료가 제공될 수 있도록 노력하여야 한다.

나. 심리 · 사회적 재활

심리 · 사회적 재활은 다음의 방법으로 실시하여야 한다. 이 경우 시설거주자의 심리적 특성을 정확히 진단하여 각 개인에게 알맞은 적절한 조치와 시기를 놓치지 아니하도록 하여야 한다.

가) 심리 · 사회적 진단

심리 · 사회적 진단은 각종 검사의 방법으로 실시하고 생활력에 대한 관찰 및 연구도 병행하여야 한다. 재활치료가 인격형성에 미칠 영향을 고려하여 지도방침을 결정하여야 한다.

나) 심리 · 사회적 재활조치

집단지도로서 연극 · 레크리에이션, 각종 그룹활동 및 토론 등을 실시한다. 개별지도로서 심리요법적 상담지도를 할 때에는 그 심리적 재활효과를 크게 하기 위하여 의학적 처치, 기능회복훈련 등 재활지도와 관련하여 적절한 시기에 실시하도록 유의하여야 한다.

다. 직업재활

직업훈련은 장애인의 장애유형별 특성을 고려하여 다음 사항에 유의하여 실시하여야 한다.

- 시설거주자의 적성에 따라 준비훈련 및 응용훈련을 나누어 실시한다.
- 직업훈련을 통하여 장애를 극복하고 근로활동을 할 수 있도록 지도한다.
- 훈련과목은 시설의 작업환경, 지역 특성 등을 고려하여 선택하되, 장애인의 희망, 적성, 경험 등을 종합적으로 고려하여 그 장애인에게 가장 적합한 과목을 선정하여 시행하여야 한다.

라. 교육재활

교육재활은 해당 장애인의 연령과 특성에 따라 「장애인 등에 대한 특수교육법」에 따른 교육기회가 제공될 수 있도록 이루어져야 한다.

② 시각장애인을 위한 시설

가. 의학적 진단 및 재활치료

거주시설 이용 장애인의 장애유형, 연령 등을 고려하여 지역사회 관련시설을 통해 의학적 진단 및 재활치료가 제공될 수 있도록 노력하여야 한다.

나. 심리 · 사회적 재활

지체장애인 거주시설에서 하는 심리 · 사회적 재활에 준하여 실시하여야 한다.

다. 직업재활

시각장애인에게 적합한 과목의 직업훈련을 하도록 노력하고 다음의 준비훈련 및 기본 훈련을 실시하여야 한다.

가) 생활훈련

시설거주자의 일상생활에 필요한 여러 가지 동작이 숙달되도록 지도하여야 한다.

나) 보행훈련

시각장애인의 안전보행에 필요한 훈련을 실시하여야 한다.

다) 의사소통훈련

점자, 통신, 컴퓨터 등 의사소통훈련을 실시하여야 한다.

라) CCTV 사용훈련

저시력자의 시력활용 증진에 관한 훈련 및 보조기기 활용에 관한 훈련을 실시하여야 한다.

③ 청각장애인 · 언어장애인을 위한 시설

가. 의학적 진단 및 재활치료

거주시설 이용 장애인의 장애유형, 연령 등을 고려하여 지역사회 관련시설을 통해 의학적 진단 및 재활치료가 제공될 수 있도록 노력하여야 한다.

나. 청력검사 및 어음명료도 검사

청력검사는 주로 순음청력검사에 의하여 하되, 난청의 종류 · 청력손실 · 연령 등에 따라 타각적 청력검사 · 어음명료도 검사 등도 함께 할 수 있다.[5] 또한 청력검사는 청능훈련 및 독화훈련 중에도 정기적으로 하도록 한다.

---

5) 타각적 청력검사(他覺的 聽力檢査, objective audiometry)란 피검사자의 의지의 개입을 필요로 하지 않는 검사법을 말한다. 유발반응청력검사, 피부전기반응청력검사 등이 있다(대한간호학회, 1996).

다. 청각훈련

가) 보청기 사용훈련

보청기 사용훈련은 보청기의 일일 사용시간을 점진적으로 증가시키는 방법으로 실시하여야 한다. 다만, 보청기의 검사 및 선정은 다음의 방법으로 한다. 보청기 검사는 그 출력·감도·주파수의 특성·음량압축·내구력 등 그 성능에 관하여 상세히 하여야 한다. 보청기 선정은 청력측정 및 어음명료도 검사 등으로 청력장애의 상태를 정확히 파악하고 각종 보청기를 착용하여 어음명료도 및 어음쾌적도 검사를 한 후 장애인에게 가장 적합한 것을 선정하여야 한다.

나) 청능훈련

청능훈련은 남아 있는 청력을 훈련하여 건청인과의 의사소통이 가능하거나 쉽게 되도록 하는 것을 목적으로 청능훈련기자재 등을 이용하여 음성 및 언어에 따라 판별능력을 훈련함과 동시에 도로·집회장 등 소음이 많은 장소에서의 훈련도 실시하여야 한다.

다) 독화훈련

독화훈련은 청각을 내신하여 회화의 이해를 쉽게 하는 것으로 청능훈련과 함께 실시하여야 한다.

라) 운동기능훈련

평행기능장애를 가진 자에 대하여는 그 장애의 원인 및 종류에 따라 운동기능훈련을 실시하여야 한다.

라. 음성 · 언어기능 재활훈련

시각적 방법 · 촉각적 방법 등과 특수한 기계장치 활용에 의한 언어기능 재활훈련을 실시하되, 청능훈련 및 독화훈련과 관련시켜 실시하여야 한다.

마. 심리 · 사회적 재활

지체장애인 거주시설에서 하는 심리 · 사회적 재활에 준하여 실시하여야 한다.

바. 직업재활

직업훈련은 다음 사항에 유의하여 실시하여야 한다. 보청기 등의 활용으로 직업 적응이 쉽도록 지도하여야 한다. 시설거주자의 재활 · 자립에 필요한 기술을 습득시킴과 아울러 건청인과의 의사소통 방법 등 사회적 개발에 특별히 유의하여야 한다. 직업훈련과목은 그 지역의 실정과 시설거주자의 특성을 충분히 고려하여 직종을 광범위하게 선정하도록 노력하여야 한다.

④ 지적장애인 및 자폐성장애인을 위한 시설

가. 생활지도

시설거주자가 일상생활에서 좋은 습관을 가지고 사회생활에 대한 적응을 쉽게 하도록 모든 기회를 통하여 생활지도를 하여야 한다.

나. 작업지도

필요한 경우 시설거주자가 자립하여 사회생활을 할 수 있도록 작업지도를 하되, 1일 8시간, 1주당 44시간을 초과하여서는 아니 된다.

다. 심리 · 사회적 재활 및 의료적 재활

지적장애인 또는 자폐성장애인의 정신적 · 신체적 특수성을 고려하여 심리 · 사회적 및 의료적 재활사업에 특히 유의하여야 한다.

가) 심리 · 사회적 진단

심리 · 사회적 진단은 각종 검사의 방법으로 실시하고 생활력에 대한 관찰 및 연구도 병행된다. 재활치료가 인격형성에 미칠 영향을 고려하여 지도방침을 결정하여야 한다.

나) 심리 · 사회적 재활조치

지체장애인 거주시설에서 하는 심리 · 사회적 재활에 준하여 실시하되, 특히 지적장애인 또는 자폐성장애인의 정신적 · 신체적 특수성이 고려되어야 한다.

라. 직업생활 지도

시설거주자가 직업생활에 잘 적응할 수 있도록 모든 기회를 통하여 직업생활 지도를 하여야 한다.

⑤ 중증장애인 거주시설

가. 보호조치

시설에 응급조치 및 후송체계를 갖추어 중증장애인의 응급상황에 적절히 대처할 수 있어야 하며, 신체적 손상과 감염을 예방하기 위하여 격리보호실을 활용하는 등 특별 관리하여야 한다. 시설거주자의 개인별 장애상태와 특성을 파악하여 그 정도에 알맞은 개별 프로그램이 실시되어야 한다. 입소장애인의 사생활을 보장할 수 있도록 집단보호와 함께 개별보호 프로그램이 실시되어야 하며, 시설거주자의 의견을 최대한 반영함으로써 시설거주자의 권익이 부당하게 침해되는 일이 없도록 하여야 한다.

나. 의학적 진단 및 재활

거주시설 이용 장애인의 장애유형, 연령 등을 고려하여 지역사회 관련시설을 통해 다음의 사항이 제공될 수 있도록 노력하여야 한다.

- 남아 있는 기능의 퇴화 방지와 기능 향상을 위한 치료(재활의학치료, 소아과치료, 물리치료, 언어치료, 작업치료 등)사업
- 건강한 삶을 누릴 수 있도록 질병에 대한 예방 및 치료 사업
- 특수 보장구를 이용하여 대체기능을 개발하고 활용할 수 있게 하는 사업

다. 생활지도

일상생활에 필요한 동작훈련, 감각훈련 등 정서 안정 및 자립생활을 위한 기초생활지도사업이 실시되어야 한다. 전인적 생활을 해나갈 수 있도록 사회적응훈련이 실시되어야 한다. 일상생활에서 좋은 습관을 형성하고 다양한 경험과 정서적 안정을 꾀할 수 있도록 생활지도사업이 실시되어야 한다. 시설거주자 및 보호자 가족의 심리·사회재활을 위한 상담활동사업이 실시되어야 한다.

라. 특수교육

유치원 입학연령에 해당하는 유아 및 초등학교·중학교·고등학교 과정의 학령기에 해당하는 자는 전원 「장애인 등에 대한 특수교육법」에 따른 교육기회가 제공되어야 한다.

마. 다른 시설로의 이동

시설거주자 중 남아 있는 능력이 향상되어 재활의 가능성이 있으면 그에 적합한 다른 시설로 옮기는 등 필요한 조치를 하여야 한다.

⑥ 장애영유아 거주시설

가. 보호조치

시설에 응급조치 및 후송체계를 갖추어 장애영유아의 응급상황에 적절히 대처할 수 있어야 하며, 신체적 손상과 감염을 예방하기 위하여 격리보호실을 활용하는 등 특별관리하여야 한다. 시설거주자의 개인별 장애상태와 특성을 파악하여 그 정도에 알맞은 개별 프로그램이 실시되어야 한다.

나. 재활 및 생활지도

중증장애인 거주시설에서 하는 재활 및 생활지도에 준하여 실시하여야 한다.

다. 조기 특수교육

조기 특수교육이 필요하다고 인정되는 3세 미만의 영유아에 대하여는 조기 특수교육사업이 전개되도록 하여야 한다.

라. 다른 시설로의 이동

장애영유아의 남아 있는 능력이 향상되어 재활의 가능성이 있는 경우, 또는 유아기가 지나 7세 이상이 된 경우에는 장애유형에 알맞은 다른 거주시설로 옮기는 등 필요한 조치를 하여야 한다.

⑦ 장애인 단기거주시설

이용자의 장애유형, 연령 등을 고려하여 계약된 기간 동안 거주 및 생활지원서비스를 제공하고, 재활치료, 교육재활, 의료재활, 심리・사회적 재활 등의 서비스는 지역사회 관련시설을 이용하여 제공될 수 있도록 노력하여야 한다.

⑧ 장애인 공동생활가정

시설 이용 장애인들이 자립할 수 있도록 일상생활, 사회활동, 직업활동 등 다음의 사항을 지원한다.

- 일상생활 지원 : 시설 이용 장애인이 스스로 신변처리가 가능하도록 개인위생 관리, 건강관리, 식생활 관리, 가사관리, 지역사회 체험기회 제공 등이 가능하도록 지원하여야 한다.
- 사회적응 : 시설 이용 장애인의 지역사회 적응을 위해 사회편의시설, 대중교통수단 활용 및 체험교육 등 필요한 활동을 지원하여야 한다.
- 직업생활 지원 : 시설 이용 장애인의 취업알선 및 교육 등을 실시하여야 한다.
- 그 밖의 자립지원 : 그 밖에 자립을 위하여 필요한 다양한 지원을 실시하도록 노력하여야 한다.

2) 제주지역의 실천현장 사례

(1) 장애인 거주시설 현황

① 장애인 거주시설

〈표 6-1〉 장애인 거주시설 현황 (2014년 1월 기준, 단위 : 명)

시설명	설립일	시설규모(㎡)	거주인원		종사자 수	
		건 물	정 원	현 원	정 원	현 원
계			496	474	303	296
아가의집	88. 2. 2.	1,358	40	40	25	24
송죽원	01. 3. 10.	1,164	50	50	31	29
제주장애인요양원	02. 3. 18.	732	40	40	28	29
제주애덕의집	03. 3. 14.	1,926	50	50	32	32
가롤로의집	05. 1. 19.	1,350	36	31	18	15
창암재활원	05. 3. 7.	2,447	50	50	32	35
서귀포작은예수의집	05. 7. 29.	610	16	12	8	8
정혜재활원	05. 11. 29.	7,190	54	54	28	28
사랑의십	06. 2. 2.	1,847	40	37	27	26
벧 엘	06. 3. 31.	1,908	50	42	25	21
케어하우스	07. 3. 28.	917	30	30	23	23
자광원	09. 12. 23.	3,888	40	38	26	26

출처 : 제주특별자치도(2014a).

2014년 1월 기준 장애유형별 거주시설, 중증장애인 거주시설, 장애영유아 거주시설을 포괄하는 장애인 거주시설은 1988년 2월 설립된 아가의집을 비롯하여 총 12개소이다. 거주인원 총계는 정원 496명, 현원 474명이고, 종사자 수는 정원 303명, 현원 296명이다.

② 장애인 단기거주시설

장애인 단기거주시설은 유진단기거주시설, 여성장애인단기보호시설, 하나원, 믿음의집 총 4개소가 설립되어 운영되고 있다. 거주인원은 총계 정원 54명, 현원 48명이며, 종사자 수는 정원 12명, 현원 10명이다.

〈표 6-2〉 장애인 단기거주시설 현황

(2014년 1월 기준, 단위 : 명)

시설명	설립일	시설규모(㎡)		거주인원		종사자 수	
		건 물	부 지	정 원	현 원	정 원	현 원
계				54	48	12	10
유진단기거주시설	04. 5. 11.	132	666	10	10	4	4
여성장애인단기보호시설	00. 6. 5.	429	6,600	20	17	4	4
하나원	09. 11. 5.	197	790	10	10	4	4
믿음의집	05. 3. 21.	280	2,937	9	10	4	2

출처 : 제주특별자치도(2014a).

③ 장애인 공동생활가정

장애인 공동생활가정은 1998년 3월 설립한 제주시공동생활가정(여)을 비롯하여 총 11개소가 운영되고 있다. 거주인원은 총계 정원 52명, 현원 44명이고 종사자 수는 정원 11명, 현원 12명이다.

〈표 6-3〉 장애인 공동생활가정 현황 (2014년 1월 기준, 단위 : 명)

시설명	설립일	시설규모(㎡)		거주인원		종사자 수	
		건 물	부 지	정 원	현 원	정 원	현 원
계				52	44	11	12
제주시공동생활가정(여)	98. 3. 25.	79	임대	5	5	1	1
제주시공동생활가정(남)	99. 7. 16.	98	임대	5	4	1	1
제주작은예수의집	05. 7. 29.	95	278	9	8	1	1
한림소망의집공동생활가정(여)	99. 5. 27.	105	임대	5	3	1	1
남성중증자립생활센터	11. 4. 6.	111	임대	4	3	1	1
여성중증자립생활센터	11. 4. 6.	49	임대	4	1	1	1
글라라의집	11. 4. 8.	66		4	4	1	1
만나의집	11. 4. 8.	66		4	4	1	1
공동생활가정우리집	04. 4. 6.	56		6	6	1	1
공동생활가정행복이네	09. 10. 23.	123	임대	5	5	1	1
공동생활가정행복둥지(여)	09. 10. 22.	96	연립주택	4	4	1	1

출처 : 제주특별자치도(2014a).

아래에서는 장애인 거주시설 가운데 최근 언론에 보도된 사례를 중심으로 하여 살펴보고자 한다.

(2) 아가의집

사회복지법인 혜정원이 운영하는 아가의집이 문을 연 것은 1988년 5월 19일, 재일교포 3세인 김혜정이 젊은 시절에 일본에서 마케팅 관련 회사를 운영하며 번 돈을 가지고 자신의 할머니 고향인 제주에 들어와 설립한 제주지역 최초의 장애인 거주시설이다. 아가의집은 제주시 조천읍 함덕리에 위치하고 있으며, 지적·자폐성장애인의 일상적인 보호기능은 물론 재활치료와 직업교육을 통해 장애인 스스로 일상생활에 잘 적응하고 자립할 수 있는 능력을 키워주는 것을 목적으로 하고 있다.

2014년 1월 기준, 아가의집 입소자는 40명, 연령대별로는 20대가 가장 많다. 개원 이후 2006년까지는 만 18세 미만 장애아동만 입소가 가능했지만, 그 후 나이 제한을 만 64세까지 대폭 완화했다. 이곳에서 생활하던 장애인들이 18세가 되면 마땅히 갈 곳이 없는 현실을 고려해 입소규정을 개정한 것이다.

대부분 지적·자폐성 장애를 가진 입소자들은 엄마의 품처럼 따뜻한 이곳에서 맞춤형 교육을 받으며 재활의지를 다지고 자립심을 키우고 있다. 언어·인지·미술치료, 직업훈련, 정보화교육을 비롯해 스스로 용돈을 관리해 필요한 물품을 구입하고 기본적인 경제활동을 할 수 있도록 용돈 및 금전 관리교육도 이루어진다.

아가의집은 1990년 3월 제주영지학교 부설 특수학급을 인가받은 뒤 2012년 2월까지 20여 년간 운영해 왔다. 2000년 12월에는 장애인직업재활시설을 별도로 설립해 30명의 장애인들에게 직업을 통한 재활의지를 심어주고 있다. 도자기, 공예품, 상패, 현수막 등을 만들어 판매하고 있다(제주사회복지신문, 2013. 5. 2). 최근 언론에 보도된 아가의집 프로그램을 소개하면 다음과 같다.

'사진으로 보는 아름다운 세상'

혜정원 아가의집은 제주특별자치도사회복지공동모금회의 지원을 받아 '사진으로 보는 아름다운 세상' 프로그램을 운영하고 있다. 아가의집은 디지털카메라라는 누구나 쉽게 접근할 수 있는 문화이자 변화의 매개체이며, 사진을 통해 보이는 의미가 각자의 세계관을 표현할 수 있다는 것에 착안, 지적장애인 원생들에게 사진촬영을 가르치게 되었다.

> 아가의집 원생 10여 명은 수시로 카메라 이론 및 실습 교육을 받았고, 매월 1회씩 사진전문가와 동호회원 등으로 구성된 자원봉사단과 함께 일대일 방식으로 현장서 사진촬영 교육을 받으면서 실력을 쌓았다. 또한 자신이 찍은 사진들을 동료들에게 설명하고, 동료의 사진작품에 대한 느낌을 나누면서 자아존중감도 향상시키고 있다.
>
> 특히 아가의집은 원생들이 10개월간 제주시 민속오일시장, 한림공원, 성읍민속마을, 절물휴양림, 용눈이오름 등 제주의 곳곳을 훑으며 자신만의 시각으로 담은 사진작품으로 전시회를 개최하기도 했다.
>
> 출처 : 제민일보(2013. 12. 26).

(3) 창암재활원

중증장애인요양시설인 창암재활원은 장애인의 기초생활능력과 사회·심리적 환경 개선 및 의료·재활서비스, 장애인 인식에 대한 사회환경 개선 노력 등을 통해 장애인들의 재활의지와 자립의지를 높여 자립생활을 실현하기 위해 2005년 3월 문을 열었다. 창암재활원은 그룹홈 형태의 5개의 유니트로 나뉘어 중증장애아동 50명과 사회복지사, 간호사, 영양사 등 전문인력 30여 명이 함께 생활하고 있다. 장애아동들은 특수학교인 제주영송학교, 제주영지학교, 장애전담어린이집, 유신어린이집 등에 다니고 있다.

창암재활원에서는 기초자립시비스, 여가활동지도, 방학지원 프로그램 등의 생활재활 프로그램을 비롯해 교육재활 및 사회적응훈련과 개발능력을 향상시키기 위한 사회·개인별 재활 프로그램, 의료재활, 물리치료, 건강검진 및 각종 재활치료 등의 의료·교육재활 프로그램이 체계적으로 운영되고 있다. 면역력이 약한 중증장애아동들이어서 감기나 폐렴 등이 잦아 수시로 병원을 드나들어야 하고, 아동들의 재활·물리치료를 의료재활팀에서만 담당하는 데 어려움이 있어 제주춘강의원에서 재활치료를 병행하고 있다. 또한 보건복지부의 기능보강사업으로 체육관을 지어 전시실 및 치료실, 강당, 세미나실로 꾸며 주로 방 안에서만 생활하는 중증장애아동들이 바깥생활을 경험할 수 있도록 활용하고 있다. 이 밖에도 제주특별자치도 농업기술원이 제공한 화원에서 원예치료를 시행하고, 창암재활원 내 2만여 평에 조성된 산책로를 반반하고 고르게 만든 뒤 파고라 등 부대시설을 갖춘 소공원을 조성해 제주지역 내 장애가족들이 마음 놓고 이용하고 편안하게 쉴 수 있는 공간을 제공하고 있다(제주사회복지신문, 2009. 3. 2). 최근 신문지상에 보도된 특색 프로그램을 소개하면 다음과 같다.

'Dream Road 가족과 함께 올레?'

장애인을 자녀로 둔 가정 대부분은 맞벌이를 하면서 자녀들과 함께하는 시간이 많이 부족하다. 또 장애가족들이 함께할 수 있는 행사나 프로그램 또한 거의 없다. 따라서 장애인가족 프로그램을 진행하지 않으면 함께 즐기고 가족애를 느끼기 힘든 현실이다.

창암재활원은 중증장애인들에게 가족과 함께하는 여가생활을 제공하기 위해 제주특별자치도사회복지공동모금회 지원을 받아 올레트레킹 프로그램인 'Dream Road 가족과 함께 올레?' 프로그램을 진행하였다. 창암재활원은 장애아동들이 스트레스로 인해 물건 소유에 집착하거나 방 안에 홀로 있으려 하는 등 우울한 감정을 드러내지만 자원봉사자들과 야외활동 등을 통해 좋아지는 모습을 보고, 올레트레킹 프로그램을 준비하게 되었다.

창암재활원 장애아동들은 2013년 4월 올레 10코스 송악산 인근을 시작으로 올레 17코스(도두봉 인근), 올레 6코스(천지연폭포 인근), 올레 12코스(수월봉 인근), 올레 8코스(천제연폭포 인근), 올레 15코스(과물해변 및 한담해변 인근) 등을 가족과 함께 걸었다. 장애아동들은 비록 쉬운 코스는 아니지만 부모의 손을 잡고 불편한 몸을 이끌고 완주하기 위해 최선을 다했고, 자신이 겪는 장애를 가족의 힘으로 극복할 수 있다는 희망을 가지게 되었다. 또한 야외활동을 통해 답답함과 스트레스를 날려버리고 새로운 활력을 얻었다.

출처 : 제민일보(2013. 12. 27).

(4) 정혜재활원

서귀포시 토평동에 위치한 정혜재활원은 2005년 11월 설립되었고, 지적장애와 중복장애로 인한 어려움을 꾸준한 일상생활훈련과 재활서비스를 통해 장애인들의 재활의지 및 자립심을 고취시킴으로써 사회복귀 실현과 장애인들의 권익을 옹호하고 지역사회의 복지 증진에 기여하고 있다. 거주인원은 정원 54명, 현원 54명이며, 사회복지사, 간호사, 물리치료사 등 28명의 전문인력이 일상생활 지원, 사회재활 지원, 특수교육 지원, 자립생활 지원, 직업재활 지원, 재활치료서비스를 제공하고 있다(제주특별자치도사회복지협의회, 2011 : 215). 최근 신문지상에 보도된 정혜재활원의 특색 프로그램을 소개하면 다음과 같다.

'음악아 놀자'

정혜재활원은 제주특별자치도사회복지공동모금회 지원으로 지적장애인의 잠재된 음악적 자기표현력 향상을 위한 음악동아리 프로그램인 '음악아 놀자'를 운영하고 있다. '음악아 놀자'는 매주 중창 연습 등을 하여 노래를 통해 지적장애인에게 자아존중감을 향상시키고, 일상생활에서 활력을 얻을 수 있도록 하기 위한 것이다.

정혜재활원은 지적장애인이 음악 프로그램을 좋아하는 것을 감안해 단순하게 음익을 틀어 따라 부르고 춤추는 프로그램이 아닌, 중창단을 결성해 지적장애인에게 사회성을 키워주고 있다. 정혜재활원은 음악 프로그램 사업을 실시하기 전과 사업 이후 자체조사 · 분석을 통해 지적장애인은 노래를 통해 사회성과 자존감 회복은 물론 공격적인 성향이 줄어드는 것으로 파악하고 있다. '음악아 놀자' 프로그램을 통해 비장애인인 자원봉사자들과 함께 노래를 익히는 과정에서 사회성 등을 배우고 있고, 다른 한편으로 자원봉사자들은 지적장애인들과 같이 노래를 부르며 즐거운 시간을 보내는 과정에서 조금씩 장애의 벽이 허물어지는 것을 몸으로 체험하고 있다.

출처 : 제민일보(2013. 3. 30).

2. 장애인 지역사회재활시설

1) 이론적 및 법률적 논의

(1) 장애인 지역사회재활시설의 정의

장애인 지역사회재활시설은 장애인을 전문적으로 상담·치료·훈련하거나 장애인의 일상생활, 여가활동 및 사회참여활동 등을 지원하는 시설이다(장애인복지법 제58조). 장애인 지역사회재활시설의 종류로는 장애인복지관, 장애인 주간보호시설, 장애인 체육시설, 장애인 수련시설, 장애인 생활이동지원센터, 수화통역센터, 점자도서관, 점자도서 및 녹음서 출판시설, 장애인 재활치료시설이 있다.

장애인복지관은 장애인에 대한 각종 상담 및 사회심리·교육·직업·의료재활 등 장애인의 지역사회생활에 필요한 종합적인 재활서비스를 제공하고 장애에 대한 사회적 인식 개선 사업을 수행하는 시설이다. 장애인 주간보호시설은 장애인을 주간에 일시 보호하여 장애인에게 필요한 재활서비스를 제공하는 시설이다. 장애인 체육시설은 장애인의 체력증진 또는 신체 기능 회복활동을 지원하고 이와 관련된 편의를 제공하는 시설이다. 장애인 생활이동지원센터는 이동에 상당한 제약이 있는 장애인에게 차량 운행을 통한 직장 출퇴근 및 외출 보조나 그 밖의 이동서비스를 제공하는 시설이다. 수화통역센터는 의사소통에 지장이 있는 청각·언어장애인에게 수화통역 및 상담서비스를 제공하는 시설이다. 점자도서관은 시각장애인에게 점자간행물 및 녹음서를 열람하게 하는 시설이다. 점자도서 및 녹음서 출판시설은 시각장애인을 위한 점자간행물 및 녹음서를 출판하는 시설이다. 장애인 재활치료시설은 장애아동을 포함한 장애인에게 언어·미술·음악 등 재활치료에 필요한 치료, 상담, 훈련 등의 서비스를 제공하고 서비스를 이용한 자로부터 비용을 수납하여 운영하는 시설이다(장애인복지법 시행규칙 제41조).

(2) 장애인 지역사회재활시설의 설치 및 운영

① 설치기준

장애인 지역사회재활시설의 설치기준은 장애인복지시설에 공통적으로 적용되는 보편적인 설치기준에 준한다.[6] 다만, 장애인 지역사회재활시설 중 장애인 주간보호시설, 장애인 체육시설, 장애인 수련시설, 장애인 생활이동지원센터, 수화통역센터, 점자도서관, 점자도서와 녹음서 출판시설, 장애인 재활치료시설, 장애인 직업재활시설 및 장애인 생산품판매시설의 경우에는 장애인·노인·임산부 등의 편의증진 보장에 관한 법령에 따른 편의시설과 시설별 설비기준을 갖추면 된다(장애인복지법 시행규칙 제41조·제42조).[7]

장애인 지역사회재활시설 중 장애인 재활치료시설은 설치기준을 별도로 정하고 있다. 사무실과 16.5㎡ 이상 면적의 치료(상담)실 등을 갖추어야 하고, 치료(상담)실은 언어치료·미술치료·놀이치료 등 전문적인 치료를 위하여 적합한 구조와 필요한 설비를 갖추어야 한다.[8]

② 운영기준

장애인 지역사회재활시설의 운영기준은 장애인복지시설에 공통적으로 적용되는 보편적인 운영기준에 준한다.[9] 다만, 장애인 재활치료시설은 운영기준을 별도로 정하고 있다.

장애인 재활치료시설장은 조직·인사·급여·회계·물품 그 밖에 운영에 필요한 규정을 제정·시행하여야 한다. 장애인 재활치료시설에는 시설의 연혁에 관한 기록부, 시설장 및 재활치료사의 인사카드, 치료사 관계서류(계약서, 치료사 명부, 자격증 등), 서비스 제공 관련철(제공계획, 일정표, 상담기록

6) 장애인 거주시설의 설치기준을 참조할 것.

7) 장애인 지역사회재활시설의 종류별 설비기준은 장애인복지법 시행규칙 제41조 및 제42조 관련 별표 5를 참조할 것.

8) 장애인 재활치료시설의 직원배치기준과 관리 및 운영요원의 자격기준에 대해서는 장애인복지법 시행규칙 제41조 및 제42조 관련 별표 5를 참조할 것.

9) 장애인 거주시설의 운영기준을 참조할 것.

철 등), 서비스 모니터링 및 평가철 등, 예산서 및 결산서, 금전 및 물품의 출납부와 그 증빙서류, 4대보험 가입철, 결제영수증 등 각종 증명서류와 그 밖에 필요한 서류를 비치하여야 한다(장애인복지법 시행규칙 제41·제42조).

(3) 장애인 지역사회재활시설의 사업

장애인 지역사회재활시설은 지역의 특성과 장애인의 복지욕구를 고려하여 사회·심리·교육·직업·의료재활 등 장애인의 지역사회생활에 필요한 재활서비스를 제공하여야 한다(장애인복지법 시행규칙 제41·제42조).

2) 제주지역의 실천현장 사례

(1) 장애인 지역사회재활시설 현황

① 장애인복지관

장애인복지관은 제주특별자치도 장애인종합복지관, 탐라장애인종합복지관, 제주시각장애인복지관, 제주도농아복지관, 서귀포시장애인종합복지관, 제주특별자치도장애인종합복지관 북부분관, 총 6개소가 운영되고 있다. 장애인복지관 이용인원 총계는 1,922명이고, 종사자 수는 정원 141명, 현원 178명이다.

〈표 6-4〉 장애인복지관 현황

(2014년 1월 기준, 단위 : 명)

시설명	설립일	시설규모(㎡)		이용인원	종사자 수	
		부 지	건 물		정 원	현 원
계				1,922	141	178
제주특별자치도 장애인종합복지관	89. 11. 24.	3,037	2,434	600	33	48
탐라장애인종합복지관	00. 2. 2.	4,541	7,132	882	32	39
제주시각장애인복지관	03. 10. 31.	3,888	2,205	70	21	24

제주도농아복지관	05. 7. 22.	2,043	1,995	50	20	22
서귀포시 장애인종합복지관	99. 7. 27.	3,356	1,875	300	31	41
제주특별자치도 장애인 종합복지관 북부분관	99. 12. 14.	1,306	2,755	20	4	4

출처 : 제주특별자치도(2014a).

② 장애인 주간보호시설

2014년 1월 기준, 제주지역 장애인 주간보호시설은 유진주간활동센터를 비롯하여 총 12개소가 설립되어 운영되고 있다. 주간보호시설 이용인원 총계는 정원 209명, 현원 200명이고, 종사자 수는 정원 47명, 현원 43명이다.

〈표 6-5〉 장애인 주간보호시설 현황 (2014년 1월 기준, 단위 : 명)

시설명	설립일	시설규모(㎡)		이용인원		종사자 수	
		부 지	건 물	정 원	현 원	정 원	현 원
계				209	200	47	43
유진주간활동센터	00. 6. 1.	666	132	20	21	4	4
탐라장애인종합복지관부설 주간보호센티	02. 3. 26.	4,541	115	15	13	3	3
제주특별자치도지적장애인 복지협회부설 주간보호시설	02. 12. 26.	임대	159	20	20	5	5
제주특별자치도지적장애인 복지협회 서귀포시지부 주간보호이용시설	97. 8. 29.	임대	133	18	18	3	3
서부장애인복지센터	99. 4. 23.	임대	66	15	14	3	3
중증장애인주간보호시설 창암교육활동센터	08. 6. 19.	임대	138	15	15	6	6

청각장애인 주간보호시설	08. 6. 19.		106	15	15	3	3
제주시각장애인복지관부설 주간보호시설	07. 8. 14.	3,838	61	15	15	3	3
신장장애인 주간보호센터	09. 2. 23.	임대	168	15	15	3	3
제주가톨릭장애인 주간보호센터	10. 11. 02.		267	15	13	4	4
서귀포시각장애인 주간보호시설	09. 3. 6.	963	268	18	18	3	3
장애인주간호보시설 행복나눔	09. 29.	310	125	18	9	5	4

출처 : 제주특별자치도(2014a).

③ 기타

기타 장애인 지역사회재활시설로 제주특별자치도 장애인 생활이동지원센터, 제주도문화정보점자도서관, 제주특별자치도 수화통역센터가 설립되어 운영되고 있다.

〈표 6-6〉 기타 장애인 지역사회재활시설 (2014년 1월 기준, 단위 : 명)

시설명	설립일	시설규모(㎡)		종사자 수	
		부 지	건 물	정 원	현 원
계					
제주특별자치도 장애인 생활이동지원센터	95. 3. 1.		116	13	13
제주도문화정보점자도서관	00. 3. 28.	임대	118	10	5
제주특별자치도 수화통역센터	97. 7. 26.		65	12	12

출처 : 제주특별자치도(2014).

아래에서는 장애인 지역사회재활시설 가운데 최근 신문 지상에 보도된 사례를 중심으로 살펴보고자 한다.

(2) 제주특별자치도 장애인종합복지관

'지역사회와 함께 미래를 지향하는 고객의 행복리더'라는 복지 사명으로 1989년 문을 연 제주특별자치도 장애인종합복지관은 전국에서 6번째, 제주지역에서는 처음으로 설립된 장애인복지관이다.

제주특별자치도 장애인종합복지관 설립배경은 초대 관장이자 운영주체인 사회복지법인 춘강의 이동한 이사장이 장애인들도 지역사회에서 당당히 살아갈 수 있으려면 일자리가 있어야 한다는 일념에서 출발한 춘강장애인근로센터로 거슬러 올라간다. 당시 이동한 이사장은 춘강장애인근로센터를 거점으로 제주지역 내 거점 근로센터를 설립해 1천여 명의 장애인 당사자들이 일할 수 있도록 하려고 했으나, 비장애인에 비해 업무숙련도 등이 떨어지자 이를 향상시킬 수 있는 교육과 훈련의 방안으로 장애인복지관 체계를 도입했다고 한다.

제주특별자치도 장애인종합복지관은 제주지역의 전인재활센터 그리고 지역조직센터로서, 조사・연구 및 교육센터로서 장애인 치료・교육뿐만 아니라 장애인 인권과 삶의 질 향상, 장애인식 개선 등 개인적 측면에서 사회적 문제까지 장애인의 전인적 재활과 장애인복지의 꽃이라고 불리는 직업재활과 지역사회 통합 환경 구축을 위한 제반 활동을 꾸준히 전개하고 있다.

장애인복지의 꽃이라고 불리는 직업재활사업은 복지관 개관 초기 한복과 목공예 등 직업훈련에 초점을 맞추었다. 이후 시대흐름의 변화에 발맞춰 지적장애인과 자폐성장애인에 대한 직업적응훈련, 사회적응훈련에 초점을 두고 있다. 직업재활사업은 단순히 장애인의 취업에만 그치는 것이 아니라 고용 연장에 있어서 어려운 점이나 동료 직원들과 관계를 형성하는 과정에서 힘든 점은 없는지에 대한 사후관리에 더욱 노력을 기울이고 있다.

각 영역의 전문치료사로 구성되어 장애아동의 의료적 · 심리적 재활 도모를 위한 언어치료, 심리치료, 심리운동치료를 실시하고 있는 치료교육사업은 취학준비 프로그램 등을 통해 학령기의 장애아동을 대상으로 환경의 변화에 적응력을 키우고 있다. 앞으로 생애주기별 전환교육 프로그램 등의 많은 개발작업들이 시도될 예정이다.

사회복지환경 변화에 따라 복지관 또한 장애인평생교육사업에 관심을 두고 있다. 2000년대에 들어 성인 장애인의 여가나 레크리에이션, 스포츠 등 삶의 질 향상과 관련된 다양한 프로그램의 탐색작업 등을 전개하고 있다. 인형극동아리, 문학동아리, 영상기자단 등의 부문에서 성인 장애인들의 자체 활동이 이루어지고 있으며, 향후 더욱 다양한 부문에서 프로그램을 개발할 계획이다(제주사회복지신문, 2009. 11. 1).

다양한 영역에서 활동하고 있는 자조모임도 눈에 띈다. 척수장애인의 모임인 곰솔회를 비롯해 뇌병변장애인의 모임인 담쟁이회, 여성장애인자조모임 길벗회, 어린 자녀를 둔 여성장애인의 모임인 마미클럽 등 4개 자조모임과 소도리 영상기자단 등 5개의 클럽이 왕성한 활동을 펼치고 있다. 새롭게 추진 중인 자조모임은 다문화가정에 초점을 맞추고 있다. 남편 등 장애가 있는 가정에 있는 이주여성들을 대상으로 자조모임을 꾸리기 위한 동료 상담가를 양성하고 있다(제주사회복지신문, 2013. 7. 1).

(3) 탐라장애인종합복지관

제주시 이도1동에 위치한 탐라장애인종합복지관은 2000년 2월 설립하여 장애인에 대한 상담지원, 직업재활, 교육재활, 의료재활, 사회심리재활 등 종합적인 서비스제공, 장애인문제 전반에 대한 홍보 계몽 및 연구조사, 지역주민이 참여하는 서비스 제공, 장애인의 전인적 재활 자립과 사회통합에 기여하는 장애인복지관으로서의 기능을 수행하고 있다. 주요 사업으로는 기초재활사업, 바우처사업, 평생학습관 운영, 탐라복지어린이집 운영, 주간보호시설 운영, 장애인정보화교육센터 운영, 여성장애인어울림센터 운영 등이 있다(제주특별자치도사회복지협의회, 2011 : 245). 최근 신문지상에 보도된 탐라장애인종합복지관의 특색 프로그램을 소개하면 다음과 같다.

'행복한 가족 세우기'

제주지역 장애인복지관 대부분은 장애아동을 대상으로 심리치료, 장애아동을 둔 부모 대상 프로그램 등 가족구성원들이 개별적으로 참가하는 프로그램을 주로 운영한다. 하지만 장애아동과 부모, 비장애 형제 · 자매 등이 함께하며 장애아동에게 심리적 안정을 주고, 부모와 비장애 형제 · 자매도 다양한 활동을 통해 그동안 쌓았던 스트레스를 해소할 수 있도록 하는 프로그램은 부족한 상황이다.

이에 따라 탐라장애인종합사회복지관은 제주특별자치도사회복지공동모금회의 지원으로 장애아동을 둔 가정의 문화 · 예술활동을 통한 가족구성원의 심리 · 정서 역량강화 집중 프로그램인 '행복한 가족 세우기' 프로젝트를 진행하고 있다. 행복한 가족 세우기 프로젝트는 장애가족의 내면 · 문화적 욕구 충족 및 부모의 양육 스트레스 감소 등을 위한 '가족 역할극', '음악활동'과 문화체험 기회 마련 및 가족관계 증진 등을 위한 '가족 힐링 캠프', '문화 · 예술 체험활동' 등으로 이루어져 있다.

등록 장애아동과 미등록 장애아동 등을 둔 가정 4곳씩 모두 8가정이 2개 그룹으로 나뉘어 각종 활동에 참여하고 있다. 장애아동과 어머니만 프로그램에 참여하는 것은 아니다. 장애아동의 비장애 형제, 자매도 함께 참여해 서로의 상황을 이해한다. 어머니들은 장애아동의 재활 · 자활 등을 위해 종일 짜인 시간표에 따라 학원이며, 병원, 복지관 등을 오가며 녹초가 되기도 한다.

그러나 행복한 가족 세우기 프로젝트에 같이 참여하는 어머니들은 서로 장애아동에게 필요한 정보를 교환하고, 수다도 떨면서 또 다른 '가족'이 된다.

행복한 가족 세우기 프로젝트를 진행하는 탐라장애인종합복지관은 이 프로그램이 종료된 이후에 참여했던 장애아동 가정이 지속해서 만나고, 같이 나들이도 하는 등 행복한 가정을 바로 세우는 것을 목표로 하고 있다.

출처 : 제민일보(2013. 6. 1).

(4) 제주도농아복지관

제주시 외도1동에 위치한 제주도농아복지관은 2005년 7월 설립하여 농아인을 위한 전문적인 서비스 제공과 농아인 복지정책을 연구하여 보급함으써 우리나라 복지발전의 견인차 역할을 수행하고, 특히 농아인이 주체가 되어 농아인의 복지 향상을 꾀하는 기틀을 마련하여 농아인들에게 "나도 할 수 있다"는 당당한 자신감과 삶의 희망을 주고자 최선을 다하는 장애인복지관이다.

주요 사업으로는 스포츠 및 여가활용사업, 정보제공사업, 지역사회자원 개발사업, 홍보계몽사업, 제주농아자치방송국 운영사업, 재활사업, 상담지도사업, 재가복지사업, 수화관련사업, 사회교육사업, 조사연구사업 등이 있다(제주도농아복지관, 2012). 최근 제주도농아복지관은 청각장애인 가족 간 유대감을 강화하고 사회성을 높이기 위해 '청각언어장애인 가족관계 개선을 위한 여가문화활동 및 가족상담 지원사업'을 제주특별자치도사회복지공동모금회 지원을 받아 운영한 바 있다. 그 내용을 살펴보면 아래와 같다.

'청각언어장애인 가족 지원사업'

제주도농아복지관은 청각언어장애인 취약 · 위기가정을 찾기 위해 2013년 1월 가족사진 공모전을 개최해 심리상담과 가족상황 조사 등을 통해 46가구를 선정하였다. 이후 청각언어장애인 가족들이 함께 여가문화활동을 하면서 유대감을 강화할 수 있도록 '가족사랑 한마당 : 우리 가족 최고야', '가족웃음 교실', '보드게임', '가족 협력 생활소품 만들기(DIY교실)', '미술심리 프로그램' 등을 운영했다.

특히 농아인복지관은 청각언어장애인 가족의 가장들이 위기상황 대처능력을 강화하고 행복한 가족생활을 이끌어 가며 올바른 자녀교육을 하는 데 도움을 주기 위해 아버지학교를 진행할 계획이다. 또한 주기적으로 가족별 상담 및 인터뷰, 설문조사를 통해 프로그램에 대해 효과를 분석하고 부족하거나 미흡한 점을 보완할 계획이다.

출처 : 제민일보(2013. 11. 9).

(5) 제주시각장애인복지관

2003년 10월 제주시 월평동에 자립잡은 제주시각장애인복지관은 1950년 서울맹아학교 학생들이 제주로 피난 오면서 제주 맹인 역사가 시작된 이후 오랜 시간이 흐르면서 성인 시각장애인들도 이용할 수 있는 전문재활기관의 필요성이 높아지면서 설립되었다. 복지관 내부로 들어서는 순간 시각장애인들이 흰 지팡이를 들고 점자블록과 유도블록을 따라 화장실을 직접 찾아가고 프로그램실을 찾아가는 모습이 인상적이다.

제주시각장애인복지관은 지역 거점 복지센터이자 교육기관으로서의 역할을 다해 시각장애인들의 자립과 재활을 향상시키는 데 주력하기 위해 장애인 스포츠 및 문화활동 확대, 정보접근성 강화, 재가복지, 사회심리재활, 의료재활, 점역출판, 보행교육, 점자교육 등의 사업을 추진하고 있다.

특히 시각장애인의 취약한 정보접근성 향상을 위해 복지관 내에 다양한 보조공학기기를 전시해 보조공학기기 사용법 및 기능활용법을 교육하고 지속적으로 정보화교육을 해나가고 있다. 또한 보다 정확하고 신속한 정보를 제공하기 위해 전국 어디에서나 사회복지정보 및 복지관 프로그램, 행사와 관련된 다양한 정보를 제공받을 수 있도록 소리샘 전화사서함(1577-6655)을 운영하고 있다.

복지관 2층에 마련된 점자도서관에서는 시각장애인, 장애아동 및 지역주민을 위해 점자도서, 녹음도서, 전자도서, 일반도서 등을 구비해 놓고 도서대출, 열람, 시각장애인 의뢰도서 제작 등의 사업을 하고 있다(제주사회복지신문, 2010. 1. 2).

(6) 제주가톨릭장애인주간보호센터

제주시 화북2동 황사평에 위치한 제주가톨릭장애인주간보호센터는 2010년 11월 설립하였으며, 낮 시간대에 장애인을 보호하면서 체계적 재활서비스를 제공하는 장애인 주간보호시설이다. 사회복지법인 제주가톨릭사회복지회는 사회적응이 어려운 장애인에게는 보호에 필요한 전문적 서비스를 제공하고, 장애인 가정에는 일상적 보호부담을 덜어줌으로써 안심하고 사회생활을 할 수 있도록 도움을 주고자 하는 취지에서 주간보호사업을 시작하게 되었다.

센터 이용대상은 지적·자폐성 1급 장애인으로 다른 사람의 도움이 없이는 일상생활을 영위하기 어려운 중증장애인들이다. 현재 이 센터를 이용하는 장애인은 13명이고, 이용시간은 오전 8시 30분부터 오후 6시까지로 이용료는 월 15만 원이다.

센터가 운영하는 프로그램은 식사지도와 개인위생관리 등 자립지원서비스를 비롯해 작업치료, 건강관리, 구강위생관리 등 의료지원서비스와 요리활동, 정보화교육 등 교육지원서비스 등이 있다. 특히 센터가 관심을 기울이고 있는 분야는 장애인들의 건강 증진과 정서적 안정을 돕는 일이다. 대표적인 사업이 이른바 '몸짱(ZZang) 마음 짱(ZZang)'인데, 수중재활운동, 요가명상, 올레명상, 여가문화체험 등의 프로그램으로 운영된다. 이 밖에도 꽃과 음악을 이용한 치료서비스와 시설연합 캠프, 도외 나들이 등을 통해 장애인들의 기분 전환은 물론 정서적 안정을 돕고 있다. 센터를 이용하는 장애인들은 비록 손놀림이 느리고, 서툴고 익숙하지는 않지만 도자기 작업장에서 흙을 만지고 다듬으며 세상에서 유일한 자기만의 컵과 그릇을 만들어 가족에게 선물하기도 한다. 또한 특별활동으로 바리스타(커피전문가) 교육 프로그램에 참여해 커피를 만드는 과정을 배우고 익힌다(제주사회복지신문, 2012. 11. 1).

2013년에는 제주특별자치도사회복지공동모금회의 지원을 받아 지적·자폐성 장애인의 정서 안정을 위한 심리재활 프로그램 '함께 사는 세상의 즐거움'을 진행하였다. 이 프로그램은 지적·자폐성 장애인의 스트레스와 불안감을 해소하고, 우울을 완화해 주는 요가, 수중운동과 물리치료가 결합한 형태의 수중치료, 제주지역 관광지 가운데 체험이 가능한 곳을 탐방하는 장애인 여가문화체험 등으로 구성되었다(제민일보, 2013. 4. 13).

(7) 제주특별자치도 수화통역센터

제주시 외도1동 제주도농아복지관 3층에 위치한 제주특별자치도 수화통역센터가 문을 연 것은 1997년 7월 26일, 전국에서 가장 먼저 개소했다. 당시 3명에 불과했던 센터 직원은 12명으로 늘었고, 이들은 모두 수화통역사다. 혼자서는 의사소통이 어려운 이들에게 손짓으로 입과 귀가 되어준다. 일상적인 수화통역뿐만 아니라 병원, 법원, 경찰서, 은행, 학교 등 정확한 생각과 감정 전달이 필요한 곳을 동행해 일상생활의 불편함을 덜어준다. 수화통역사 자격증을 취득하려면 한국농아인협회에서 주관하는 필기·실기 시험을 거쳐야 하는데, 시험이 매우 어려워 제주지역에서 이 자격증을 취득한 사람은 고작 20여 명에 불과하다.

(사)한국농아인협회 제주특별자치도협회가 운영하는 이 센터는 제주시와 서귀포시 지역에 각각 분소를 두고 있다. 한 해에 수화통역센터의 통역서비스 건수는 1만 건, 상담 건수는 500건에 달한다. 센터를 이용하는 청각·언어장애인들이 그만큼 많다는 것이다. 제주지역에는 약 4,600여 명의 청각·언어장애인이 살고 있다. 상담내용은 취업문제에서 가정문제, 경제적 문제, 의류문제 등에 이르기까지 다양하다.

수화통역센터는 청각·언어장애인들을 상대로 법률상담, 의료, 공과금 납부 돕기, 음식 주문, 상담서비스 등은 물론 농아인들이 예기치 않은 응급상황에 즉각 대처할 수 있도록 야간 수화통역 서비스도 제공하고 있다. 연중 24시간 운영되는 셈이다. 또한 수화를 배우고자 하는 기관이나 시설, 단체 등을 대상으로 '찾아가는 수화교실'도 운영한다. 특히 제주로 여행을 온 국내·외 농아인들에게 렌터카, 숙박, 음식점 예약, 관광지 정보 등 각종 여행정보를 알려주는 관광 수화통역 서비스도 제공하고 있다. 전국에서 관광 수화통역 서비스를 제공하는 수화통역센터는 제주가 유일하다(제주사회복지신문, 2013. 2. 4).

3. 장애인 직업재활시설

1) 이론적 및 법률적 논의

(1) 장애인 직업재활시설의 정의

장애인 직업재활시설은 일반 작업환경에서는 일하기 어려운 장애인이 특별히 준비된 작업환경에서 직업훈련을 받거나 직업생활을 할 수 있도록 하는 시설이다(장애인복지법 제58조).

장애인 직업재활시설의 종류에는 장애인 보호작업장과 장애인 근로사업장이 있다. 장애인 보호작업장은 직업능력이 낮은 장애인에게 직업적응능력 및 직무기능 향상 훈련 등 직업재활 훈련 프로그램을 제공하고, 보호가 가능한 조건에서 근로기회를 제공하며, 이에 상응하는 노동의 대가로 임금을 지급하며, 장애인 근로사업장이나 그 밖의 경쟁적인 고용시장으로 옮겨 갈 수 있도록 돕는 역할을 하는 시설이다. 장애인 근로사업장은 직업능력이 있으나 이동 및 접근성이나 사회적 제약 등으로 취업이 어려운 장애인에게 근로의 기회를 제공하고, 최저임금 이상의 임금을 지급하며, 경쟁적인 고용시장으로 옮겨갈 수 있도록 돕는 역할을 하는 시설이다(장애인복지법 시행규칙 제41조).

(2) 장애인 직업재활시설의 설치 및 운영

장애인 직업재활시설은 지역별 적정한 분포와 장애인 수, 보건·위생·급수·안전·환경 및 교통편의 등을 충분히 고려하여 장애인이 쉽게 접근하고 편리하게 이용할 수 있는 쾌적한 환경의 부지나 건물을 선정하여야 한다. 장애인 보호작업장 근로장애인의 최소인원은 10명 이상으로 하고, 작업활동 프로그램을 운영할 경우에도 근로장애인이 최소 10명 이상이 되도록 하여야 한다. 장애인 근로사업장의 최소인원은 30명으로 하고 장애인

보호작업장 프로그램이나 작업활동 프로그램을 운영하려는 경우에는 최소 10명 이상을 대상으로 하여야 한다.

장애인 직업재활시설은 시설의 설립 이념과 방침, 장애인 직업재활시설 운영을 위한 장애인근로자의 직업재활욕구 수렴을 위한 사항, 시설 운영위원회의 구성과 역할, 임직원의 업무 분장, 기숙사 운영에 관한 규칙, 적격대상 판정기준과 개별서비스 계획, 윤리규정 및 정보 보호, 프로그램의 내용 및 성과 평가, 그 밖에 시설의 관리에 관한 중요 사항이 포함된 운영규정을 제정·시행하여야 한다.

또한 장애인 직업재활시설에는 관리에 관한 장부, 사업에 관한 장부, 재무·회계에 관한 장부, 생산 및 판매에 관한 장부와 서류를 갖추어 두어야 한다(장애인복지법 시행규칙 제42조).[10)]

(3) 장애인 직업재활시설의 사업

① 장애인 직업재활시설은 장애인들이 장애를 극복하고 직업생활을 독립적으로 할 수 있도록 필요한 재활 프로그램을 마련하거나 직무기능 향상을 위한 개별서비스 계획을 수립하여 실시하여야 한다. 그리고 이 계획에는 초기면접, 직업평가 및 평가 결과를 반영한 개인별 직업재활계획, 장애 특성에 맞는 적절한 배려나 보조공학, 장애인의 건강이나 안전을 위협할 수 있는 요인, 직무기능 향상이나 재활서비스를 위한 관리계획이 포함되어야 한다.

② 개인별 직업재활계획서는 장애인이 이해할 수 있는 방식으로 제공되고 확인되어야 한다.

③ 장애인근로자의 고용상황이나 서비스 과정에 대한 기록은 유지되고 관리되어야 한다.

---

10) 장애인 직업재활시설의 구조와 설비, 직원배치기준, 관리 및 운영 요원의 자격기준, 시설 이용 적격대상 장애인, 수익금 및 임금의 관리, 근로기준 및 이용자의 권리, 보건 및 안전관리, 생산 및 품질 관리, 비치 장부의 세부사항 등에 대해서는 장애인복지법 시행규칙 제41조 및 제42조 관련 별표 5를 참조할 것.

④ 장애인 직업재활시설은 그 유형별로 장애인복지법 시행규칙에서 정하는 기준에 따라 재활사업을 실시하여야 하며, 사업계획과 예산을 수립한 후 지방자치단체장의 승인을 받아 시행하여야 한다.[11)]

2) 제주지역의 실천현장 사례

(1) 장애인 직업재활시설 현황

〈표 6-7〉 장애인 직업재활시설 현황 (2014년 1월 기준, 단위 : 명)

시설명	설립일	시설규모(㎡)		이용인원		종사자 수	
		부 지	건 물	정 원	현 원	정 원	현 원
계				320	219	48	42
춘강장애인근로센터	90. 11. 24.	9,940	3,679	50	47	12	12
일배움터	05. 11. 21.	3,995	594	40	31	4	4
어울림터	02. 7. 3.	3,113	698	40	31	4	4
혜정원 장애인직업재활시설	00. 12. 27.	7,446	284	30	11	4	4
한라원작업활동시설	04. 3. 30.	2,184	598	40	29	4	4
길직업재활센터	05. 8. 4.	1,437	595	40	19	4	4
평화의마을	01. 9. 1.	3,165	688	40	29	4	4
에코소랑	09. 12. 24.	4,191	1,167	40	22	12	6

출처 : 제주특별자치도(2014a).

장애인 직업재활시설은 춘강장애인근로센터, 일배움터, 어울림터, 혜정원 장애인직업재활시설, 한라원작업활동시설, 길직업재활센터, 평화의마을, 에

11) 장애인 보호작업장과 장애인 근로사업장에서 시행하는 재활사업의 세부적인 기준에 대해서는 장애인복지법 시행규칙 제41조 및 제42조 관련 별표 5를 참조할 것.

코소랑, 총 8개소가 설립되어 운영되고 있으며, 총 이용인원은 정원 320명, 현원 219명이고, 총 종사자 수는 정원 48명, 현원 42명이다.

(2) 춘강장애인근로센터

제주시 아라동에 위치한 춘강장애인근로센터는 사회복지법인 춘강이 운영주체가 되어 1990년 11월 24일 문을 연 제주지역 최초의 장애인 직업재활시설이다. 홀로서기를 꿈꾸는 장애인에게 직업재활훈련과 일자리 제공을 통해 사회의 당당한 직업인으로 거듭날 수 있도록 돕고자 설립되었다.

춘강장애인근로센터의 전신은 1989년 5월 1일 개소한 장애인근로작업장이다. 당시 세탁사업을 전문으로 하는 사업장이 처음으로 들어섰는데, 지금까지 20여 년 넘게 운영되고 있다. 세탁사업장이 여러 가지 어려움을 극복하고 오랜 기간 꾸준히 수익을 창출하면서 경영노하우를 배우려는 이들의 발길이 이어지고 있다.

현재 장애인근로센터는 세탁사업을 비롯하여 섬유사업, 복사용지사업, 감귤사업, 토너카트리지사업 등 모두 5개의 사업장을 운영하고 있다. 섬유사업장에서 생산되는 침규류와 의류는 장애인 생산품판매시설을 통해 판매되는데, 뛰어난 기술력을 바탕으로 우수한 디자인 능력과 최고의 품질 등 차별화된 경쟁력을 갖추고 있다. 친환경인증제품인 복사용지는 불량률 제로에 도전하고 있으며, 감귤정과사업장에서는 맛있는 감귤정과를 생산, 판매하고 있다. 토너카트리지사업장은 장애인근로센터가 2012년 야심차게 시작한 사업이다. 폐카트리지를 재활용함으로써 환경 보호와 자원 재활용 효과는 물론 소비자 입장에서 우수한 제품을 저렴한 가격에 구입할 수 있다는 게 장점으로 꼽힌다.

춘강장애인근로센터에 근무하는 장애인들은 통상 주 40시간을 일하고 월 70만 원 이상의 보수를 받는다. 이들은 단순 직업훈련생이 아니고 근로기준법과 최저임금의 적용을 받는다. 출퇴근이 어려운 장애인에게는 기숙사가 제공된다(제주사회복지신문, 2013. 6. 3).

(3) 어울림터

서귀포시 지역 중증장애인 직업재활시설인 어울림터는 사회복지법인 춘강이 운영주체가 되어 2002년 7월에 설립되었다. 어울림터는 개원 당시 버려진 양초를 모아 재활용, 제주지역 사찰과 불교용품 전문점 등에 고급 양초를 만들어 판매하는 등 중증장애인의 사회적응을 위한 직업재활교육을 하고 있다. 2003년부터는 홀로 사는 어르신들에게 쌀 등을 지원해 오고 있다.

특히 2005년부터 직접 만들어 판매 중인 '영천된장'은 돈내코에서 나오는 1급수만 고집하기 때문에 맛이 좋아 입소문을 통해 주문이 쇄도, 인기를 끌고 있다. 게다가 근로장애인 13명과 직업훈련생 15명이 어울림터에 고용되어 된장 등을 만들고, 교육훈련에 동참하는 등 어울림터는 장애인들에게 직업재활과 일터를 제공하고, 더불어 사는 삶을 실천해 나가고 있다(제민일보, 2013. 9. 18).

4. 장애인 의료재활시설

1) 이론적 및 법률적 논의

(1) 장애인 의료재활시설의 정의

장애인 의료재활시설은 장애인을 입원 또는 통원하게 하여 상담, 진단·판정, 치료 등 의료재활서비스를 제공하는 시설이다(장애인복지법 제58조).

(2) 장애인 의료재활시설의 설치 및 운영

장애인 의료재활시설의 설치 및 운영에 관한 사항과 설비기준 등은 의료법의 관련 규정에 따른다(장애인복지법 시행규칙 제42조).

(3) 장애인 의료재활시설의 사업

장애인 의료재활시설의 주요 사업은 입원 및 통원, 낮 병원을 통한 장애인 진료, 장애의 진단 및 포괄적이고 전문적인 재활치료, 장애인에 대한 의료재활상담, 장애인의 기타 질환에 대한 진단 및 치료, 재활보조기구의 제작 및 수리, 장애인 재활에 관한 교육, 장애인 등록을 위한 진단 등이다(고수현, 2010 : 207).

2) 제주지역의 실천현장 사례

(1) 제주춘강의원

제주시 오라3동에 위치한 제주춘강의원은 사회복지법인 춘강이 운영주체가 되어 1994년 4월 설립하였으며, 국가의 장애인 복지정책에 맞추어 장애환자가 중심이 된 의료재활서비스를 제공하고, 지역사회 장애인들에게 의료적 진단과 평가를 통해 체계적인 재활치료를 제공하는 것을 목적으로 하고 있다.

주요 진료과목은 재활의학과와 일반내과이며, 외래진료센터, 소아재활센터, 성인재활센터, 통증재활센터, 언어치료실 등을 운영하고 있고, 사회복지연계사업, 지역사회 및 관련기관 지원사업, 환자 및 보호자 재활교육사업 등을 진행하고 있다(제주특별자치도사회복지협의회, 2011 : 232).

5. 장애인 생산품판매시설

1) 이론적 및 법률적 논의

(1) 장애인 생산품판매시설의 정의

장애인 생산품판매시설은 장애인 생산품 및 유통을 대행하고, 장애인 생산품이나 서비스·용역에 관한 상담, 홍보, 판로 개척 및 정보 제공 등 마케팅을 지원하는 시설이다(장애인복지법 시행규칙 제41조).

(2) 장애인 생산품판매시설의 설치 및 운영

장애인 생산품판매시설에는 장애인·노인·임산부 등의 편의증진 보장에 관한 법령에 따른 편의시설을 갖추어야 한다. 장애인 생산품판매시설의 운영기준은 장애인복지시설에 공통적으로 적용되는 기준을 준용한다(장애인복지법 시행규칙 제41조·제42조).

(3) 장애인 생산품판매시설의 사업

① 사업내용

장애인 생산품판매시설은 장애인 생산품의 판매를 촉진하기 위하여 다음의 사업을 하여야 한다.

- 상담사업 : 재가 장애인 및 생산시설에 대한 상담 및 관리
- 판촉사업 : 생산품의 전시·판매, 특별판매행사, 조달 관련 사업 등
- 홍보사업 : 홍보물의 제작·배포
- 개발사업 : 개인·단체별 판로 개척

② 생산품 선정 및 관리

- 장애인 생산품판매시설은 장애인복지시설 및 단체에서 생산하는 물품

과 재가장애인이 생산하는 물품을 선정하여 판매하여야 한다.

- 판매제품은 시장성과 소비자의 이용 편익성을 고려하여 선정하되, 장애인의 생산수준과 지역성을 고려하여야 한다.
- 판매제품을 선정할 때에는 지역 시장의 여건 및 판로 구축방안을 고려하여 선정하여야 한다.
- 작업공정 및 생산품의 성격상 직업재활시설 외의 시설에 하청을 주어 생산하는 경우에는 그 생산과정에 70퍼센트 이상의 장애인근로자가 참여하여야 한다.
- 판매수익금은 장애인 생산제품의 구입비, 관리운영비, 자원봉사관리비 등 장애인의 생산품 판매를 촉진하기 위한 사업 외에는 사용할 수 없다.

③ 판매기술의 확보

- 장애인 생산품판매시설은 장애인 생산품의 판매를 위한 상담, 판촉, 홍보 등의 기술을 습득하기 위하여 노력하여야 한다.
- 소비계층별 취향과 장애인 생산수준의 적정성 등을 고려한 마케팅 전략을 수립하여 장애인 생산품의 판로 개척에 노력하여야 한다(장애인복지법 시행규칙 제41조·제42조).

2) 제주지역의 실천현장 사례

(1) 제주특별자치도 장애인 생산품판매시설

제주특별자치도 장애인 생산품판매시설은 1996년 3월 설립되었으며, 한국 장애인 직업재활시설협회에서 운영하고 있다. 이 시설에서는 장애인 생산품의 판매활동 및 유통을 대행하고, 장애인 생산품이나 서비스·용역에 관한 상담, 홍보, 판로개척 및 정보 제공 등 마케팅을 지원하는 업무를 수행하고 있다.

사업대상은 중증장애인 생산품 우선 구매기관(국가기관, 지방자치단체, 공공단체 등)이고, 주요 사업은 아래와 같다(제주특별자치도사회복지협의회, 2011 : 256).

- 상담사업 : 재가장애인 및 생산시설에 대한 상담 및 관리
- 판촉사업 : 생산품의 전시・판매, 특별판매행사 등
- 홍보사업 : 생산품 조달 촉진을 위한 홍보물 제작・배포
- 개발사업 : 개인, 단체별 판로 개척을 위한 협의, 계약
- 조달사업 : 생산품 조정 및 배부・납품의 대행

CHAPTER 7

여성 · 가족복지실천현장

1. 한부모가족 복지시설
2. 성매매피해자 보호 · 지원시설
3. 성폭력피해자 보호 · 지원시설
4. 가정폭력피해자 보호 · 지원시설
5. 다문화가족지원센터

제7장 여성 · 가족복지실천현장

1. 한부모가족 복지시설

1) 이론적 및 법률적 논의

(1) 한부모가족 복지시설의 정의

한부모가족 복지시설이란 한부모가족이 건강하고 문화적인 생활을 영위할 수 있도록 함으로써 한부모가족의 생활 안정과 복지 증진에 이바지함을 목적으로 설립된 생활시설이나 이용시설 형태의 사회복지시설을 의미한다. 여기서 '한부모가족'이란 모자가족 또는 부자가족을 말하며, '모자가족'이란 모가 세대주(세대주가 아니더라도 세대원을 사실상 부양하는 자를 포함한다)인 가족을 말하고, '부자가족'이란 부가 세대주(세대주가 아니더라도 세대원을 사실상 부양하는 자를 포함한다)인 가족을 말한다(한부모가족지원법 제4조).

(2) 한부모가족 복지시설의 설치 및 운영

국가나 지방자치단체는 한부모가족 복지시설을 설치할 수 있다. 국가나 지방자치단체 외의 자가 한부모가족 복지시설을 설치 · 운영하려면 특별자치시장 · 특별자치도지사 · 시장 · 군수 · 구청장에게 신고하여야 한다(한부모가족지원법 제20조).

한부모가족 복지시설은 보건 · 위생 · 급수 · 안전 · 환경 및 교통편의 등을 충분히 고려하여 쾌적한 환경의 부지에 설치하여야 하며, 시설 유형별로 다음의 세대 또는 인원이 입소 또는 이용할 수 있는 시설을 갖추어야 한다(한부모가족지원법 시행규칙 제10조의2).[1]

〈표 7-1〉 시설 유형별 한부모가족복지시설 설치기준

시설유형		입소정원	시설의 최소면적
모자가족 복지시설	기본생활지원형	10세대 이상 30세대 이하	56.1㎡×정원(세대)
	공동생활지원형	5세대 이상 20세대 이하	20.79㎡×정원(세대)
	자립생활지원형	10세대 이상 30세대 이하	56.1㎡×정원(세대)
부자가족 복지시설	기본생활지원형	10세대 이상 30세대 이하	56.1㎡×정원(세대)
	공동생활지원형	5세대 이상 20세대 이하	20.79㎡×정원(세대)
	자립생활지원형	10세대 이상 30세대 이하	56.1㎡×정원(세대)
미혼모자가족 복지시설	기본생활지원형	30명 이상 70명 이하	20.79㎡×정원(명)
		10명 이상 30명 미만	13.21㎡×정원(명)
	공동생활지원형	5세대 이상 30세대 이하	20.79㎡×정원(세대)
일시지원복지시설		10명 이상 70명 이하	9.9㎡×정원(명)

(3) 한부모가족 복지시설의 사업

한부모가족 복지시설의 종류별 사업내용을 살펴보면 다음과 같다(한부모가족지원법 제19조).

① 모자가족복지시설 : 모자가족에게 다음의 어느 하나 이상의 편의를 제공하는 시설

- 기본생활지원 : 생계가 어려운 모자가족에게 일정 기간 동안 주거와 생계를 지원

1) 시설 유형별 구조 및 설비기준, 종사자의 직종과 수 및 자격기준에 대해서는 한부모가족지원법 시행규칙 제10조의2 별표를 참조할 것.

- **공동생활지원** : 독립적인 생활이 어려운 모자가족에게 일정 기간 동안 공동생활을 통하여 자립을 준비할 수 있도록 주거 등을 지원
- **자립생활지원** : 자립욕구가 강한 모자가족에게 일정 기간 동안 주거를 지원

② **부자가족복지시설** : 부자가족에게 다음의 어느 하나 이상의 편의를 제공하는 시설

- **기본생활지원** : 생계가 어려운 부자가족에게 일정 기간 동안 주거와 생계를 지원
- **공동생활지원** : 독립적인 생활이 어려운 부자가족에게 일정 기간 동안 공동생활을 통하여 자립을 준비할 수 있도록 주거 등을 지원
- **자립생활지원** : 자립욕구가 강한 부자가족에게 일정 기간 동안 주거를 지원

③ **미혼모자가족복지시설** : 미혼모자가족과 출산 미혼모들에게 다음의 어느 하나 이상의 편의를 제공하는 시설

- **기본생활지원** : 미혼 여성의 임신·출산 시 안전 분만 및 심신의 건강 회복과 출산 후의 아동의 양육 지원을 위하여 일정 기간 동안 주거와 생계를 지원
- **공동생활지원** : 출산 후 해당 아동을 양육하지 아니하는 미혼모 또는 미혼모와 그 출산 아동으로 구성된 미혼모자가족에게 일정 기간 동안 공동생활을 통하여 자립을 준비할 수 있도록 주거 등을 지원

④ **일시지원복지시설** : 배우자(사실혼 관계에 있는 사람을 포함한다)가 있으나 배우자의 물리적·정신적 학대로 아동의 건전한 양육이나 모의 건강에 지장을 초래할 우려가 있을 경우 일시적 또는 일정 기간 동안 모와 아동 또는 모에게 주거와 생계를 지원하는 시설

⑤ **한부모가족복지상담소** : 한부모가족에 대한 위기·자립 상담 또는 문제해결 지원 등을 목적으로 하는 시설

2) 제주지역의 실천현장 사례

(1) 제주모자원

제주시 영평동에 위치한 제주모자원은 1957년 7월 설립되었으며, 사회복지법인 모자원에서 운영하는 모자가족복지시설이다. 제주모자원은 저소득 모자가족의 기본 생계보호와 자립 기반 조성을 돕고 지역사회복지 증진에 기여하고자 설립・운영되고 있다. 제주모자원의 주요 사업은 다음과 같다(제주특별자치도사회복지협의회, 2011 : 120).

- 방과 후 아동지도 : 하교 후 아동들의 유해환경으로부터 방치되지 않도록 다양한 놀이와 학습지도를 통해 안전하게 보호함으로써 취약한 가정의 기능을 보완한다.
- 수련회(가족캠프) : 자연 속에서 심신을 회복하고 단련함으로써 정서적 안정 및 가족구성원 간의 친밀감을 증진시키고 가족기능을 강화한다.
- 문화체험 : 다양한 문화체험 기회를 제공하여 줌으로써 문화에 대한 이해와 지역사회와의 통합을 도모한다.
- 건강검진 : 질병의 조기발견 및 조기치료를 통해 건강을 증진한다.
- 부모교육 : 자녀의 생각과 행동의 차이점을 이해함으로써 가족 간의 원만한 의사소통을 통해 위기에 대처할 수 있도록 가족구성원의 힘을 키운다.
- 안전체험학습 : 불의의 사고 및 응급상황에서 신속하게 대처할 수 있도록 교육한다.

(2) 애서원

애서원은 제주지역에서 유일한 미혼모자가족복지시설이다. 제주시 한경면 청수리에 위치한 애서원은 2004년 6월 문을 열었다. 지상 3층 규모의 건물에는 의무실, 상담실, 회복실, 프로그램실, 다목적실, 휴게실, 도서실, 정보화교육실, 스포츠 공간 등 다양한 시설을 갖추고 있다.

입소자격은 미혼 여성으로 임신 중이거나 출산한 지 6개월이 안 되어 보호가 필요한 여성이면 주소지와 상관없이 누구나 입소할 수 있다. 이곳에서 생활할 수 있는 기간은 1년, 필요한 경우에는 6개월 더 머물 수 있다.

이 시설에서는 기본적인 숙식 제공은 물론 미혼모들의 안전한 분만을 돕고 산후조리와 육아 지원, 의료서비스 등 다양한 서비스를 무료로 제공하고 있다. 미혼모가 양육을 포기할 경우 영아가 건강하게 성장할 수 있도록 입양절차를 지원해 준다. 사회·경제적으로 열악한 상황에 처한 미혼모들의 사회재적응과 자립을 돕기 위한 프로그램도 운영하고 있다. 비즈·리본 공예를 비롯 피부미용, 홈패션, 양재 등이 그것이다. 미혼모들은 이러한 직업교육을 통해 미래에 대한 꿈과 희망을 키워 나간다. 특히 청소년 미혼모들이 학업을 중단하지 않고 유지할 수 있도록 2011년 12월 제주특별자치도교육청과 청소년 한부모 학생 대안교육 위탁기관 지정에 따른 협약을 체결하기도 했다. 현재 중·고등학교 교육과정을 운영하고 있으며, 소정의 교육과정을 모두 이수하면 소속 학교의 졸업장을 받게 된다(제주사회복지신문, 2012. 12. 3). 애서원에서 진행하고 있는 특색 프로그램을 소개하면 다음과 같다.

'미혼모와 혼외자의 차별 없는 세상 행진'

사회복지법인 청수 애서원은 미혼양육모의 자립 및 자존감 향상을 위해 매주 1회 홈패션 프로그램과 도예공예 등 '미혼모와 혼외자의 차별 없는 세상으로의 행진' 프로그램을 진행하고 있다. 이 프로그램은 사랑하는 사람과 가족과 함께할 수 없는 상처받은 미혼모가 사회에서 '엄마', '직장인'으로서 자립할 수 있도록 지원하기 위한 것이다.

미혼양육모들은 애서원에서 공동생활을 하며 육아정보를 나누고, 직장생활 을 하는 등 자립 지원을 받고 있다. 미혼모들에게 가장 힘든 것은 혼자 아이를 돌보는 것이 아닌, 사회적 차별이다. 게다가 초등학교 입학식이나 소풍, 생일 등 아이들이 평생 간직할 추억을 만들 수 있는 날 아빠 없이 아이 혼자 하는 모습도

> 미혼모에겐 견디기 어려운 상황이다. 따라서 미혼모에 대한 사회적 인식 개선이 필요하고, 이들이 육아와 일을 할 수 있도록 정책적 지원이 필요하다.
>
> 출처 : 제민일보(2012. 10. 27).

(3) 한빛여성의쉼터

한빛여성의쉼터는 사회복지법인 한빛에서 운영하는 일시지원복지시설로서 1999년 3월 설립되었다. 배우자로부터 물리적·정신적으로 학대받는 여성과 아동에게 정신적 여유와 신체적으로 휴식을 취할 수 있도록 하여 여성복지 및 지역사회 복지 증진에 기여하는 것을 운영목적으로 삼고 있다(제주도지편찬위원회, 2006 : 341). 입소대상은 배우자로부터 정신적·물리적 학대로 고통받는 여성과 그 자녀들이며, 전화상담 및 방문상담 후 입소를 결정한다. 주요 사업 및 프로그램으로는 학대받는 여성 및 자녀의 입소상담, 부부 및 가족 상담, 국선도생활명상심리치료, 취미교양 프로그램, 자립 기반 교육 등이 있다(제주특별자치도사회복지협의회, 2007 : 161).

2. 성매매피해자 보호·지원시설

1) 이론적 및 법률적 논의

(1) 성매매피해자 등을 위한 지원시설의 정의

성매매피해자 등을 위한 지원시설은 성매매를 방지하고, 성매매피해자 및 성을 파는 행위를 한 사람의 보호와 자립을 지원하는 것을 목적으로 설립한 사회복지시설을 의미한다.

성매매피해자 등을 위한 지원시설의 종류로는 일반 지원시설, 청소년 지원시설, 외국인 지원시설, 자립지원 공동생활시설이 있다. 일반 지원시설은 성매매피해자 등을 대상으로 1년 이내의 범위에서 숙식을 제공하고 자립을 지원하는 시설이다. 청소년 지원시설은 청소년인 성매매피해자 등을 대상으로 19세가 될 때까지 숙식을 제공하고, 취학·교육 등을 통하여 자립을 지원하는 시설이다. 외국인 지원시설은 외국인 성매매피해자 등을 대상으로 3개월 이내의 범위에서 숙식을 제공하고, 귀국을 지원하는 시설이다. 자립지원 공동생활시설은 성매매피해자 등을 대상으로 2년의 범위에서 숙박 등의 편의를 제공하고, 자립을 지원하는 시설이다(성매매방지 및 피해자보호 등에 관한 법률 제9조).

(2) 성매매피해자 보호 · 지원시설의 설치 및 운영

① 성매매피해자 등을 위한 지원시설

국가 및 지방자치단체는 성매매피해자 등을 위한 지원시설을 설치·운영할 수 있다. 국가나 지방자치단체 외의 자가 지원시설을 설치·운영하려면 특별자치시장·특별자치도지사, 시장·군수·구청장에게 신고하여야 한다. 지원시설의 설치기준·신고절차 및 종사자의 자격기준·수 등에 필요한 사항은 여성가족부령으로 정하고 있다(성매매방지 및 피해자보호 등에 관한 법률 제10조).

가. 설치기준

지원시설은 시설의 적정한 분포와 보건·위생·급수·안전·환경 및 교통편의 등을 충분히 고려하여 쾌적한 환경의 부지에 설치하여야 한다. 지원시설의 구조와 설비는 그 시설을 이용하는 사람의 연령별 특성에 맞도록 하고, 일조·채광·환기 등 이용자의 보건위생과 재해방지 등을 고려하여야 한다. 지원시설의 규모는 다음의 표와 같다(성매매피해 및 피해자보호 등에 관한 법률 시행규칙 제6조).[2]

---

2) 지원시설의 세부적인 구조 및 설비, 종사자의 자격기준, 종사자의 수에 대해서는 「성매매방지 및 피해자보호 등에 관한 법률 시행규칙」 제6조 · 제7조 관련 별표를 참조할 것.

〈표 7-2〉 성매매피해자 등을 위한 지원시설 규모

구 분		시설의 최소면적
지원시설	입소정원 10명 이상	9.9㎡×입소정원
	입소정원 8명 이상 10명 미만	82.62㎡
	입소정원 5명 이상 8명 미만	69.30㎡
	입소정원 5명 미만	34.65㎡
자활지원센터		99.15㎡
상담소		49.59㎡

나. 운영기준

지원시설의 장은 입소자 또는 이용자의 권리를 최대한 보장하여야 하며, 입소자 및 이용자의 사회적응능력 등을 기를 수 있는 상담, 교육, 정보제공 및 신변보호 등에 필요한 지원을 하여야 한다. 또한 입소자의 건강관리를 위하여 입소 후 1개월 이내에 건강진단을 실시하고, 건강에 이상이 발견된 경우에는 의료급여법에 따른 의료급여를 받게 하는 등 필요한 조치를 하여야 하며, 필요한 경우 의료기관에 질병치료 등을 의뢰할 수 있다. 그 밖에 지원시설의 운영방법 및 기준 등에 필요한 사항은 여성가족부령으로 정하고 있다(성매매방지 및 피해자보호 등에 관한 법률 제13조). 지원시설의 세부적인 운영방법 및 기준은 다음과 같다(성매매방지 및 피해자보호 등에 관한 법률 시행규칙 제10조).[3]

가) 건강 및 생활 관리

- 지원시설, 자활지원센터 및 상담소(이하 '상담소 등'이라 한다)의 장은 입소자와 상담자의 나이, 성격, 심신의 건강상태 등을 고려하여 상담계획을 수립하여 지속적인 상담을 실시하고, 관찰・지도하여야 하며, 보호

3) 성매매피해자 등을 위한 지원시설의 운영방법 및 운영기준은 성매매피해상담소에도 공통적으로 적용된다.

의 경과에 따라 귀가조치 또는 다른 지원시설로의 전원 등 필요한 조치를 하여야 한다.

- 지원시설의 장은 입소자의 생활환경을 항상 청결하게 하고 그 위생관리에 유의하면서 입소자의 건강상태에 따라 적절한 훈련과 휴식을 하도록 하여야 한다.
- 지원시설의 장은 입소자의 사생활을 침해하지 않는 범위에서 지원시설의 종사자가 입소자와 함께 생활하도록 조치하여야 하며, 지원시설 안에는 입소자와 지원시설의 종사자 외의 사람이 거주하지 못한다.
- 지원시설의 장은 입소자의 인권을 보호하고 입소자들이 지역사회에 적응하여 지역사회와 원활하게 관계를 정립하고 유지할 수 있도록 입소자들이 원하는 지역사회활동에 자유롭게 참여할 수 있는 기회를 보장하여야 한다.
- 지원시설은 입소자 또는 이용자가 사회경제활동에 참여하도록 하기 위하여 필요한 직업훈련을 하되, 직업훈련은 훈련효과를 높이기 위하여 지원시설 외의 훈련기관에 의뢰하여 할 수 있다.

나) 운영규정

상담소 등의 장은 상담소 등의 운영방침, 직제 · 정원 및 직원의 업무분장, 상담소 등의 입소자 또는 이용자에 대한 처우 관련 사항, 상담소 등의 입소 · 이용규정, 상담소 등 프로그램의 운영에 관한 내용, 그 밖에 상담소 등의 운영관리에 관한 중요한 사항에 대한 규정을 제정 · 시행하여 지원시설 및 상담소의 적정한 운영을 도모하여야 한다.

다) 장부 등의 비치

상담소 등의 장은 운영에 관한 장부, 사업에 관한 장부, 재무 · 회계에 관한 장부 및 서류를 갖춰두어야 한다.

② 성매매피해상담소

국가나 지방자치단체는 성매매피해상담소를 설치·운영할 수 있다. 국가나 지방자치단체 외의 자가 상담소를 설치·운영하려면 특별자치시장·특별자치도지사, 시장·군수·구청장에게 신고하여야 한다. 상담소에는 상담실을 두어야 하며, 이용자를 임시로 보호하기 위한 보호실을 운영할 수 있다. 상담소의 설치기준·신고절차·운영기준 등 종사자의 자격기준 및 수 등에 필요한 사항은 여성가족부령으로 정하고 있다(성매매방지 및 피해자보호 등에 관한 법률 제17조).

상담소는 시설의 적정한 분포와 보건·위생·급수·안전·환경 및 교통편의 등을 충분히 고려하여 쾌적한 환경의 부지에 설치하여야 한다. 상담소의 구조와 설비는 그 시설을 이용하는 사람의 연령별 특성에 맞도록 하고, 일조·채광·환기 등 이용자의 보건위생과 재해방지 등을 고려하여야 한다. 상담소의 규모는 시설의 최소면적이 49.59㎡이다. 상담소는 사무실, 면접상담실, 전화상담실, 회의실, 보호실을 설치하여야 한다(성매매방지 및 피해자보호 등에 관한 법률 시행규칙 제6조).[4]

③ 성매매방지중앙지원센터

국가는 성매매방지활동 및 성매매피해자 등에 대한 지원서비스 전달체계의 효율적인 연계·조정 등을 위하여 성매매방지중앙지원센터를 설치·운영할 수 있다(성매매방지 및 피해자보호 등에 관한 법률 제19조).

성매매방지중앙지원센터에는 센터장과 성매매방지활동 등의 업무수행에 필요한 팀을 둔다. 중앙지원센터의 장은 연도별 사업계획을 수립하고 조직, 인사, 회계, 보수, 물품 등 중앙지원센터의 운영에 필요한 규정을 정한 후 그에 따라 업무를 수행하여야 한다(성매매방지 및 피해자보호 등에 관한 법률 시행령 제6조).[5]

4) 다만, 상담소의 형편에 따라 보호실은 설치하지 않을 수 있다. 또한 상담소의 종사자 자격기준, 종사자의 수에 대해서는 「성매매방지 및 피해자보호 등에 관한 법률 시행규칙」 제7조 관련 별표를 참조할 것.

(3) 성매매피해자 보호 · 지원시설의 사업

① 성매매피해자 등을 위한 지원시설[6)]

가. 일반 지원시설

- 숙식 제공
- 심리적 안정과 사회적응을 위한 상담 및 치료
- 질병치료와 건강관리를 위하여 의료기관에 인도하는 등의 의료 지원
- 수사기관의 조사와 법원의 증인신문에의 동행
- 대한법률구조공단 등 관계 기관에 필요한 협조와 지원 요청
- 자립 · 자활 교육의 실시와 취업정보 제공
- 국민기초생활보장법 등 사회보장 관련 법령에 따른 급부의 수령 지원
- 기술교육(위탁교육 포함)
- 다른 법률에서 지원시설에 위탁한 사항

나. 청소년 지원시설

일반 지원시설의 사업 외에 진학을 위한 교육을 제공하거나 교육기관에 취학을 연계하는 사업을 수행한다.

다. 외국인 지원시설

- 숙식 제공
- 심리적 안정과 사회적응을 위한 상담 및 치료
- 질병치료와 건강관리를 위하여 의료기관에 인도하는 등의 의료 지원
- 수사기관의 조사와 법원의 증인신문에의 동행
- 대한법률구조공단 등 관계 기관에 필요한 협조와 지원 요청

5) 성매매방지중앙지원센터의 종사자 자격기준에 대해서는 「성매매방지 및 피해자보호 등에 관한 법률 시행령」 제7조 관련 별표를 참조할 것.

6) 「성매매방지 및 피해자보호 등에 관한 법률」 제11조 참조.

- 다른 법률에서 지원시설에 위탁한 사항
- 귀국을 지원하는 업무

라. 자립지원 공동생활시설

- 숙박 지원
- 취업 및 창업을 위한 정보의 제공
- 그 밖에 사회적응을 위하여 필요한 지원

② 성매매피해상담소[7)]

- 상담 및 현장 방문
- 지원시설 이용에 관한 고지 및 지원시설에의 인도 또는 연계
- 성매매피해자 등의 구조
- 질병치료와 건강관리를 위하여 의료기관에 인도하는 등의 의료 지원
- 수사기관의 조사와 법원의 증인신문에의 동행
- 대한법률구조공단 등 관계 기관에 필요한 협조와 지원 요청
- 성매매 예방을 위한 홍보와 교육
- 다른 법률에서 상담소에 위탁한 사항
- 성매매피해자 등의 보호를 위한 조치

③ 성매매방지중앙지원센터[8)]

- 지원시설, 자활지원센터, 상담소(이하 '상담소 등') 간 종합연계망 구축
- 성매매피해자 구조체계 구축·운영 및 성매매피해자 등 구조활동의 지원
- 법률·의료 지원단 운영 및 법률·의료 지원체계 확립
- 성매매피해자 등의 자활·자립 프로그램 개발·보급

7) 「성매매방지 및 피해자보호 등에 관한 법률」 제18조 참조.

8) 「성매매방지 및 피해자보호등에 관한 법률」 제19조 참조.

- 성매매피해자 등에 대한 지원대책 연구 및 홍보활동
- 성매매 실태조사 및 성매매 방지대책 연구
- 성매매 예방교육 프로그램의 개발
- 상담소 등 종사자의 교육 및 상담원 양성, 상담기법의 개발 및 보급
- 성매매방지활동 및 성매매피해자와 성을 파는 행위를 한 자에 대한 지원서비스

2) 제주지역의 실천현장 사례

제주지역에서는 제주해바라기센터와 여성긴급전화 1366 제주센터에서 성폭력, 가정폭력, 성매매피해자에 대하여 상담, 긴급구조 및 보호, 지원 등의 사업을 하고 있다.[9]

3. 성폭력피해자 보호 · 지원시설

1) 이론적 및 법률적 논의

(1) 성폭력피해자 보호시설의 정의

성폭력피해자 보호시설은 성폭력을 예방하고 성폭력피해자를 보호·지원함을 목적으로 설립된 사회복지시설이다. 성폭력피해자 보호시설의 종류로는 일반 보호시설, 장애인 보호시설, 특별지원 보호시설, 외국인 보호시설, 자립지원 공동생활시설, 장애인 자립지원 공동생활시설이 있다.

일반 보호시설은 피해자에게 보호 및 지원서비스를 제공하는 시설이다. 장애인 보호시설은 장애인인 피해자에게 보호 및 지원서비스를 제공하는 시

9) 제주해바라기센터는 성폭력피해자 보호 · 지원시설에서, 여성긴급전화 1366 제주센터는 가정폭력피해자 보호 · 지원시설에서 다루고 있다.

설이다. 특별지원 보호시설은 「성폭력범죄의 처벌 등에 관한 특례법」에 따른 피해자로서 19세 미만의 피해자에게 보호 및 지원서비스를 제공하는 시설이다. 외국인 보호시설은 외국인 피해자에게 보호 및 지원서비스를 제공하는 시설이다. 자립지원 공동생활시설은 일반 보호시설, 장애인 보호시설, 특별지원 보호시설, 외국인 보호시설을 퇴소한 사람에게 자립·자활교육의 실시와 취업정보 등을 제공하는 시설이다. 장애인 자립지원 공동생활시설은 장애인 보호시설을 퇴소한 사람에게 자립·자활교육의 실시와 취업정보 등을 제공하는 시설이다(성폭력방지 및 피해자보호 등에 관한 법률 제12조).

(2) 성폭력피해자 보호·지원시설의 설치 및 운영

① 성폭력피해자 보호시설

가. 설치기준

국가 또는 지방자치단체는 성폭력피해자 보호시설을 설치·운영할 수 있다. 사회복지법인이나 그 밖의 비영리법인은 특별자치시장·특별자치도지사 또는 시장·군수·구청장의 인가를 받아 보호시설을 설치·운영할 수 있다. 보호시설의 설치·운영기준, 보호시설에 두는 상담원 등 종사자의 수 및 인가절차 등과 위탁에 필요한 사항은 여성가족부령으로 정하고 있다(성폭력방지 및 피해자보호 등에 관한 법률 제12조).

보호시설은 시설의 적정한 분포와 보건·위생·급수·안전·환경 및 교통편의 등을 충분히 고려하여 쾌적한 환경에 설치하여야 한다. 보호시설 종류별 시설규모는 〈표 7-3〉에 제시된 바와 같다. 보호시설의 구조 및 설비는 그 시설을 이용하는 사람의 나이별 특성에 맞도록 하고, 일조·채광·환기 등 이용자의 보건위생 및 재해방지 등을 고려하여야 한다(성폭력방지 및 피해자보호 등에 관한 법률 시행규칙 제6조).[10]

---

10) 성폭력피해자 보호시설의 세부적인 구조 및 설비, 종사자의 수에 대해서는 「성폭력방지 및 피해자보호 등에 관한 법률 시행규칙」 제6조 관련 별표를 참조할 것.

〈표 7-3〉 성폭력피해자 보호시설의 종류별 시설규모

시설의 종류	정원 규모별 연면적			
	7인 이하	8인 이상 10인 이하	11인 이상 15인 이하	16인 이상 20인 이하
일반보호시설	–	99㎡ 이상	165㎡ 이상	198㎡ 이상
장애인보호시설	–	132㎡ 이상	198㎡ 이상	264㎡ 이상
특별지원 보호시설	–	132㎡ 이상	198㎡ 이상	264㎡ 이상
자립지원 공동생활시설	70㎡ 이상	–	–	–
장애인 자립지원 공동생활시설	103㎡ 이상	–	–	–

나. 운영기준

가) 건강 및 생활 관리

- 보호시설의 장은 입소자의 나이, 성격, 심신의 건강상태 등을 고려하여 관찰 · 지도하여야 하며, 보호의 경과에 따라 귀가조치 또는 보호시설로의 전원 등 필요한 조치를 하여야 한다.
- 보호시설의 장은 입소자의 생활환경을 항상 청결하게 하고, 그 위생관리에 유의하면서 입소자의 건강상태에 따라 적절한 훈련과 휴식을 하도록 하여야 한다.
- 보호시설의 장은 입소자의 사생활을 침해하지 않는 범위에서 보호시설의 종사자가 입소자와 함께 생활하도록 조치하여야 하며, 보호시설에는 입소자와 보호시설의 종사자 외의 사람이 거주하여서는 안 된다.
- 보호시설의 장은 입소자의 인권을 보호하고 입소자들이 지역사회에 적응하여 지역사회와 원활한 관계를 정립하고 유지할 수 있도록 입소

자들이 원하는 지역사회활동에 자유롭게 참여할 수 있는 기회를 제공하여야 한다.

- 보호시설은 입소자가 사회경제활동에 참여할 수 있도록 필요한 직업훈련을 실시하되, 그 훈련효과를 높이기 위하여 시설 외의 훈련기관에 의뢰하여 실시할 수 있다.

나) 관리규정

보호시설의 장은 보호시설의 운영방침, 정원 및 직원의 업무분장, 보호시설의 입소요령, 보호시설의 이용수칙, 그 밖에 보호시설 프로그램 운영 등에 관한 내용에 대한 규정을 제정하여 효율적으로 보호시설을 운영하여야 한다.

다) 장부 등의 비치

보호시설의 장은 관리에 관한 장부, 사업에 관한 장부, 재무・회계에 관한 장부를 갖춰두어야 한다.

② 성폭력피해상담소

가. 설치기준

국가 또는 지방자치단체는 성폭력피해상담소를 설치・운영할 수 있다. 국가 또는 지방자치단체 외의 자가 상담소를 설치・운영하려면 특별자치시장・특별자치도지사 또는 시장・군수・구청장에게 신고하여야 한다. 상담소의 설치・운영기준, 상담소에 두는 상담원 등 종사자의 수 및 신고 등에 필요한 사항은 여성가족부령으로 정하고 있다(성폭력방지 및 피해자보호 등에 관한 법률 제10조).

상담소는 시설의 적정한 분포와 보건・위생・급수・안전・환경 및 교통편의 등을 충분히 고려하여 쾌적한 환경에 설치하여야 한다. 상담소는 연면적 49.59㎡ 이상의 공간을 갖추어야 한다. 상담소의 구조 및 설비는 그 시설을 이용하는 사람의 나이별 특성에 맞도록 하고, 일조 · 채광 · 환기 등 이용자의 보건위생 및 재해방지 등을 고려하여야 한다. 상담소는 사무실, 면접상담실, 전화상담실, 회의실, 보호실(임시보호업무를 수행할 필요가 있는 경우만 해당한다), 비상재해대피시설을 갖추어야 한다(성폭력방지 및 피해자보호 등에 관한 법률 시행규칙 제4조).[11)]

나. 운영기준

가) 운영시간

상담소는 주 5일, 평일 8시간 운영하는 것을 원칙으로 한다.

나) 생활관리

상담소의 장은 나이, 성격, 심신의 건강상태 등을 고려하여 상담계획을 수립하여 상담을 실시하여야 하며, 임시보호 대상자의 경과에 따라 귀가조치 또는 다른 보호시설로의 전원 등 필요한 조치를 하여야 한다.

다) 관리규정

상담소의 장은 다음 사항에 관한 규정을 제정하여 상담소의 적정한 운영을 도모하여야 한다. 상담소의 운영방침, 직원의 업무분장, 상담소 이용자의 대응요령, 상담소의 이용수칙, 그 밖에 상담소의 운영 · 관리에 관한 중요한 사항이 그것이다.

라) 장부 등의 비치

상담소의 장은 관리에 관한 장부, 사업에 관한 장부, 재무 · 회계에 관한 장부 및 서류를 갖춰두어야 한다.

11) 성폭력피해상담소의 세부적인 구조 및 설비, 종사자의 수 등에 대해서는 「성폭력방지 및 피해자보호 등에 관한 법률 시행규칙」 제4조 관련 별표를 참조할 것.

③ 성폭력피해자 통합지원센터

국가와 지방자치단체는 성폭력피해상담, 치료, 법률상담 등 연계, 수사지원, 그 밖에 피해구제를 위한 지원업무를 종합적으로 수행하기 위하여 성폭력피해자 통합지원센터를 설치·운영할 수 있다. 국가와 지방자치단체는 대통령령으로 정하는 기관 또는 단체로 하여금 통합지원센터를 설치·운영하게 할 수 있다.[12] 통합지원센터에 두는 상담원 등 종사자의 수 등에 필요한 사항은 여성가족부령으로 정하고 있다(성폭력방지 및 피해자보호 등에 관한 법률 제18조).[13]

(3) 성폭력피해자 보호·지원시설의 사업

① 성폭력피해자 보호시설[14]

성폭력피해자 보호시설의 사업은 다음과 같다.

- 피해자 등의 보호 및 숙식 제공
- 피해자 등의 심리적 안정과 사회적응을 위한 상담 및 치료
- 자립·자활 교육의 실시와 취업정보의 제공
- 피해자 등의 질병치료와 건강관리를 위하여 의료기관에 인도하는 등 의료지원
- 피해자에 대한 수사기관의 조사와 법원의 증인신문 등에의 동행
- 성폭력행위자에 대한 고소와 피해배상청구 등 사법처리 절차에 관하여 법률구조법에 따른 대한법률구조공단 등 관계 기관에 필요한 협조 및 지원 요청

12) 대통령령으로 정하는 기관 또는 단체란 국가나 지방자치단체가 설치·운영하는 여성정책 관련 기관, 의료법에 따른 종합병원, 「지방의료원의 설립 및 운영에 관한 법률」에 따른 지방의료원, 그 밖에 성폭력방지 및 피해자 보호를 주된 업무로 하는 비영리법인 또는 단체를 말한다(성폭력방지 및 피해자 보호 등에 관한 법률 시행령 제6조).

13) 성폭력피해상담소, 성폭력피해자보호시설 및 성폭력피해자 통합지원센터의 종사자 자격기준에 대해서는 「성폭력방지 및 피해자보호 등에 관한 법률 시행령」 제7조 관련 별표를 참조할 것.

14) 「성폭력방지 및 피해자보호 등에 관한 법률」 제13조 참조.

- 다른 법률에 따라 보호시설에 위탁된 업무
- 그 밖에 피해자 등을 보호하기 위하여 필요한 업무

② 성폭력피해상담소[15)]

성폭력피해상담소의 사업은 다음과 같다.

- 성폭력피해의 신고 접수와 이에 관한 상담
- 성폭력피해로 인하여 정상적인 가정생활 또는 사회생활이 곤란하거나 그 밖의 사정으로 긴급히 보호할 필요가 있는 사람과 성폭력피해자 보호시설 등의 연계
- 피해자 등의 질병치료와 건강관리를 위하여 의료기관에 인도하는 등 의료지원
- 피해자에 대한 수사기관의 조사와 법원의 증인신문 등에의 동행
- 성폭력행위자에 대한 고소와 피해배상청구 등 사법처리 절차에 관하여 법률구조법에 따른 대한법률구조공단 등 관계 기관에 필요한 협조 및 지원 요청
- 성폭력 예방을 위한 홍보 및 교육
- 그 밖에 성폭력 및 성폭력피해에 관한 조사 · 연구

③ 성폭력피해자 통합지원센터[16)]

성폭력피해자 통합지원센터는 성폭력 피해상담, 치료, 법률상담 등 연계, 수사지원, 그 밖에 피해구제를 위한 지원업무를 종합적으로 수행하는 사업을 한다.

15) 「성폭력방지 및 피해자보호 등에 관한 법률」 제11조 참조.

16) 「성폭력방지 및 피해자보호 등에 관한 법률」 제18조 참조.

2) 제주지역의 실천현장 사례

(1) 제주해바라기센터

제주해바라기센터는 성폭력, 가정폭력, 성매매피해자에 대하여 365일 24시간 상담, 의료, 법률, 수사 지원을 원스톱으로 제공함으로써, 피해자가 폭력피해로 인한 위기상황에 대처할 수 있도록 하는 목적에서 2006년 12월 설립되었다. 설립 당시 명칭은 제주여성·학교폭력피해자 원스톱지원센터였으나, 센터 기능을 강화하면서 2015년 1월 28일 제주해바라기센터로 개칭하였다(제민일보, 2015. 1. 29). 이 센터는 제주특별자치도, 제주지방경찰청, 제주한라병원의 3자 협약에 의해 운영되고 있다. 센터에는 센터장을 비롯하여 임상심리사, 여자경찰관, 간호사, 상담사, 행정요원 등의 인력이 배치되어 상담, 의료, 수사, 법률 지원이 한 곳에서 이루어지고 있다.

제주해바라기센터는 제주시 연동 소재 제주한라병원에 위치하고 있으며, 센터 내부에는 진술녹화실, 모니터실, 영상진료실, 상담실 등이 설치되어 있다. 진술녹화실에서는 13세 미만 및 장애인 성폭력피해자의 진술을 2대의 카메라로 촬영하여 영상녹화, 증거자료로 활용하고 있으며, 또한 성폭력피해 아동의 진술을 돕기 위해 인체해부학적 인형이 연령별로 마련되어 있는데 인형의 옷은 탈부착 가능하며, 구강, 관절, 손가락 등이 세부적으로 묘사되어 있어 구체적인 동작 표현이 가능하다. 모니터실에서는 일면경으로 진술녹화실 내부를 한눈에 볼 수 있고 첨단 녹화장비를 갖추어 진술과정을 모니터하고 영상을 녹화한다. 상담실은 피해자가 전문상담사와의 상담을 마친 후에 심리적인 안정을 취할 수 있게 꾸며져 있다. 이 센터의 주요 사업내용은 다음과 같다(제주여성·학교폭력피해자 원스톱지원센터 내부자료, 2013).

① 의료지원

- 센터 전담 산부인과 전문의 배정, 응급의학과 24시간 진료
- 첨단 산부인과 의료장비 구비로 영상진료 및 증거 자료 제공

② 상담지원

- 전문상담사와 상담, 피해자 안정실에서 조기 안정 도모
- NGO, 쉼터 등의 연계 지원

③ 수사지원

- 진술 녹화 및 수사 전문 여성경찰관 24시간 근무
- 의료진료차 내방 시, 진술 녹화 후 경찰서에서 활용
- 피해자 조사와 동시에 112 · 117 및 지방경찰청 여경기동수사대, 각 경찰서와 연계하여 신속 처리

④ 법률지원

- 여성 · 학교폭력 전문변호사 등 무료 법률지원
- 센터에서 법률구조공단, 한국가정법률상담소, 민변단체 등과 연계하여 민 · 형사소송 등 법률상담

(2) 제주YWCA 통합상담소

제주시 연동에 위치한 제주YWCA 통합상담소는 1991년 10월 설립되어 제주YWCA에시 운영하는 성폭력피해상담소이다. 상담소의 주요 사업 및 프로그램은 다음과 같다(제주특별자치도사회복지협의회, 2011 : 123).

① 상담업무 : 부부상담, 가족상담, 청소년상담, 성폭력 · 가정폭력피해상담, 남성의 전화, 아동성폭력긴급전화

② 교육업무 : 아동 · 청소년 · 대학생 · 일반인 대상 성교육 및 성폭력 예방교육, 직장인 대상 성희롱 예방교육

③ 프로그램 : 성폭력피해자 치유 · 자활 프로그램, 성폭력가해자 교정 · 치료 프로그램, 가정폭력피해자 치유 프로그램, 가정폭력행위자 교정 · 치유 프로그램, 가성폭력행위자 부부 프로그램

'우리는 내 몸 지킴이'

2013년 제주YWCA 통합상담소에서는 한국양성평등교육진흥원의 후원을 받아 생애주기별 성폭력 예방교육, '우리는 내 몸 지킴이'를 실시했다. 제주지역 중학교 8집단을 대상으로 하여 1집단별 4회기로 진행하였으며, 영상, 역할극, 퀴즈 형태의 다양한 방법으로 성폭력에 대한 개념 이해 및 문제상황에 대한 적절한 대처방법을 알고 남녀의 성 심리의 궁금증과 오해를 해소시켜 올바른 이성관과 청소년의 올바른 성 가치관을 형성하는 데 기여했다(제주여자기독청년회, 2013).

(3) 제주YWCA 여성의 쉼터

제주YWCA 여성의 쉼터는 성폭력 피해를 입은 여성에게 보호 및 숙식 제공과 의료, 수사, 법률, 치료회복 프로그램 등의 서비스를 제공하여 심리적·정서적 안정을 돕고 사회적응을 할 수 있도록 지원함을 목적으로 2002년 9월 설립되어 제주YWCA에서 운영하고 있는 성폭력피해자 보호시설이다.

입소 대상은 성폭력 피해 여성(아동, 청소년, 성인)이고, 입소 기간은 1년 6개월(1년 연장 가능)이다. 지원 내용은 숙식 제공 및 상담(개별상담, 집단상담, 가족상담, 전화 상담 등), 미술치료, 드라마치료, 동작치료, 심리검사 등, 교육지원, 의료지원, 법률지원, 직업훈련, 사후지원(자조모임), 주거지원 연계서비스 등이다(제주YWCA여성의 쉼터, 2016).

4. 가정폭력피해자 보호 · 지원시설

1) 이론적 및 법률적 논의

(1) 가정폭력피해자 보호시설의 정의

가정폭력피해자 보호시설이란 가정폭력을 예방하고 가정폭력의 피해자를 보호・지원함을 목적으로 설치된 사회복지시설이다.

가정폭력피해자 보호시설의 종류로는 단기보호시설, 장기보호시설, 외국인보호시설, 장애인보호시설이 있다. 단기보호시설은 피해자 등을 6개월의 범위에서 보호하는 시설이고, 장기보호시설은 피해자 등에 대하여 2년의 범위에서 자립을 위한 주거편의 등을 제공하는 시설이다. 외국인보호시설은 배우자가 대한민국 국민인 외국인 피해자 등을 2년의 범위에서 보호하는 시설이며, 장애인보호시설은 장애인복지법의 적용을 받는 장애인인 피해자 등을 2년의 범위에서 보호하는 시설이다(가정폭력방지 및 피해자보호 등에 관한 법률 제7조의2).

(2) 가정폭력피해자 보호 · 지원시실의 설치 및 운영

① 가정폭력피해자 보호시설

국가나 지방자치단체는 가정폭력피해자 보호시설(이하 '보호시설'이라 한다)을 설치・운영할 수 있다. 사회복지법인과 그 밖의 비영리법인은 시장・군수・구청장의 인가를 받아 보호시설을 설치・운영할 수 있다. 보호시설에는 상담원을 두어야 하고, 보호시설의 규모에 따라 생활지도원, 취사원, 관리원 등의 종사자를 둘 수 있다. 보호시설의 설치・운영의 기준, 보호시설에 두는 상담원 등 종사자의 직종과 수 및 인가기준 등에 필요한 사항은 여성가족부령으로 정하고 있다(가정폭력방지 및 피해자보호 등에 관한 법률 제7조).

가. 설치기준

보호시설은 시설의 적정한 분포와 보건·위생·급수·안전·환경 및 교통편의 등을 충분히 고려하여 쾌적한 환경에 설치하여야 한다. 보호시설은 입소정원 1인당 연면적 6.6㎡ 이상의 공간을 갖추어야 한다. 보호대상자의 보호가 시간적으로 긴급하거나 그 밖에 이에 준하는 부득이한 사유로 입소정원을 초과하여 피해자 또는 그 가정구성원을 보호할 필요가 있는 경우에는 입소정원의 30%를 초과하지 아니하는 범위에서 시설면적 기준을 적용하지 아니한다. 보호시설의 구조 및 설비는 그 시설을 이용하는 사람의 연령별 특성에 맞도록 하고, 일조·채광·환기 등 이용자의 보건위생 및 재해방지 등을 고려하여 한다(가정폭력방지 및 피해자보호 등에 관한 법률 시행규칙 제6조).[17]

나. 운영기준

가) 건강 및 생활 관리

- 보호시설의 장은 입소자의 나이, 성격, 심신의 건강상태 등을 고려하여 관찰·지도하여야 하며, 보호의 경과에 따라 귀가조치 또는 다른 보호시설로의 전원 등 필요한 조치를 하여야 한다.
- 보호시설의 장은 입소자의 생활환경을 항상 청결하게 하고 그 위생관리에 유의하면서 입소자의 건강상태에 따라 적절한 훈련과 휴식을 하도록 하여야 한다.
- 보호시설의 장은 입소자의 사생활을 침해하지 않는 범위에서 보호시설의 종사자가 입소자와 함께 기거하도록 조치하여야 하며, 보호시설에는 입소자와 보호시설의 종사자 외의 사람이 거주하여서는 아니 된다.
- 보호시설의 장은 입소자의 인권을 보호하고 입소자들이 지역사회에 적응하여 지역사회와 원활한 관계를 정립하고 유지할 수 있도록 입소

17) 보호시설의 세부적인 구조 및 설비, 종사자의 자격기준 및 종사자의 수에 대해서는 「가정폭력방지 및 피해자보호 등에 관한 법률 시행규칙」 제6조 및 제9조 관련 별표를 참조할 것.

자들이 원하는 지역사회활동에 자유롭게 참여할 수 있는 기회를 제공하여야 한다.

- 보호시설은 입소자가 사회경제활동에 참여하도록 하기 위하여 필요한 직업훈련을 실시하되, 그 훈련효과를 높이기 위하여 시설 외의 훈련기관에 의뢰하여 실시할 수 있다.

나) 관리규정

보호시설의 장은 보호시설의 운영방침, 정원 및 직원의 업무분장, 보호시설의 입소요령, 보호시설의 이용수칙, 그 밖에 보호시설 프로그램 운영 등에 관한 내용에 대한 규정을 제정하여 효율적으로 보호시설을 운영하여야 한다.

다) 장부 등의 비치

보호시설의 장은 관리에 관한 장부, 사업에 관한 장부, 재무·회계에 관한 장부 및 서류를 갖춰 두어야 한다.

② 가정폭력 관련 상담소

국가나 지방자치단체는 가정폭력 관련 상담소(이하 '상담소'라 한다)를 설치·운영할 수 있다. 국가나 지방자치단체 외의 자가 상담소를 설치·운영하려면 특별자치도지사·시장·군수·구청장에게 신고하여야 한다. 상담소의 설치·운영기준, 상담소에 두는 상담원의 수와 신고절차 등에 필요한 사항은 여성가족부령으로 정하고 있다(가정폭력방지 및 피해자보호 등에 관한 법률 제5조).

가. 설치기준

상담소는 시설의 적정한 분포와 보건·위생·급수·안전·환경 및 교통편의 등을 충분히 고려하여 쾌적한 환경에 설치하여야 한다. 상담소는 연면적 49.59㎡ 이상의 공간을 갖추어야 한다. 상담소의 구조 및 설비는 그 시설을 이용하는 사람의 연령별 특성에 맞도록 하고, 일조·채광·환기 등 이용자의 보건위생 및 재해방지 등을 고려하여야 한다. 상담소는 사무실, 면접상담실, 전화상담실, 회의실, 보호실(임시보호업무를 수행할 필요가 있는 경우만 해당한다), 비상재해대피시설을 갖추어야 한다(가정폭력방지 및 피해자보호 등에 관한 법률 시행규칙 제4조).[18]

나. 운영기준

가) 운영시간

상담소는 주 5일, 평일 8시간 이상 운영하는 것을 원칙으로 한다.

나) 생활관리

상담소의 장은 상담자의 나이, 성격, 심신의 상태 등을 고려하여 상담계획을 수립하여 상담을 실시하여야 하며, 임시보호 대상자의 경과에 따라 귀가조치 또는 다른 보호시설로의 전원 등 필요한 조치를 하여야 한다.

다) 관리규정

상담소의 장은 상담소의 운영방침, 상담소 이용자의 대응요령, 상담소의 이용수칙, 그 밖에 상담소의 운영·관리에 관한 중요한 사항에 대한 규정을 제정하여 상담소의 적정한 운영을 도모하여야 한다.

라) 장부 등의 비치

상담소의 장은 관리에 관한 장부, 사업에 관한 장부, 재무·회계에 관한 장부 및 서류를 갖춰두어야 한다.

---

18) 가정폭력 관련 상담소의 세부적인 구조 및 설비, 종사자의 자격기준, 종사자의 수에 대해서는 「가정폭력방지 및 피해자보호 등에 관한 법률 시행규칙」 제4조 및 제9조 관련 별표를 참조할 것.

③ 긴급전화센터

가. 설치기준

여성가족부장관 또는 특별시장 · 광역시장 · 도지사 · 특별자치도지사는 긴급전화센터를 설치 · 운영하여야 한다. 이 경우 외국어서비스를 제공하는 긴급전화센터를 따로 설치 · 운영할 수 있다. 긴급전화센터의 설치 · 운영에 관한 사항은 여성가족부령으로 정하고 있다(가정폭력방지 및 피해자보호 등에 관한 법률 제4조의6).

긴급전화센터는 연면적 100㎡ 이상의 독립된 공간을 갖추어야 한다. 일조 · 채광 · 환기 등 종사자 및 이용자의 보건위생과 재해방지 등을 고려하여 종사자 및 이용자가 쾌적한 일상생활을 하는 데 적합한 규모 및 구조 설비를 갖추어야 한다. 긴급전화센터는 사무실, 상담실, 긴급피난시설, 비상재해대피시설을 갖추어야 한다(가정폭력방지 및 피해자보호 등에 관한 법률 시행규칙 제2조의3).[19]

나. 운영기준

가) 운영시간

긴급전화센터는 서비스 대상자에 대하여 1년 365일 24시간 긴급상담 및 안내 · 보호 조치를 할 수 있도록 8시간 3교대 근무체제로 상담원을 배치하여야 하며, 특히 야간에는 반드시 2명 이상의 상담원을 배치하여야 한다. 다만, 외국어서비스를 제공하는 긴급전화센터로서 교대근무 및 야간상담원 배치가 어려운 경우에는 여성가족부장관이 정하는 바에 따라 상담원을 다르게 배치할 수 있다.

19) 긴급전화센터의 세부적인 구조 및 설비, 종사자의 수, 종사자의 자격기준에 대해서는 「가정폭력방지 및 피해자보호 등에 관한 법률 시행규칙」 제2조의3 및 제9조 관련 별표를 참조할 것.

(가) 주간 운영(09시 이후~18시 이전)

서비스대상자와 다양한 서비스를 연결하는 긴급보호기능을 수행할 수 있도록 수신전화 회선을 5개 회선 이상 설치하여야 하며, 상담 또는 연계기능을 빠른 시간 내로 완결하여 상시 긴급통화가 가능한 상태를 유지하여야 한다.

(나) 야간 운영(18시 이후~09시 이전)

정보 제공, 의료서비스 및 위기개입서비스 등의 종합서비스 제공기능을 수행한다.

나) 긴급보호 조치

긴급상황에 처한 피해자가 가까운 상담소, 보호시설 또는 112, 119 등에 의하여 즉시 조치될 수 있도록 관련 기관과 긴급연락망을 구축하고 협조체계를 유지하여야 한다. 또한 긴급피난 및 긴급보호가 필요한 대상에 대해서는 긴급보호 조치를 한 후 관련 기관(상담소, 복지시설, 112, 119, 행정기관, 수사기관, 병원 등)과 협조하여 계속적인 보호가 가능하도록 조치하여야 한다.

다) 관련 기관과의 네트워크 구축

관련 기관과의 네트워크 구축을 위한 장비를 지역 실정에 알맞게 설치·유지하고, 연계횟수가 많은 기관과는 전용선을 설치·유지하여야 한다. 이 경우 관련 기관과 연계하여야 할 주요 내용은 다음과 같다.

- 서비스대상자에게 외부 서비스기관에 관한 정보 제공
- 서비스대상자를 해당 외부 서비스기관에 의뢰
- 서비스대상자를 위해 자원동원(프로그램, 전문인력 지원, 비용공제, 각종 정보)을 요청

- 외부 서비스기관과 프로그램 계획, 홍보활동, 자원 발굴 등을 공동으로 수립 · 시행

라) 정보교류 및 자원공유를 위한 지역사회 자원의 DB 구축

지역사회의 가정폭력 방지 및 피해자 보호 등과 관련된 자원에 대한 목록을 체계적으로 관리하고 이를 관련 기관에 제공하여야 한다.

마) 홍보계획 수립 및 실시

연초에 관련 기관과의 효과적인 네트워크 구축을 고려하여 홍보계획서를 작성하고 지역사회에 대하여 캠페인, 지역신문, 생활정보지, CATV, 반상회보 등을 활용하여 홍보활동을 실시한다.

바) 관리규정

긴급전화센터의 장은 긴급전화센터의 운영방침, 직원의 업무분장, 긴급전화센터 이용자에 대한 대응요령, 긴급전화센터의 이용수칙, 그 밖에 긴급전화센터의 운영 · 관리에 관한 중요한 사항에 대한 규정을 제정하여 긴급전화센터의 적정한 운영을 도모하여야 한다.

사) 장부 등의 비치

긴급전화센터의 장은 관리에 관한 장부, 사업에 관한 장부, 재무 · 회계에 관한 장부 및 서류를 갖춰두어야 한다.

(3) 가정폭력피해자 보호 · 지원시설의 사업

① 가정폭력피해자 보호시설

가정폭력피해자 보호시설은 피해자 등에 대하여 다음의 사업을 행한다(가정폭력방지 및 피해자보호 등에 관한 법률 제8조).

- 숙식의 제공
- 심리적 안정과 사회적응을 위한 상담 및 치료
- 질병치료와 건강관리를 위한 의료기관에의 인도 등 의료지원
- 수사기관의 조사와 법원의 증인신문에의 동행
- 법률구조기관 등에 필요한 협조와 지원의 요청
- 자립자활교육의 실시와 취업정보의 제공
- 다른 법률에 따라 보호시설에 위탁된 사항
- 그 밖에 피해자 등의 보호을 위하여 필요한 일

② 가정폭력 관련 상담소

가정폭력 관련 상담소의 사업은 다음과 같다(가정폭력방지 및 피해자보호 등에 관한 법률 제6조).

- 가정폭력을 신고받거나 이에 관한 상담에 응하는 일
- 가정폭력을 신고하거나 이에 관한 상담을 요청하는 사람과 그 가족에 대한 상담
- 가정폭력으로 정상적인 가정생활과 사회생활이 어렵거나 그 밖에 긴급히 보호를 필요로 하는 피해자 등을 임시로 보호하거나 의료기관 또는 가정폭력피해자 보호시설로 인도하는 일
- 행위자에 대한 고발 등 법률적 사항에 관하여 자문하기 위한 대한변호사협회 또는 지방변호사회 및 법률구조법에 따른 법률구조법인 등에 대한 필요한 협조와 지원의 요청
- 경찰관서 등으로부터 인도받은 피해자 등의 임시보호

- 가정폭력의 예방과 방지에 관한 교육 및 홍보
- 그 밖에 가정폭력과 그 피해에 관한 조사 · 연구

③ 긴급전화센터

긴급전화센터의 사업은 피해자의 신고접수 및 상담, 관련 기관 · 시설과의 연계, 피해자에 대한 긴급한 구조의 지원, 경찰관서 등으로부터 인도받은 피해자 및 피해자가 동반한 가정구성원의 임시보호이다(가정폭력방지 및 피해자보호 등에 관한 법률 제4조의6).

2) 제주지역의 실천현장 사례

(1) 제주가족사랑상담소

제주가족사랑상담소는 가정폭력을 예방하고 피해자 상담 등을 통해 신체적 · 정신적 안정을 도움으로써 궁극적으로 건강하고 화목한 가정을 만들 수 있도록 지원하는 상담소이다. 1999년 1월 '가정폭력상담소'라는 명패를 달고 처음 문을 열었다. '가정폭력'이라는 단어의 부정적 이미지를 고려하여 2005년 지금의 명칭으로 바꾸었다.

가족사랑상담소는 가정폭력을 비롯하여 부부갈등, 자녀문제 등에 대해 무료로 상담하고 다양한 교육을 동해 맞춤형 프로그램을 제공하고 있다. 상담은 개별상담과 집단상담으로 나누어 이루어진다. 또한 가족상담 인력 양성을 위한 '가족상담사 자격 과정'을 별도로 운영하고 있다. 인터넷 · 게임중독 아동치료서비스도 제공한다.

주요 교육 프로그램으로는 가정폭력예방 부부교육 및 자녀교육, 미술치료 아카데미 교실, 가족치료 워크숍, 한국형 에니어그램 워크숍 등이 있다. 가족사랑상담소는 개소 첫해인 1999년 가정폭력사건 대상자 상담수탁기관으로 지정되었다. 법원에서 가정폭력 혐의로 유죄판결을 받은 이들을 대상으로 '좋은 아버지들의 모임'이라는 사업을 시작하였다(제주사회복지신문, 2011.

8. 1). '좋은 아버지들의 모임'이라는 주제가 따뜻한 느낌이 들어 이 주제를 가지고 프로그램을 진행하다 보니 '좋은 어머니들의 모임'도 있었으면 좋겠다는 참여자들의 의견이 많아서 그런 의견을 수용하여 지금은 '부모대학'이라는 주제를 달고 프로그램을 진행하고 있다. '부모대학'은 여성가족부의 지원을 받아 매년 지속적으로 시행을 하고 있으며, 집단상담, 개별상담, 부부상담으로 구성되어 행복한 가정을 만들기 위해 용기를 갖고 새롭게 도전하는 멋지고 당당한 부모들의 모임이다(제주가족사랑상담소, 2013).

(2) 서귀포가정행복상담소

서귀포시 동홍동에 위치한 서귀포가정행복상담소는 2000년 12월 설립되었으며, (사)서귀포상담센터에서 운영하고 있다. 설립목적은 여성의 사회적 지위 향상과 가정폭력 예방 및 근절을 실현하기 위한 여성 상담 및 가족치료, 교육, 홍보를 전개함으로써 건전한 가정을 유지하고 가족해체를 방지하여 건강한 사회를 이루기 위함이다. 주요 사업은 다음과 같다(제주특별자치도 사회복지협의회, 2011 : 125).

- 피해자 치료회복 프로그램 : 집단치료, 예술치료, 심심회복캠프, 원예치료
- 가족기능향상사업 : 예술치료를 통한 가족 화합
- 의사소통 프로그램 : 비폭력대화 및 분노 조절
- 그대를 사랑합니다 : 가정폭력 예방캠페인 및 부부의날 행사
- 아버지들의 수다 : 아버지들의 의사소통 프로그램 및 캠프

(3) 여성긴급전화 1366 제주센터

1366은 위기에 처한 여성에게 1년 365일에 하루를 더하여 충분하고 즉각적인 서비스를 제공한다는 의미로 언제나 충분하고 섬세한 서비스를 받을 수 있도록 한다는 의지가 담겨 있다.

가정폭력과 성폭력이 발생했을 때, 폭력상황으로부터 피신할 곳이 없다

거나 잠시 머물 곳이 필요할 때, 미혼모, 가출, 유흥, 성매매 관련 상담이 필요할 때, 기타 여성 관련 상담이 필요할 때 전국 어디에서나 국번없이 1366을 누르면 긴급전화상담, 전화통화에 의한 초기상담, 긴급보호 등을 받을 수 있다. 또한 전문상담기관, 보호시설, 의료기관, 교육기관, 법률기관, 검·경찰, 행정기관 등과 네크워크를 구축해 즉각적이고 통합적인 서비스를 제공하는 원스톱보호망으로 전국 어디에서나 도움을 받을 수 있다.

여성가족부와 제주특별자치도로부터 위탁받아 현재 사회복지법인 제주가톨릭사회복지회에서 운영하고 있는 '여성긴급전화 1366 제주센터'는 1988년 1월 (사)제주여민회부설 여성상담소 민간 위탁 운영으로 개통된 것이다. 정부와 도에서 지원을 받은 국가기관, 비밀이 보장되는 공익기관으로서 연중 24시간 여성을 지키는 'Hot-Line'이다. 여성긴급전화 1366 제주센터는 긴급한 구조, 보호 또는 상담을 필요로 하는 여성들이 365일 24시간 언제라도 긴급상담을 받을 수 있도록 하고 있다(제주사회복지신문, 2008. 8. 1).

5. 다문화가족지원센터

1) 이론적 및 법률적 논의

(1) 다문화가족시원센터의 정의

다문화가족지원센터(이하 '지원센터'라 한다)는 다문화가족 구성원이 안정적인 가족생활을 영위할 수 있도록 함으로써 이들의 삶의 질 향상과 사회통합에 이바지함을 목적으로 설치된 사회복지시설이다(다문화가족지원법 제1조). 여기서 '다문화가족'이란 재한외국인 처우 기본법에 따른 결혼이민자와 국적법의 규정에 따라 대한민국 국적을 취득한 자로 이루어진 가족을 말한다(다문화가족지원법 제2조).

(2) 다문화가족지원센터의 설치 및 운영

국가와 지방자치단체는 다문화가족지원센터를 설치·운영할 수 있다. 국가 또는 지방자치단체는 지원센터의 설치·운영을 대통령령으로 정하는 법인이나 단체에 위탁할 수 있다.[20] 국가 또는 지방자치단체가 아닌 자가 지원센터를 설치·운영하고자 할 때에는 미리 시·도지사 또는 시장·군수·구청장의 지정을 받아야 한다. 지원센터의 설치·운영기준, 위탁·지정 기간 및 절차 등에 필요한 사항은 대통령령으로 정하고, 전문인력의 기준 등에 필요한 사항은 여성가족부령으로 정하고 있다(다문화가족지원법 제12조). 지원센터의 설치·운영기준은 다음과 같다(다문화가족지원법 시행령 제12조).

① 설치기준

일조·채광·환기 등이 원활하고 교통수단 등이 구비되어 종사자 및 이용자의 건강유지 및 재해방지가 가능하고 일상생활을 하는 데 적합하며 접근이 편리한 위치여야 한다. 지원센터는 사무실, 상담실, 교육장, 언어발달 교육을 위한 공간, 비상재해대피시설을 갖추어야 한다.[21]

② 운영기준

가. 운영시간

주 5일, 하루 8시간 이상 운영한다.

나. 관리규정

운영방침, 직원의 업무분장, 그 밖에 운영에 필요한 규정을 제정·시행한다.

---

20) 대통령령으로 정하는 법인이나 단체의 구체적 사항에 대해서는 다문화가족지원법 시행령 제12조의2를 참조할 것.

21) 다문화가족지원센터의 세부적인 구조 및 설비에 대해서는 다문화가족지원법 시행령 제12조 관련 별표를 참조할 것.

다. 장부 등의 비치

- 지원센터의 연혁에 관한 기록부
- 재산대장 · 재산목록과 그 소유 또는 사용을 증명할 수 있는 서류
- 지원센터의 운영일지
- 지원센터의 장 및 전문인력 인사카드
- 예산서 및 결산서
- 총계정 원장 및 수입 · 지출보조부
- 금전 · 물품의 출납부와 그 증명서류
- 보고서 철 및 관계 행정기관의 문서철

③ 전문인력의 기준

지원센터에는 다문화가족에 대한 교육 · 상담 등의 업무를 수행하기 위하여 다음의 어느 하나에 해당하는 학식과 경험을 가진 전문인력 1명 이상을 두어야 한다(다문화가족지원법 시행규칙 제3조).

- 건강가정기본법에 따른 건강가정사
- 사회복지사업법에 따른 사회복지사
- 그 밖에 여성가족부장관이 인정하는 관련 분야의 전문인력

(3) 다문화가족지원센터의 사업

지원센터는 다음의 사업을 수행한다(다문화가족지원법 제12조).

- 다문화가족을 위한 교육 · 상담 등 지원사업의 실시
- 결혼이민자 등에 대한 한국어 교육
- 다문화가족 지원서비스 정보 제공 및 홍보
- 다문화가족 지원 관련 기관 · 단체와의 서비스 연계
- 일자리에 관한 정보 제공 및 일자리의 알선
- 다문화가족을 위한 통역 · 번역 지원사업
- 그 밖에 다문화가족 지원을 위하여 필요한 사업

2) 제주지역의 실천현장 사례

(1) 제주다문화가정센터

제주다문화가정센터는 2007년 10월 국제결혼을 통해 제주에서 새로운 생활을 시작하는 외국인 아내를 둔 남편들이 힘을 모아 문을 열었다. 결혼이민자인 아내들이 낯선 나라에서 필요로 하는 것이 무엇인지 잘 알고 있는 남편들이 어려운 환경에서도 회비를 모아 자조모임을 시작으로 외국인 아내를 돕는 데 적극적으로 나선 것이다.

다문화가족의 언어적·문화적·경제적 어려움과 사회적 편견 등 다양한 어려움에 직면해 있는 현실을 결혼이민자 가정의 남편과 아내가 함께 힘을 합쳐 다문화가족의 권익 보호와 복지 향상을 도모하고, 행복한 가정을 이루는 데 이바지할 수 있는 활동을 하기 위해 (사)다문화가정제주특별자치도협회 산하에 센터를 설립하게 된 것이다.

제주시 도남동에 보금자리를 마련한 센터는 회원들의 자활을 위해 다양한 사업을 운영하고 있다. 우선 결혼이민자에게 가장 필요한 언어소통을 위해 매일 한국어 교육을 실시한다. 기초 및 중·고급과정과 자격증반으로 나누어 운영하고 있으며, 가정생활의 어려움이나 출입국문제, 법률 등 국내 정착에 필요한 상담을 지원하고 있다. 취업 및 창업을 위한 교육으로 컴퓨터교육, 천연비누 만들기, 이·미용강좌, 비즈공예, 사진과 영상미디어 강좌 등을 실시하고 있다. 이 외에도 행복한 가정 만들기 지원 활동, 정착 지원 활동, 회원 간 네트워크 활성화 사업 등을 운영하고 있으며, 각종 축제 및 단체 행사에 참여해 다문화 음식 및 공연을 통한 홍보, 다문화가족의 화합을 위해 체육대회, 문화체험, 가족캠프 등을 지원하기도 한다.

특히 '다문화강사 파견 프로그램'은 센터에서 심혈을 기울이고 있는 사업이다. 결혼이민자 중에는 고학력, 자격증 소지자 등이 있는데, 이들을 활용해 다양한 국적의 이민자들이 자신의 나라 문화와 언어를 알리는 프로그램이다. 어린이집 4곳을 대상으로 시범 운영한 결과 소문을 듣고 예약이 들어

오는 등 호응을 얻고 있어 점차 확대할 방침이다. 또한 센터에서 운영하는 미용강좌를 통해 실력을 쌓은 회원들이 외국인근로자 등 취약계층에게 이·미용 봉사활동을 펼치고 있으며, 사진교육을 받은 회원 20여 명이 '다문화사진연구회'를 결성하여 회원의 결혼, 돌, 가족사진 등 사진촬영을 지원하고 있다(제주사회복지신문, 2009. 7. 1).

'다문화가정 소통과 희망의 날개 달기'

(사)다문화가정제주특별자치도협회 제주다문화가정센터는 다문화가족 여성과 외국인근로자 등을 대상으로 2008년부터 한국어 교육 프로그램인 '다문화가정 소통과 희망의 날개 달기'를 운영하고 있다. 이 프로그램은 매주 월요일부터 금요일까지 오전·오후반으로 나눠 오전에는 초급과정, 오후에는 중급과정 교육으로 진행된다. '다문화가정 소통과 희망의 날개 달기'는 단순한 한국어 강좌를 넘어서 다문화가정 여성과 외국인근로자들에게 제주에서 생활하면서 느낄 수 있는 불편사항 등에 대해서도 자세히 설명한다. 다문화가족 여성이 제주에 살면서 느낄 수 있는 불편에서부터 제주문화까지 제주도민으로서 이웃과 소통하고, 행복이란 희망을 실현할 수 있도록 도움을 주는 것이 목적이기 때문이다. 제주지역의 독특한 언어와 문화에 결혼이민자들과 외국인근로자들이 적응하는 것을 돕기 위해 센터에서는 매주 금요일 오후 한국어 중급반을 제주어 강좌로 운영, 제주로 시집온 다문화가족 여성들과 외국인근로자들에게 제주어를 가르치고 있다.

출처 : 제민일보(2012. 10. 6).

(2) 제주시다문화가족지원센터

제주시 노형동에 위치한 제주시다문화가족지원센터는 2007년 3월 설립되었으며, 제주이주민센터에서 운영하고 있다. 설립목적은 다문화가족의 안정적인 정착과 가족생활을 지원하기 위해 한국어 교육, 가족교육, 상담, 정보제공, 역량강화 지원 등 종합적인 서비스를 제공하여 다문화가족의 한국사회 조기 적응 및 사회경제적 자립지원을 도모하는 것이다. 주요 사업은 다음과 같다(제주특별자치도사회복지협의회, 2011 : 329).

- 기본 사업 : 한국어교육, 다문화이해교육, 가족통합교육, 취·창업교육, 출신국별 자조모임, 이중언어교실, 육아정보나눔터 운영
- 홍보운영사업 : 제주다민족문화제, 제주외국인가족페스티벌, 한가위한마당, 다문화교육강사 양성 및 파견, 세미나, 협의체 구성
- 다문화가족 상담활동 : 결혼이민자 및 가족 대상 각종 상담
- 방문교육사업 : 한국어교육서비스, 부모교육서비스, 임신·출산서비스
- 통·번역서비스 : 중국어, 베트남어, 필리핀(영어), 태국어, 몽골어 통·번역 지원
- 언어발달지원사업 : 다문화가족 자녀 언어발달 진단 및 평가

CHAPTER 8

정신보건복지실천현장

1. 정신요양시설
2. 정신질환자사회복귀시설
3. 정신보건센터

제8장 정신보건복지실천현장

1. 정신요양시설

1) 이론적 및 법률적 논의

(1) 정신요양시설의 정의

정신요양시설은 정신의료기관에서 의뢰된 정신질환자와 만성정신질환자를 입소시켜 요양과 사회복귀 촉진을 위한 훈련을 하는 시설이다(정신보건법 제3조).

(2) 정신요양시설의 설치 및 운영

사회복지법인 기타 비영리법인은 보건복지부장관의 허가를 받아 정신요양시설을 설치·운영할 수 있다. 허가받은 사항 중 보건복지부령이 정하는 중요한 사항을 변경하고자 하는 때에도 또한 같다. 정신요양시설에서의 요양과 사회복귀를 위한 훈련은 보건복지부장관이 정하는 바에 의하여 행하여져야 한다. 보건복지부장관 또는 시·도지사는 정신요양시설의 장에게 정신질환자의 요양과 사회복귀 촉진을 위한 훈련에 지장이 없는 범위 안에서 지역주민·사회단체·언론기관 등이 정신요양시설의 운영상황을 파악할 수 있도록 당해 시설의 개방을 요구할 수 있다. 이 경우 정신요양시설의 장은 정당한 사유가 없는 한 이에 응하여야 한다. 정신요양시설의 설치기준, 수용인원, 종사자의 수 및 자격, 이용 및 운영에 필요한 사항은 보건복지부령으로 정한다. 정신요양시설의 장은 정신요양시설에서 요양과 사회복귀를 위한 훈련을 실시할 때 의료와 관련된 부분은 대통령령으로 정하는 바에 따라 정신건강의학과 의사의 자문을 받아야 한다(정신보건법 제10조).

① 설치기준

정신요양시설은 보건, 위생, 급수, 안전, 환경 및 교통편의 등을 충분히 고려하여 쾌적한 곳에 설치하여야 하고, 일조, 채광, 환기, 난방, 급배수 등 입소자의 보건·위생·안전 및 생활편의에 적합한 구조 및 시설을 갖추어야 하며, 항상 청결을 유지하여야 한다. 또한 정신요양시설의 구조 및 시설은 입소자의 질환 유형별, 성별 및 연령별 특성에 적합하도록 하여야 한다 (정신요양시설의 설치기준 및 운영 등에 관한 규칙 제2조).[1]

② 운영기준[2]

가. 요양생활에 관한 사항

- 정신요양시설의 장은 입소자의 건강 유지와 효과적인 요양을 위하여 일정표에 따라 적절한 운동, 오락, 교양시간 등을 가질 수 있도록 하여야 한다.
- 정신요양시설의 장은 입소자가 주 1회 이상(5월에서 8월까지의 기간 중 3월간은 주 2회 이상) 목욕을 할 수 있도록 하여야 하며, 칫솔, 세면도구 등은 위해 방지를 위하여 일정한 장소에 보관하여야 한다.
- 정신요양시설의 장은 입소자 또는 그 보호자가 입소자의 외출과 외박을 신청하는 경우에는 정신과 전문의의 동의를 받도록 하여야 한다. 이 경우 정신요양시설의 장은 이에 관한 사항을 외출·외박 기록부에 기록하여야 한다.
- 정신요양시설의 장은 입소비용, 입소자 준수사항 등을 명시한 관리규정을 정하고, 이를 입소자에게 알려주어야 한다.

1) 정신요양시설의 세부적인 구조 및 설비, 수용인원, 종사자의 수 및 자격에 대해서는 정신요양시설의 설치기준 및 운영 등에 관한 규칙 제2조 및 제3조 관련 별표를 참조할 것.

2) 정신요양시설의 설치기준 및 운영 등에 관한 규칙 제11조 관련 별표 참조.

나. 급식위생에 관한 사항

- 식단은 영양사가 작성하여야 하며, 영양사가 없는 시설은 보건소의 지도를 받아 이를 작성하여야 한다.
- 정신요양시설의 장은 전염성 질환, 화농성 창상 등 조리에 부적합한 사람이 입소·이용자의 식사를 조리하게 해서는 아니 된다.
- 수돗물 외에 먹는 물을 사용하는 경우에는 먹는 물 수질기준 및 검사 등에 관한 규칙에서 정하는 바에 따라 수질검사를 받아야 한다.

다. 건강진단에 관한 사항

- 정신요양시설의 장은 입소자에 대하여 매년 1회 이상 질병의 보유 여부를 확인·판단할 수 있도록 건강진단을 실시하여야 한다.
- 정신요양시설의 장은 진단 결과 전염병 환자는 보건소에 신고하여야 하고, 보건소장의 지시에 따라 해당 환자에 대하여 필요한 조치를 하여야 하며, 지체 없이 그 사실을 보호의무자에게 알려야 한다.

라. 진료 및 투약에 관한 사항

- 정신요양시설의 장은 입소자에 대한 진료 및 처방은 정신과 전문의가, 투약은 정신과 전문의 또는 간호사가 실시하도록 하여야 한다.
- 정신요양시설의 장은 입소자에 대한 진료기록부 및 투약관리대장을 갖추어 두어야 하고, 진료 및 투약에 관한 사항을 기록·관리하여야 한다.

마. 의료기관의 이용 등에 관한 사항

- 정신요양시설의 장은 입소자가 합병증 등 다른 질병에 걸리거나 건강 상태가 악화된 경우에는 일시적으로 격리된 거실에서 정신과 전문의 등에게 필요한 진료 등을 받도록 하거나 의료기관으로 이송하여 입원 또는 통원 치료를 받도록 조치하여야 한다.

- 정신요양시설의 장은 입소자가 의료기관에서 입원치료가 필요한 경우에는 그 사실을 해당 입소자의 보호의무자 및 시장·군수·구청장에게 알린 후 치료를 받을 수 있게 하여야 한다. 다만, 응급환자의 경우에는 치료를 시작한 후 3일 이내에 알릴 수 있다.

바. 작업요법 및 사회복귀훈련 등에 관한 사항

- 정신요양시설의 장은 입소자에 대하여 사회복귀훈련의 목적으로 건강상태, 작업의 종류·시간·위험성·장소 등을 고려하여 봉투 붙이기, 해당 시설 자체의 청소·취사·세탁 등 단순 작업을 시킬 수 있다.
- 위의 작업은 1일 6시간, 1주 30시간(정신요양시설이 아닌 외부에서 작업을 하는 경우에는 1일 8시간, 1주 40시간)을 넘어서는 아니 되며, 직업재활훈련실 등 작업에 필요한 시설을 갖춘 장소에서 하여야 한다.
- 위의 작업은 해당 정신질환자 본인의 신청 또는 동의에 의하여 정신과 전문의의 지시에 따라 실시하거나 정신과 전문의의 지도를 받아 전문요원의 지시에 따라 실시하되, 작업치료사, 사회복지사, 간호사 또는 간호조무사를 작업지도원으로 임명하여 입소환자가 안전한 환경에서 해당 작업을 할 수 있도록 보호하여야 하고, 작업지도원으로 하여금 작업치료일지를 기록하고 정신과 전문의의 확인을 받도록 하여야 한다.
- 정신요양시설의 장은 입소자에게 유해 또는 위험한 작업이나 적성에 맞지 아니하는 작업 등을 무리하게 시켜서는 아니 된다.

사. 작업에 따른 수입의 관리에 관한 사항

- 정신요양시설의 장은 위의 작업으로 얻은 수입이 있는 경우에는 원자재 구입비용 등 작업에 든 실비를 제외한 금액을 해당 작업자에게 각 개인별 예금계좌를 통하여 지급하여야 한다.

아. 비용징수 방법 등에 관한 사항

- 정신요양시설의 장은 입소정원의 100분의 30의 범위에서 국민기초생활보장법에 따른 수급자가 아닌 사람에 대하여 비용 징수 한도액의 범위에서 입소요금을 받고 입소시킬 수 있다. 다만, 정신요양시설의 현원이 입소정원에 미달하는 경우에는 시장・군수・구청장의 인정을 받아 입소정원의 100분의 50까지 국민기초생활보장법에 따른 수급자가 아닌 사람을 입소시킬 수 있다.
- 입소요금은 월단위로 정하여야 하며, 월별 입소요금은 해당 월에 수납하되, 납부자가 원하는 경우에는 2개월분 또는 3개월분의 요금을 한꺼번에 수납할 수 있다.
- 입소요금은 종사자의 인건비 등 정신요양시설의 운영비 외의 목적으로 사용할 수 있다.

자. 사망자의 처리에 관한 사항

- 정신요양시설의 장은 입소자가 사망하는 경우에는 의료법에 따라 의사의 진단서 또는 검안서를 교부받아 시체와 함께 그 보호의무자에게 인도하여야 하며, 보호의무자가 시장・군수・구청장인 경우에는 매장 및 묘지 등에 관한 법령에 정하는 바에 따라 매장 또는 화장 신고를 한 후에 매장 또는 화장하여야 한다.
- 정신요양시설의 장은 사망자의 사망일시, 사망원인 및 사체 처리내용 등에 관한 사항을 시장・군수・구청장에게 매월 보고하여야 한다.
- 시장・군수・구청장은 정신요양시설에서의 적법한 사망자의 처리가 이루어질 수 있도록 지도・감독하여야 한다.

차. 장부 등의 비치 및 보존에 관한 사항

정신요양시설에는 다음의 장부 및 서류를 비치・보존하여야 한다.

- 정신요양시설 설치인가증, 법인 정관 및 시설의 연혁에 관한 기록부 : 영구
- 재산목록과 그 권리에 관한 증명서 : 영구
- 정신요양시설의 운영일지 : 3년
- 정신요양시설의 장 및 종사자의 인사기록부(이력서 및 해당 자격증의 사본을 포함한다) : 5년
- 예산서 및 결산서 : 5년
- 총계정원장 및 수입 · 지출보조부 : 5년
- 금전 및 물품의 출납부와 그 증빙서류 : 5년
- 보고서철 및 관계 행정기관과의 수발문서철 : 3년
- 종사자의 인사 · 복무 및 정신요양시설의 운영에 관한 규정 : 3년
- 입 · 퇴소자의 명단 및 신상기록, 요양보호경과, 진료, 투약, 작업, 면회, 외출 등 요양보호생활을 기록한 서류 : 10년
- 임금대장, 자재(원료)출납부, 제품출납부, 제품매출대장(작업치료를 실시하는 경우만 해당한다) : 5년

카. 시설물 관리에 관한 사항

- 정신요양시설의 장은 정신요양시설을 안전하게 유지 · 관리하여야 하며, 관계 법령에서 정하는 바에 따라 정신요양시설에 대한 안전점검을 실시하여야 한다.
- 정신요양시설의 장은 전기시설, 가스시설, 보일러 등 화재유발시설에 대하여 정기적으로 안전점검을 실시하여야 한다.
- 정신요양시설의 장은 전열기구를 지정된 장소에만 사용하도록 하고, 입소자의 흡연은 장소 및 시간을 정하여 담당 직원의 감독하에 행하여야 한다.
- 정신요양시설의 장은 소화기구 및 경보설비를 설치하여 즉시 작동이 가능하도록 유지하고, 종사자 및 입소자로 하여금 소화기구 및 경보시

설의 사용방법에 익숙하게 하여야 한다.

- 정신요양시설의 장은 시설의 동별로 소방대책을 수립하여 화재가 발생하는 경우에 신속히 대처할 수 있도록 하여야 한다.

타. 무단이탈 예방에 관한 사항

- 정신요양시설의 장은 입소자의 무단 이탈을 예방하기 위하여 필요한 곳에 탈주방지시설을 설치하여 한다.
- 정신요양시설의 장은 생활지도원, 생활복지사, 관리인, 경비원, 간호사 등 근무자가 정위치에서 근무하도록 지도・감독하여야 한다.

파. 근무자의 지정 등에 관한 사항

- 정신요양시설의 장은 거실이 있는 시설의 동별로 주간 및 야간의 상시 근무자를 지정하여 근무하여야 한다.
- 정신요양시설의 장은 근무자에게 입소자가 자신 또는 다른 사람을 해할 우려가 있는 세면도구, 끈, 약물 또는 그 밖에 이에 준하는 도구・물건을 소지하지 아니하도록 그 소지 여부를 항상 살필 것을 교육하여야 하며, 예측되지 아니하는 안전사고 등에 신속히 대처할 수 있도록 응급 및 난폭환자 등의 처리방법과 소화기구・경보설비의 사용방법 등에 익숙하게 하여야 한다.
- 정신요양시설의 장은 안전관리계획을 수립하여 정기 및 수시 자체 안전점검 및 안전교육을 실시하고, 자체 비상연락망 및 대응체계를 수립・실시하여야 한다.

하. 회계관리에 관한 사항

- 정신요양시설의 장은 국가 또는 지방자치단체의 보조금, 각종 기부금과 수익금 등을 목적 외로 사용해서는 아니 된다.

- 정신요양시설의 장은 예산을 사회복지법인 재무·회계규칙을 준용하여 집행하여야 한다.

(3) 정신요양시설의 사업

정신의료기관에서 의뢰된 정신질환자와 가족의 보호가 어려운 만성정신질환자를 입소시켜 요양보호하여 이들의 삶의 질을 향상하고 사회복귀를 도모하는 사업을 행한다(고수현, 2010 : 223).

2) 제주지역의 실천현장 사례

(1) 제주정신요양원[3)]

제주시 월평동에 자리한 제주정신요양원은 제주지역 최초이자 유일한 정신요양시설이다. 만성정신질환자를 위한 요양시설로 1989년 5월 설립되었고, 개원 당시 입소정원은 75명이었다.

1979년 문을 연 제주지역 최초의 노숙인시설인 제주시립희망원(현 제주시 희망원)에는 노숙인을 비롯 정신장애인, 알코올중독자, 치매환자 등 다양한 유형의 사람들이 모여 생활하였다. 그러던 중 '사회복지법인 제주공생'이 1987년 제주시로부터 제주시립희망원 위탁 운영을 맡으면서 노숙인 보호시설과 정신장애인 요양시설을 각각 신축해 개원한 것이 제주정신요양원이다. 장애 유형과 욕구가 다른 만큼 이들을 따로 분리해 각각에 필요한 치료서비스와 재활 프로그램이 필요하다는 판단에 따른 것이다.

제주정신요양원은 만성정신질환자들에게 의료, 상담, 각종 재활 프로그램을 제공함으로써 사회와 가정에 복귀할 수 있도록 돕고 있다. 현재 요양원 입소자는 200여 명, 성별로는 남자가 여자보다 2배 가까이 많다. 입소자격은 만 18세 이상, 60세 이하 만성정신질환자로 기초생활수급자는 우선

3) 제주정신요양원은 2014년 '무지개마을'로 명칭이 변경되었다(제주공생, 2014).

입소 가능하다. 대부분 장기 입소자들로, 연간 10명 정도만 입소하고 퇴소한다.

이 시설은 남자병동, 여자병동, 재활병동으로 나뉘어 운영된다. 입소자들은 상담과 치료, 기술훈련, 여가생활, 건강관리교육, 작업치료 등을 통해 인지기능, 대인관계, 사회적응력이 향상되면 재활병동으로 옮겨 생활하게 된다. 재활병동에서는 정해진 규칙과 요일별로 짜여진 일과를 수행하게 된다. 또한 직업재활훈련에도 참여한다. 퇴원 전 단계로 식당, 호텔 등 일반 사업장에서 일하며 사회복귀를 준비하는 입소자들도 있다. 퇴소 여부는 6개월마다 열리는 지방정신보건심의위원회의 심의를 거쳐 최종 결정된다. 입소자 가운데 2004년 이후 퇴소해 자립한 인원은 40여 명에 이른다. 정신질환자 보호 위주에서 2004년부터 재활 위주로 정책을 전환한 것이 효과를 본 셈이다(제주사회복지신문, 2013. 6. 3).

2. 정신질환자사회복귀시설

1) 이론적 및 법률적 논의

(1) 정신질환자사회복귀시설의 정의

정신질환자사회복귀시설은 정신질환자를 정신의료기관에 입원시키거나 정신요양시설에 입소시키지 아니하고 사회복귀 촉진을 위한 훈련을 행하는 시설을 말한다.

정신질환자사회복귀시설의 종류로는 정신질환자생활시설, 정신질환자지역사회재활시설, 정신질환자직업재활시설, 중독자재활시설, 정신질환자생산품판매시설, 정신질환자종합시설이 있다. 정신질환자생활시설은 정신질환자가 필요한 기간 동안 재활에 필요한 상담・훈련 등의 서비스를 받아 사회복귀를 준비하거나 장애로 인하여 장기간 생활하는 시설이다. 정신질환자지역사회재활시설은 정신질환자복지관, 의료재활시설, 체육시설, 수련시설, 공동생활가정 등 정신질환자에게 전문적인 상담·훈련 등을 제공하거나 여가활동 및 사회참여활동 등에 필요한 편의를 제공하는 시설이다. 정신질환자직업재활시설은 일반 고용이 어려운 정신질환자가 특별히 준비된 작업환경에서 직업훈련을 받거나 직업생활을 영위할 수 있도록 하는 시설이다(정신보건법 제3조·제16조). 중독자재활시설은 알코올, 약물 등 유해약물이나 도박, 인터넷 게임 등 유해행위에 의존하거나 그 유해약물이나 유해행위를 남용하여 중독된 정신질환자를 치유하거나 재활을 돕는 시설이다. 정신질환자생산품판매시설은 정신질환자가 생산한 생산품을 판매하거나 유통을 대행하고, 정신질환자가 생산한 생산품이나 서비스에 관한 상담, 홍보, 마케팅, 판로개척, 정보제공 등을 지원하는 시설이다. 정신질환자종합시설은 정신질환자생활시설, 정신질환자지역사회재활시설, 정신질환자직업재활시설, 중독자재활시설, 정신질환자생산품판매시설 가운데 2개 이상 결합되어 정신질환자에게 생활지원, 주거지원, 재활훈련, 심신수련 등의 기능을 복합적·종합적으로 제공하는 시설이다(정신보건법 시행령 제4조의2).

(2) 정신질환자사회복귀시설의 설치 및 운영

국가 또는 지방자치단체는 정신질환자사회복귀시설을 설치·운영할 수 있다. 국가나 지방자치단체 외의 자가 사회복귀시설을 설치·운영하고자 하는 때에는 시설의 소재지를 관할하는 시장·군수·구청장에게 신고하여야 한다. 신고한 사항 중 보건복지부령이 정하는 중요한 사항을 변경하고자 하는 때에도 또한 같다. 사회복귀시설의장은 보건복지부장관이 정하는 바에 따라 정신질환자에 대하여 사회복귀를 위한 훈련을 실시하여야 한다. 사회복귀시설의 시설기준, 수용인원, 종사자 수 및 자격, 설치·운영신고, 변경신고, 이용 및 운영에 관하여 필요한 사항은 보건복지부령으로 정하고 있다. 국가 또는 지방자치단체는 필요한 경우 사회복귀시설을 사회복지법인 또는 비영리법인에게 위탁하여 운영할 수 있다. 위탁 운영의 기준・기간 및 방법 등에 관하여 필요한 사항은 보건복지부령으로 정하고 있다(정신보건법 제15조).

① 설치기준

사회복귀시설에 공통적으로 적용되는 시설기준은 다음과 같다(정신보건법 시행규칙 제10조).[4)]

- 대중교통수단을 통한 접근이 편리한 곳에 설립하여야 한다.
- 입소자・이용자의 건강・안전 및 생활편의에 적합한 시설을 갖추어야 한다.
- 「소방시설 설치・유지 및 안전관리에 관한 법률」이 정하는 바에 따라 소화설비 등 소방시설을 갖추고 비상구를 설치하는 등 화재 예방, 소화 및 비상대피에 필요한 조치를 하여야 한다.
- 겨울에도 상당한 시간의 일조량을 확보할 수 있어야 한다.
- 적당한 냉・난방장치 및 통풍장치를 갖추어야 한다.
- 상담실, 사무실, 식당, 조리실 및 화장실을 갖추어야 한다.
- 사회복귀시설의 종류별 규모에 적합한 시설면적・부지면직을 확보하여야 한다.

② 운영기준[5)]

가. 사회복귀시설의 입소 또는 이용에 관한 사항

- 사회복귀시설을 입소하거나 이용하려는 정신질환자는 정신건강의학과 전문의의 진단서 또는 소견서와 결핵 등 전염성 질환의 유무를 확인한 진단서를 제출하여야 한다.

---

4) 공통사항 이외의 시설별 시설기준, 수용인원의 기준, 종사자의 수 및 자격에 대해서는 정신보건법 시행규칙 제10조 관련 별표를 참조할 것.

5) 정신보건법 시행규칙 제10조 관련 별표 참조.

- 사회복귀시설의 장은 해당 시설의 입소자 및 이용자(이하 "입소·이용자"라 한다)의 입소·이용 적정성 여부에 대한 정신건강의학과 전문의의 진단과 결핵 등 전염성 질환의 유무를 확인하기 위한 건강검진을 가목에 따른 진단서 또는 소견서를 제출한 날이 속한 연도의 다음 해부터 매년 받도록 하여야 한다.
- 국가 또는 지방자치단체가 설치·운영에 필요한 비용을 보조하는 사회복귀시설은 국민기초생활보장법에 따른 수급권자를 다른 정신질환자에 우선하여 입소시켜야 한다.
- 사회복귀시설의 장은 입소·이용자의 명단을 작성·보관하여야 한다.
- 사회복귀시설의 장은 시설의 이용·입소를 원하는 정신질환자 및 그 가족에게 미리 이용·입소 절차와 비용에 대하여 설명하여야 하고, 정신질환자 및 그 가족과의 상담을 통하여 적절한 재활 및 독립계획을 수립·시행하여야 한다.
- 사회복귀시설의 장은 해당 시설 이용자의 개인별 출·퇴근기록표를 보관하고, 그 이용 현황을 월별로 정리·보관하여야 한다.
- 사회복귀시설의 장은 이용·입소가 끝난 정신질환자에 대하여 적절한 서비스를 연계하는 등의 후속조치를 하도록 노력하여야 한다.

나. 사회복귀시설의 입소·이용자의 건강관리에 관한 사항

- 사회복귀시설의 장은 건강상태가 좋지 아니한 입소·이용자의 인적사항과 증상을 지체 없이 정신건강의학과 전문의에게 알려 필요한 조치를 받도록 하여야 한다.
- 사회복귀시설의 장은 입소·이용자에게 그 건상상태에 따라 적절한 훈련과 휴식을 제공하여야 한다.

다. 급식, 위생 및 환경에 관한 사항

- 식단은 영양사가 작성하며, 영양사가 없는 시설은 보건소의 지도를 받

아 작성하여야 한다.

- 사회복귀시설의 장은 영양사, 조리원 등 급식을 담당하는 종사자에 대하여 연 1회 이상 정기적으로 건강진단을 실시하여 전염성 질환에 걸렸는지 여부를 확인하여야 한다.
- 사회복귀시설의 장은 전염성 질환, 화농성 창상 등 조리에 부적합한 사람이 입소·이용자의 식사를 조리하게 해서는 아니 된다.
- 사회복귀시설의 장은 영양사, 조리원 등 급식을 담당하는 종사자에 대하여 위생에 관한 교육을 실시하여야 한다.
- 수돗물 외에 먹는 물을 사용하는 경우에는 먹는 물 수질기준 및 검사 등에 관한 규칙에서 정하는 바에 따라 수질검사를 받아야 한다.
- 사회복귀시설은 심신의 안정을 도모할 수 있는 지역으로서 적절한 곳에 위치하여야 한다.

라. 관리규정에 관한 사항

- 사회복귀시설의 장은 입소·이용비용, 입소·이용자 준수사항 등을 명시한 관리규정을 정하여 입소·이용자에게 알려주어야 한다.
- 사회복귀시설의 장은 조직, 인사, 급여, 회계, 물품 등에 관하여 필요한 규정을 제정·시행하여야 한다. 이 경우 회계 및 물품에 관한 사항은 사회복지법인 재무·회계 규칙을 준용한다.
- 사회복귀시설의 장은 관계 법령이 정하는 바에 따라 해당 시설에 대한 안전점검을 정기적으로 실시하여야 하며, 종사자로 하여금 경보기, 소화기 등의 사용법에 익숙하게 하여야 한다.
- 정신질환자생활시설, 중독자재활시설 등 정신질환자가 상시 거주하는 시설로서 정신건강의학과 전문의가 해당 시설의 입소자의 건강상태가 직원이 함께 기거를 하지 아니하여도 생활을 할 수 있다고 인정하는 시설의 장은 관리인 등이 기거하지 아니하는 동안에 발생할 수 있는 상황에 신속히 대처할 수 있도록 필요한 규정을 제정·시행하여야 한다.

마. 장부 등의 비치에 관한 사항

- 사회복귀시설 설치허가증 및 시설의 연혁에 관한 기록부 : 영구
- 재산목록과 그 권리에 관한 증명서 : 영구
- 사회복귀시설의 운영일지 : 3년
- 사회복귀시설의 장 및 직원의 인사기록부 : 5년
- 예산서 및 결산서 : 5년
- 총계정원장 및 수입 · 지출보조부 : 5년
- 금전 및 물품의 출납부와 그 증빙서류 : 5년
- 보고서 철 및 관계 행정기관과의 수발문서철 : 3년
- 소속 법인의 정관, 직원의 인사복무, 시설운영에 관한 규정 등 관계 서류 : 3년
- 입소 · 이용자의 명단, 생활상태, 진료, 투약, 사회재활활동 및 직업재활활동의 내용에 관한 서류 : 10년
- 직업재활활동을 실시하는 시설의 경우에는 임금대장, 자재(원료)출납부, 제품출납부 및 제품매출대장 : 5년

바. 사회복귀시설 입소 · 이용자 보호에 관한 사항

- 사회복귀시설의 장은 입소자의 거실이나 입소자의 거실이 있는 건물마다 전문요원, 재활활동요원, 재활활동보조원, 관리인 또는 그 밖의 직원 1명을 입소자와 함께 기거하게 하여야 한다. 다만, 정신질환자생활시설, 중독자재활시설 등 정신질환자가 상시 거주하는 시설로서 정신건강의학과 전문의가 해당 시설의 입소자의 건강상태가 직원이 함께 기거를 하지 아니하여도 생활할 수 있다고 인정하는 시설의 경우에는 그러하지 아니하다.
- 사회복귀시설의 입소자와 가족, 해당 시설의 장과 종사자 및 자원봉사자 외에는 사회복귀시설에 거주할 수 없다.

- 정신질환자가 정신질환자생활시설 또는 정신질환자지역사회재활시설 중 공동생활가정에 입소할 경우에는 해당 시설의 설치·운영자와의 입소계약서를 작성하여야 하며, 그 입소기간은 1년을 원칙으로 한다. 다만, 사회복귀시설의 장은 입소자가 고령 등의 부득이한 사정으로 퇴소가 어렵다고 인정되는 경우에는 2회까지 그 입소기간을 연장할 수 있으며, 입소자가 무연고자인 경우 운영위원회의 심의를 거쳐 2회를 초과하여 연장할 수 있다.
- 정신질환자지역사회재활시설 중 공동생활가정의 입소자는 주간에 직장 또는 학교에 다니거나, 재활 프로그램을 운영하는 시설 또는 기관에 다니는 것을 원칙으로 한다. 다만, 질병, 훈련 참여 등의 특별한 사유가 있는 경우에는 그러하지 아니하다.
- 사회복귀시설의 설치·운영자는 입소자가 공동생활을 현저히 방해하는 경우 및 입소·이용자와 그 가족이 해당 사회복귀시설의 이용을 중단하거나 퇴소를 원하는 경우에는 입소·이용자 및 그 가족과의 상담을 통하여 이용을 중단하거나 퇴소할 수 있다.
- 정신질환자생활시설의 장은 해당 시설의 입소자가 가정적인 분위기에서 생활할 수 있도록 분위기를 조성하여야 한다.

사. 사회복귀시설의 훈련 및 사업에 관한 사항

가) 사회복귀시설의 장은 입소·이용자가 일상생활을 관리하고 사회생활에 적응하며, 입소·이용자의 정신질환 치유에 도움을 주기 위하여 다음의 사회재활활동 및 직업재활활동을 실시하여야 한다.

- 사회재활활동이란 정신질환자의 일상생활 관리, 사회적응능력 향상 또는 대인관계 증진을 위한 개별 또는 집단 활동으로서, 사회기술 및 일상생활기술을 증진하기 위한 활동, 약물 및 증상 관리를 포함한 정신건강을 증진하기 위한 활동, 스트레스 관리 및 긴장 완화를 위한 교육

및 체험 활동, 여가 및 문화 활동, 정규학교 및 지역사회 평생교육에 참여하는 활동을 말한다.

- 직업재활활동이란 어느 정도 작업능력이 있는 정신질환자의 작업능력 향상과 직업재활을 위하여 사회복귀시설 내·외부에서 실시하는 활동으로서 단순 반복적인 작업훈련을 포함하는 보호작업, 고용 촉진을 위한 지역사회 자원 연계를 통한 작업훈련, 취업 알선 및 취업 지도 활동, 취업자의 직업 유지 및 관리 활동, 사회복귀시설 내·외부에서 물품을 생산하거나 생산품을 판매하는 활동과 관련된 제반 활동을 말한다.

나) 사회복귀시설의 장은 사회재활활동 또는 직업재활활동을 할 수 있는 사람에게 적절한 활동기회를 제공하되, 다음의 사항을 지켜야 한다.

- 직업재활활동 중 보호작업이나 근로활동은 정신질환자인 근로자와의 근로계약을 체결하여야 한다.
- 직업재활활동을 실시할 경우에는 1일 8시간, 1주당 40시간을 넘지 아니하여야 한다.
- 직업재활활동시간 중 근로활동에 대한 적절한 보상기준을 마련하고, 직업재활활동으로 얻은 수입이 있는 경우에는 원자재 구입비용 등 작업에 든 실비를 제외한 금액을 해당 직업재활활동에 참여한 사람에게 각 개인별 예금계좌를 통하여 지급하여야 한다.

다) 직업재활훈련 중 보호작업이나 근로활동은 사회복귀시설에서 실시함을 원칙으로 하되, 훈련효과의 증진을 위하여 필요한 경우에는 사업장 또는 사회복귀시설 외의 훈련기관에 의뢰하여 실시할 수 있다.

라) 사회복귀시설의 장은 입소자의 성별, 연령별, 직업별 특성 등을 고려하여 수시로 면담하거나 관찰·지도를 행하고, 특이한 사항은 기록·유지하며, 보호의 경과에 따라 퇴소 등의 필요한 조치를 하여야 한다.

마) 사회복귀시설의 장은 입소·이용자의 회복의 정도에 따라 사회복귀를 촉진하기 위한 예방·치료·재활 프로그램을 개발·보급하고, 해당 사업 수행의 적정성 및 효율성을 평가하여 그 개선방안을 마련하

여야 한다.

바) 사회복귀시설의 장은 사회복귀시설을 개방하고 입소자, 이용자 및 그 보호자의 의견을 수렴하여 재활 프로그램의 운영에 반영하여야 한다.

사) 정신질환자의 재활 및 지역사회와의 친화를 강화하기 위하여 지역사회의 자원봉사활동을 적절하게 활용하여야 한다.

(3) 정신질환자사회복귀시설의 사업

정신질환자사회복귀시설의 종류별 사업 내용을 살펴보면 〈표 8-1〉과 같다(정신보건법 시행규칙 제10조의2).

〈표 8-1〉 정신질환자사회복귀시설의 종류 및 사업

종 류	사 업
정신질환자생활시설 (입소생활시설)	가정에서 생활하기 어려운 정신질환자에게 주거, 생활지도, 교육, 직업재활훈련 등의 서비스를 제공하며, 가정으로의 복귀, 재활, 자립 및 사회적응을 지원하는 시설
정신질환자지역사회 재활시설	가. 주간재활시설 : 정신질환자에게 작업·기술지도, 직업훈련, 사회적응훈련, 취업지원 등의 서비스를 제공하는 시설 나. 공동생활가정 : 완전한 독립생활은 어려우나 어느 정도 자립능력을 갖춘 정신질환자들이 공동으로 생활하며 독립생활을 위한 자립역량을 함양하는 시설 다. 단기보호시설 : 지역 내 정신질환자에게 일시 보호 서비스 또는 단기 보호 서비스를 제공하고, 정신의료기관에서 퇴원한 정신질환자에게 다른 사회복귀시설로 연계하는 기능을 수행하며, 이를 위한 주거제공, 생활훈련, 사회적응훈련 등의 서비스를 제공하는 시설
정신질환자 직업재활시설	정신질환자가 특별히 준비된 작업환경에서 직업적응, 직무기능 향상 등 직업재활훈련을 받거나 직업생활을 할 수 있도록 지원하며, 일정한 기간이 지난 후 직업능력을 갖추면 고용시장에 참여할 수 있도록 지원하는 시설
중독자재활시설	알코올, 약물 등 유해약물이나 도박, 인터넷 게임 등 유해행위에 의존하거나 그 유해약물이나 유해행위를 남용하여 중독된 정신질환자를 치유하거나 재활을 돕는 시설

정신질환자 생산품판매시설	정신질환자가 생산한 생산품을 판매하거나 유통을 대행하고, 정신질환자가 생산한 생산품이나 서비스에 관한 상담, 홍보, 마케팅, 판로개척, 정보제공 등을 지원하는 시설
정신질환자종합시설	정신질환자시설(입소생활시설), 주간재활시설, 공동생활가정, 단기보호시설, 정신질환자직업재활시설, 중독자재활시설, 정신질환자생산품판매시설 중 2개 이상의 사회복귀시설이 결합되어 정신질환자에게 생활지원, 주거지원, 재활훈련 등의 기능을 복합적 · 종합적으로 제공하는 시설

2) 제주지역의 실천현장 사례

(1) 제주정신재활센터

제주정신재활센터는 제주시 삼도2동에 위치하고 있으며, 2000년 10월에 설립되었고 제주정신건강복지연구소에서 운영하고 있다. 설립목적은 만성정신질환자들이 사회적응력을 향상시키고 직업적 재활을 성취하여 지역사회로의 복귀를 도모함으로써 지역사회의 통합을 실현하고 정신질환의 예방 및 관리체계의 효율성을 기하여 지역사회 정신건강 증진과 삶의 질 향상에 기여하는 것이다. 사업대상은 만 15세 이상의 정신질환(정신분열증, 조울증, 우울증 등)으로 병원에 입원한 경험이 있는 사람, 퇴원단계 혹은 퇴원 후 정기적인 통원치료를 받으며 지속적으로 약을 복용하여 도움이 필요한 사람, 정신건강 문제로 상담을 원하는 지역 주민이다. 1일 평균 이용인원은 40여 명이다. 주요 사업 및 프로그램은 이렇다(제주특별자치도사회복지협의회, 2011 : 286).

- 주간재활 프로그램 : 정신건강교육, 약물증상관리교육, 사회기술훈련, 사회적응훈련, 독립생활훈련 등
- 직업재활 프로그램 : 직업교육 및 보호작업, 취업자 자조모임 등
- 특별 프로그램 : 가족교육, 체육대회, 명절 프로그램, '사랑방' 작은 음악회 등
- 재가방문서비스

(2) 길정신건강센터

제주시 한림읍 상대리에 위치한 길정신건강센터는 2003년 5월 설립되었으며, 제주정신건강복지연구소에서 운영하고 있다. 이 센터는 정신질환자의 증가에 따른 지역사회의 정신질환의 예방과 효율적인 관리를 위하여 사회적응훈련 및 재활치료, 지속적인 사례관리서비스를 통하여 지역사회로의 복귀를 촉진하고, 만성정신질환자들에게 취약한 독립성과 자발성을 증진시키며, 기본적인 자기관리, 일상생활관리, 약물중독관리, 대인관계기술 등의 훈련과 특히 개인에게 취약한 부분의 향상을 통하여 자립생활을 가능하게 하며, 지역주민을 대상으로 정신건강 증진 교육 및 홍보활동으로 정신질환자에 대한 편견을 해소하고, 지역주민 모두의 건강과 삶의 질을 향상시키려는 목적으로 설립되었다. 이용인원 정원은 40명이다. 이 센터의 주요 사업과 프로그램은 아래와 같다(제주특별자치도사회복지협의회, 2011 : 285).

- 사랑방 주간재활 프로그램 : 약물증상관리교육, 정신건강교육, 사회기술훈련, 생활훈련 등
- 직업재활프로그램 : 취업 전 훈련 및 직업훈련
- 재가방문서비스
- 가족교육
- 특별 프로그램 : 춘・추계 야유회 및 체육대회, 명절 프로그램, 사랑방 작은 음악회 등

3. 정신보건센터

1) 이론적 및 법률적 논의

(1) 정신보건센터의 정의

정신보건시설 간 연계체계구축, 정신질환의 예방, 정신질환자의 발견・상담・진료・사회복귀훈련 및 이에 관한 사례관리 등 지역사회정신보건사업을 수행하는 사회복지 이용시설이다.[6)]

정신보건센터의 종류로는 지역정신보건센터와 광역정신보건센터가 있다. 지역정신보건센터는 인구 20만 명 미만의 시・군・구에는 1개소, 인구 20만 명 이상의 시・군・구에는 2개소 이상 설치 가능하며, 추가 설치기준은 인구 20만 명당 1개소이다. 광역정신보건센터는 시・도에 각 1개소씩 설치・운영하여 표준형 정신보건센터 사업을 시・도 단위로 수행한다(고수현, 2010 : 245).

(2) 정신보건센터의 설치 및 운영

국가 및 지방자치단체는 지역사회정신보건사업의 실시를 위하여 시・군・구 단위로 정신질환자의 발견・상담・진료・사회복귀훈련 및 이에 관한 사례관리 등을 실시하기 위한 정신보건센터를 설치하도록 노력하여야 한다. 정신보건센터의 설치를 위한 재원은 국가와 지방자치단체가 부담한다(정신보건법 제13조의2).

① 설치기준

정신보건센터의 설치자는 국가 또는 지방자치단체이다. 시설기준은 보건소 또는 공공시설 내에 설치하며, 부득이한 경우 민간 건물의 임대도 가능

---

6) 정신보건시설은 정신의료기관, 정신질환자사회복귀시설, 정신요양시설을 말한다(정신보건법 제3조).

하나, 수탁기관 내 설치는 불가하다(고수현, 2010 : 246).

- 기본 시설 : 상담실, 사무실, 재활 프로그램실, 교육실, 화장실 등
- 부가시설 : 해당 센터의 중점대상 환자 및 프로그램에 따라 확보

② 운영기준

가. 정신보건센터의 운영형태에는 직영형과 위탁형 두 가지가 있다.

가) 직영형은 시·도지사 또는 시장·군수·구청장(보건소장)이 지역사회 정신보건사업의 전문적 수행을 위해 보건소 또는 국·공립 정신의료기관에 정신보건센터를 직접 설치하여 운영하는 형태이다.

나) 위탁형은 시·도지사 또는 시장·군수·구청장(보건소장)이 지역사회 정신보건사업의 전문적 수행을 위해 정신보건센터 운영을 정신의료기관 또는 정신보건사업을 목적으로 하는 비영리법인 등에 위탁한 경우이다.

나. 정신보건센터 운영의 기본 방향은 다음과 같다.

- 지역사회중심의 통합적인 정신보건서비스 제공을 위한 기반을 구축한다. 세부사업추진체계를 보면 시·도지사 또는 시장·군수·구청장은 보건소 또는 국·공립 정신의료기관에 정신보건센터를 설치·운영하거나 민간에 위탁할 수 있다.
- 시·도지사는 관할 시·도 내 표준형 정신보건센터 중 1개소를 거점 정신보건센터로 지정하고, 정신보건센터 간 유기적 협력체계를 구축하여야 한다.
- 시장·군수·구청장은 정신건강의학과 전문의 1인 이상을 정신보건자문의로 위촉하여 정신보건센터의 사업수행에 대한 수시자문체계를 구축하여야 하며, 모든 보건소는 정신보건업무 담당공무원을 정신보건전문요원으로 지정하고, 교체를 최소화하여 업무의 지속성을 유지하도록 하여야 한다(고수현, 2010 : 248).

다. 정신보건센터의 운영위원회 설치 · 운영사항은 다음과 같다.

- 정신보건센터 사업의 총괄, 조정 등을 위해 전월의 사업 실적과 익월의 사업계획을 검토하고 보건소와의 협조사항 등에 대해 협의하는 기능을 한다.
- 구성은 보건소장 및 보건소 정신보건사업 담당공무원, 정신보건센터장, 정신보건자문의, 수탁기관담당자, 기타 사업관계자 등으로 구성하며, 보건소장을 운영위원장으로 한다.

라. 정신보건센터사업 수탁기관의 선정 · 계약에 대한 사항은 다음과 같다.

- 정신보건센터의 수탁기관은 공모를 통해 선정하되, 국립정신의료기관을 우선 선정하고 사업의 효과적 수행을 위해 객관적이고 정당한 사유가 있다고 판단되는 경우 시 · 도지사의 승인을 얻어 수의계약이 가능하다.
- 시 · 도별 거점센터의 역할을 수행하는 표준형 정신보건센터는 국 · 공립 정신의료기관 등 공공성이 확보될 수 있는 기관에 위탁한다. 위탁계약기간은 최소 1년 이상으로 하며, 사례관리자와 환자 간에 형성된 치료적 관계 등 사업의 연속성을 고려하여 수탁기관의 변경은 신중하게 추진하고, 가급적 사업 수행인력은 고용 승계한다(고수현, 2010 : 249).

(3) 정신보건센터의 사업

정신보건센터의 사업내용은 기본 사업과 특수사업으로 구성된다(고수현, 2010 : 247).

① 기본 사업

- 정신보건 자원 파악을 위한 지역사회 진단
- 지역 정신보건사업의 기획 및 자원 조정

- 대상자 발견·등록 및 사례관리
- 대상자 의뢰체계 구축 및 운영
- 정신건강전화(1577-0199) 운영
- 청소년 정신건강 조기 검진 및 조기 중재
- 주간보호 프로그램
- 자살예방사업
- 정신질환 예방, 정신건강증진사업
- 정신질환 편견해소 홍보
- 지역 내 정신보건 자문 및 보건복지인력 교육
- 정신질환자 가족교육 및 모임 지원
- 자원봉사자 관리 및 연결
- 운영위원회 운영

② 특수사업

- 거점정신보건센터사업(거점센터로 지정된 경우)
- 직업재활 프로그램
- 알코올중독환자 재활 프로그램
- 조건부수급자 재활 프로그램
- 응급상담서비스
- 아동·청소년 정신보건사업
- 노인 정신보건사업
- 직장인 정신건강증진사업
- 노숙인 정신보건사업, 미인가시설 정신질환자 진료 및 관리
- 북한이탈주민, 해외이주여성 및 다문화 자녀 정신건강·상담서비스
- 가족지원사업

2) 제주지역의 실천현장 사례

(1) 제주특별자치도광역정신건강증진센터

제주특별자치도광역정신건강증진센터는 지역사회 중심의 포괄적이고 통합적인 정신질환 예방 및 관리체계를 구축하여 정신질환의 예방, 조기 발견 및 상담, 치료, 재활을 통해 함께 웃는 행복하고 건강한 사회 구현 도모를 목적으로 2015년 1월 개소하여 운영되고 있다. 이 센터의 조직은 센터장, 부센터장, 정신건강증진재활팀, 자살예방팀, 재난대응 및 심리지원팀으로 구성되어 있다. 주요 사업 내용은 다음과 같다(http://www.jejumind.or.kr).

① 정신건강증진재활사업

정신건강 문화 확산과 지역사회 관계망 구축을 통해 제주도민의 정신건강과 삶의 질을 향상하고 정신장애에 대한 해소 및 인식개선 도모를 목적으로 하는 사업으로서, 중증정신질환자 지역사회 전달체계 구축, 초발정신질환자 관리 모형 개발, 지역사회 중증정신질환자 사업인력 교육체계 강화, 중증정신질환자 옹호를 위한 근거 기반 구축, 중독예방 문화 조성, 아동·청소년 정신건강증진 사업 등을 포함한다.

② 자살예방위기관리사업

자살예방 및 위기관리 개입을 통해 생명 존중 사회로의 분위기 전환을 목적으로 하는 사업으로서, 자살시도자 발굴 및 지원체계 구축, 위기관리 시스템 구축, 교육지원체계 구축, D/B구축 및 연구사업, 생명존중 문화 조성 사업 등을 포함한다.

③ 재난대응 및 심리지원사업

트라우마 및 재난사고에 대비하여 심리 지원 및 서비스 연계조정으로 통합적인 대응관리체계 구축을 목적으로 하는 사업으로서, 4·3 및 강정마을

트라우마 치유 지원사업, 재난정신건강지원체계구축, 취약계층 정신건강증진사업, 소방공무원 정신건강관리사업, 다문화정신건강증진사업, 정신건강증진환경 조성 사업 등을 포함한다.

(2) 제주시정신건강증진센터

제주시정신건강증진센터는 정신질환을 조기에 발견하고 자살 충동이나 위기를 체계적으로 상담·관리하는 기관이다. 제주시 제주보건소 2층에 자리한 이 센터는 지역주민의 정신건강 증진을 목적으로 2000년 2월 문을 열었다.

제주보건소가 제주대학교병원에 위탁해 운영하는 제주시정신건강증진센터에는 정신건강의학과 전문의와 정신보건간호사, 정신보건사회복지사 등의 전문보건전문요원이 배치되어 지역정신건강사업, 아동·청소년 정신건강사업, 자활(디딤돌)사업 등을 수행하고 있다.[7)]

우선 지역정신건강사업으로 만성정신질환자의 사회 복귀를 돕기 위한 정신보건서비스를 제공하고 있다. 가정방문 등을 통한 사례관리서비스를 비롯하여 집단정신치료, 약물증상 관리, 스포츠 활동, 동아리 운영, 생태체험 등 다양한 주간재활 프로그램도 운영하고 있다. 또한 만성질환자 중 근로의욕이 있는 사람을 대상으로 직업재활훈련기관과 연계, 일자리를 얻을 수 있도록 지원하고 있다.

이 센터는 정신질환 예방과 교육에도 심혈을 쏟고 있다. 정신질환자 가족과 자원봉사자, 지역주민 등을 대상으로 정신질환에 대한 올바른 인식을 심어주고 사회적 편견 해소를 위해 지속적인 교육을 실시하고 있다. 상담업무도 주요 업무 중의 하나이다. 이를 위해 정신건강과 자살 예방을 위해 24시간 상담전화(1577-0199)를 갖추고 경로당, 사회복지관 등을 찾아가는 이동상담실을 운영하고 있다. 아동과 청소년이 정신적으로 건강한 성인으

7) 정신보건전문요원은 정신보건임상심리사, 정신보건간호사, 정신보건사회복지사를 밀한다(정신보건법 제7조).

로 자랄 수 있도록 초・중・고 학생을 대상으로 정신건강선별검사를 실시하는 한편 학교폭력 예방 프로그램을 운영하는 등 아동・청소년 정신건강 사업도 실시하고 있다(제주사회복지신문, 2012. 9. 3).

'만성정신장애인 요리・자격취득 지원'

제주시정신건강증진센터는 제주특별자치도사회복지공동모금회의 지원으로 만성장애인의 독립생활을 위한 생활요리 프로그램 및 재활의지 향상을 위한 자격취득지원 프로그램을 진행하고 있다.

생활요리 프로그램은 만성정신장애인에게 생활요리법을 가르쳐 요리에 대한 자신감을 갖고 가정에서 직접 음식을 만들 수 있도록 하는 등 자활을 돕기 위한 것이다. 이에 더해 이 센터는 생활요리 프로그램에서 배운 요리법을 기초로 해서 자격증을 취득할 수 있도록 다양한 교육을 실시, 만성정신장애인에게 취업의 기회를 제공하고 있다. 이들의 재활과 자립은 물론 일상생활에서 가장 기초가 되는 먹을거리를 스스로 만들 수 있도록 하는 것이 생활요리 프로그램의 목적이다. 사실 만성장애인은 사회복지시설, 재활시설, 직업훈련시설 등에서 다양한 활동을 한다고 해도 집에서 혼자 음식을 만들어 먹지 못한다면 굶을 수밖에 없어 요리법을 배우는 것은 이들의 생존과 연결되는 중요한 문제다.

이와 함께 제주시정신건강증진센터는 2000년 2월 문을 연 이후 제주지역 만성정신질환자 관리 등을 위해 정신장애인의 사례발굴과 등록, 의뢰체계 구축・운영, 사례관리, 위기관리서비스, 사회・직업재활 프로그램 등을 운영하고 있다. 또한 정신장애인 가족을 위한 지원사업으로 가족교육 및 가족모임 지원, 가족후원금 및 후원물품 등도 지원하고 있다. 특히 제주시정신건강증진센터는 정신장애인의 특성을 고려해 생활요리 프로그램을 발전시키고, 지역 대학에서 자원을 발굴・연계해 후원금을 통한 사업비 및 자원봉사자를 확보하고 있다.

출처 : 제민일보(2013. 7. 6).

(3) 서귀포시정신건강증진센터

서귀포시정신건강증진센터는 2001년 3월 설립되었으며, 서귀포시보건소에서 운영하고 있다. 설립목적은 지역사회 중심의 통합적인 정신질환자 관리체계를 구축함으로써 정신질환의 예방, 정신질환자의 조기발견・상담・치료・재활 및 사회복귀를 도모하고 지역주민의 정신건강 증진을 위하여 지역정신보건사업체계를 구축하는 것이다. 주요 사업 및 프로그램은 다음과 같다(제주특별자치도사회복지협의회, 2011 : 287).

- **정신건강 상담 및 검사** : 상담 및 검사로 정신건강에 대한 올바른 이해와 정신질환의 예방과 조기 발견
- **등록회원 사례관리** : 개개인에 맞는 가정방문, 상담, 약물증상 관리, 자원연결, 위기 개입 등을 통한 정신질환자에 대한 지속적인 관리
- **주간(직업)재활 프로그램** : 지역사회 복귀를 위한 정신건강교육, 사회기술훈련, 여가활용, 집단상담, 취업 전 프로그램 등 재활 프로그램 제공
- **정신건강 교육 및 홍보** : 정신건강의 중요성을 알리고 올바른 정보를 제공하며, 지역사회 축제 등과 연계한 홍보
- **정신질환자 의료비 지원** : 환자 본인의 외래진료비, 투약비 일부 지원
- **정신건강 위기상담전화(1577-0199) 운영** : 자살위기 상담 등 정신건강 상담과 지지, 정신건강 정보 제공

CHAPTER 9

간접적 사회복지실천현장

1. 사회복지협의회
2. 지역사회보장협의체
3. 사회복지공동모금회
4. 사회복지사협회

제9장 간접적 사회복지실천현장

1. 사회복지협의회

1) 이론적 및 법률적 논의

(1) 사회복지협의회의 정의

사회복지협의회는 지역사회 안의 각종 사회복지시설, 사회복지에 관심을 가지고 있는 민간단체나 개인의 연합체로서, 지역사회가 요구하는 사회복지 욕구를 효과적으로 달성하기 위하여 모든 활동에 있어서 상호 협력하고 조정하는 조직체이다. 따라서 사회복지협의회는 공적 조직인 관공서가 아니라 민간단체로서 각종 서비스를 개발하고 공급하기 위해 형성된 주민주체의 활동단체라 할 수 있다.

이와 같은 맥락에서 사회복지협의회는 지역사회 내에 조직된 단체로서 지역사회복지사업을 추진하는 기관이며, 직접적 또는 간접적인 서비스를 제공하는 지원단체라고 할 수 있다. 즉, 지역사회 내에 자원 동원과 활용을 위해서 각종 기관 및 시설 그리고 지역사회 내의 집단들을 조정하고 협의해 가는 민간 차원의 협의체를 의미한다(박용순, 2006 : 239).

(2) 사회복지협의회의 설치 및 운영

사회복지사업법 제33조에 지정된 사회복지에 관한 업무를 수행하기 위하여 전국 단위의 한국사회복지협의회(중앙협의회)와 시・도 단위의 시・도 사회복지협의회(시・도협의회)를 두며, 필요한 경우에는 시・군・구 사회복지협의회(시·군·구협의회)를 둘 수 있으며, 중앙협의회, 시·도협의회 및 시·군·구협의회는 사회복지법인으로 하되, 법인은 사회복지사업의 운영에 필요한 재산을 소유하지 않아도 된다. 중앙협의회, 시·도협의회 및 시·군·구협의회의 조직과 운영 등에 필요한 사항은 대통령령으로 정하고 있다(사회복지사업법 제33조).

(3) 사회복지협의회의 사업

사회복지협의회의 사업은 아래와 같다(사회복지사업법 제33조).

- 사회복지에 관한 조사·연구 및 정책 건의
- 사회복지 관련 기관·단체 간의 연계·협력·조정
- 사회복지 소외계층 발굴 및 민간사회복지자원과의 연계·협력
- 사회복지에 관한 교육훈련
- 사회복지에 관한 자료수집 및 간행물 발간
- 사회복지에 관한 계몽 및 홍보
- 자원봉사활동의 진흥
- 사회복지사업에 관한 기부문화 조성
- 사회복지사업에 종사하는 사람의 교육훈련과 복지증진
- 사회복지에 관한 학술 도입과 국제사회복지단체와의 교류
- 보건복지부장관이 위탁하는 사회복지에 관한 업무(중앙협의회만 해당한다)
- 시·도지사 및 중앙협의회가 위탁하는 사회복지에 관한 업무(시·도협의회만 해당한다)
- 시·도지사, 시장·군수·구청장, 중앙협의회 및 시·도협의회가 위탁하는 사회복지에 관한 업무(시·군·구협의회만 해당한다)
- 그 밖에 중앙협의회, 시·도협의회, 시·군·구협의회의 목적 달성에 필요하여 각각의 정관에서 정하는 사항

2) 제주지역의 실천현장 사례

(1) 제주특별자치도사회복지협의회

① 일반 현황

제주특별자치도사회복지협의회는 사회복지사업법 제33조 및 동법 제12조를 근거로 설치·운영되고 있는 법정단체로서 제주지역 내 사회복지시설·단체 간 협의 조정, 사회복지 교육훈련, 조사연구 및 정책개발, 자원봉사 활동 육성, 취약계층에 대한 지역복지서비스 등 다양한 복지사업을 수행함으로써 지역사회복지 증진에 기여하기 위해 설립되었다(제주특별자치도사회복지협의회, 2012 : 39).

제주특별자치도사회복지협의회의 운영비전과 추진전략을 살펴보면, 제주특별자치도사회복지협의회는 제주지역 사회복지환경에 알맞은 역할을 찾아 사회복지 발전에 기여해야 할 의무가 있다. 그러기 위해서는 현재 제주특별자치도사회복지협의회가 가지고 있는 강점들을 극대화하여 지역사회복지 현장에서 차지하는 비중을 높여 나가고, 그로 인해 발생하는 기관의 역량을 확충하고, 약점을 보완하는 데 집중해야 한다.

이에 제주특별자치도사회복지협의회는 '제주도민을 위한 사회복지 가치 창출'이라는 궁극적인 목적을 조직의 미션으로 설정했다. 그리고 미션을 이루기 위한 구체적인 목표로서 현재 제주특별자치도사회복지협의회가 가지고 있는 강점을 반영한 네 가지 비전을 설정했다.

사회복지아카데미사업을 통해 전문적인 사회복지 교육환경을 조성한 협의회 기능을 보다 강화하기 위해 '도내 최고의 사회복지 전문교육기관'을 첫 번째 비전으로 설정했으며, 사회복지 자원봉사 인증관리 사업을 통한 지역사회 영향력 확대를 위해 '공신력 있는 사회복지 자원봉사 관리기관'을 두 번째 비전으로 설정했다. 푸드뱅크와 푸드마켓을 통한 식품나눔사업의 선도적 역할을 지속하기 위해 세 번째 비전으로 '도민의 신뢰받는 나눔문화 선도기관'을 설정했으며, 끝으로 사회복지현장에서의 네트워크 활성화를

주도하기 위해 '교류협력의 복지환경을 조성하는 연계중심기관'을 네 번째 비전으로 설정했다.

이러한 비전을 달성하기 위한 추진전략은 사회복지협의회가 각종 사업을 추진하는 데 있어 기본 지침이 되는 사항으로서 지역과 사람을 기반으로 한 연계중심의 복지실현을 설정하고 있다. 이는 사회복지협의회가 지향해야 하는 가장 근본적인 기능과 역할을 담은 것으로서, 결국 지역과 사람을 근간으로 연계를 통해 효과적인 사회복지사업을 추진해야 한다는 소명의식을 반영한 것이라고 할 수 있다(제주특별자치도사회복지협의회 2012 : 40).

제주특별자치도사회복지협의회의 주요 연혁을 살펴보면 다음과 같다(제주특별자치도사회복지협의회 2012 : 41).

- 1986. 1. 28. 제주도사회복지협의회 창립
- 1986. 9. 5. 제주도사회복지협의회 자원봉사단(작은세상봉사단) 창단
- 1991. 2. 1. 지역봉사센터 설치
- 1992. 8. 1. 아라종합사회복지관 수탁 운영(제주시)
- 1992. 12. 19. 온누리봉사회 창립
- 1998. 12. 12. 제주도사회복지협의회 독립법인 창립
- 2000. 11. 18. 좋은인연봉사회 창립
- 2001. 8. 19. 자원봉사연합회 창립
- 2003. 7. 23. 손뜻모아봉사회 창립
- 2004. 2. 10. 제주도광역푸드뱅크 지정 운영(제주도)
- 2007. 2. 15. 제주특별자치도사회복지협의회로 개칭
- 2008. 1. 7. 사회복지협의회 회관 개관(전국 최초)
- 2009. 6. 13. 사랑나눔푸드마켓 개소

② 주요 사업

가. 교육훈련사업

제주특별자치도사회복지협의회는 1986년 설립된 이후 4반세기 동안 꾸준히 사회복지종사자와 자원봉사자, 도민 등을 대상으로 자원봉사교육과 사회복지학교 운영 등 다양한 교육사업을 펼치면서 새로운 지식과 이론 등을 제공하여 종사자들의 역량을 강화하는 데 큰 도움을 주고 있을 뿐만 아니라 도민들의 사회복지에 대한 관심과 이해를 높이는 데 많은 노력을 기울이고 있다.

2005년 이후에는 교육훈련사업을 역점추진사업으로 설정하여 '사회복지아카데미'를 연중 운영함으로써 사회복지종사자들의 욕구를 반영한 특색 있는 교육 프로그램을 개발·제공하는 등 명실상부한 제주지역 최고의 교육기관으로 자리매김했다. 창립 첫해인 1986년 1개 분야 101명에 불과했던 교육사업이 2011년에는 8개 분야 26개 과정에서 1만 337명을 대상으로 교육을 실시하여 100배에 이르는 괄목할 만한 성장을 이루어 냈다(제주특별자치도사회복지협의회, 2012 : 83).

나. 조사연구사업

1990년부터 현재까지 지속적으로 사회복지학과 교수 등 학계를 비롯하여 사회복지현장 전문가와 유기적인 협력을 통해 사회복지정책의 빌진직 대안을 제시하고 있다. 제주지역 내 자원봉사자 활동 실태를 조사하여 자원봉사 활성화 방안을 마련하기도 하였으며, 도민복지욕구조사를 실시하여 사회복지정책의 기초 자료로 활용했다. 노인과 장애인정책을 수립하기 위하여 분야별로 욕구조사와 의식조사 등을 진행하였으며, 제주지역 내 사회복지 관련 지표를 자료화하여 한눈에 볼 수 있도록 사회복지지표조사도 실시했다.

지금까지 제주특별자치도사회복지협회에서는 다양한 주제의 조사연구사업을 통하여 사회복지 부문에 대한 객관적이고 신뢰도가 높은 각종 자료를 제공함으로써 행정기관에서 사회복지정책을 수립하는 데 많은 도움을 주고 있다(제주특별자치도사회복지협의회, 2012 : 83).

다. 자원봉사자 육성사업

자원봉사자 육성사업은 크게 사회복지 자원봉사관리와 사회복지 관련 정보제공 사업으로 구분하여 운영하고 있으나, 주로 자원봉사관리 업무 위주로 추진되고 있다. 주요 사업으로는 자원봉사자 및 관리자 교육훈련, 자원봉사 인증관리, 자원봉사 육성 및 자원봉사 관련 상담 등과 함께 사회복지자료실 운영 등을 통해 사회복지 관련 서적 대여를 비롯한 다양한 정보를 홈페이지 등을 통해 제공하고 있다.

제주특별자치도사회복지협의회에서는 1986년 제1기 자원봉사자 교육을 시작으로 자원봉사자 육성사업이 시작되었으며, 자원봉사자 교육을 통해 배출된 자원봉사자들 중 10명이 1986년 9월 5일 제주도사회복지협의회 자원봉사단을 창단하면서 현재까지 협의회의 근간이 되고 있는 자원봉사단체의 시초가 되었다.

2001년 사회복지 자원봉사 인증관리시스템(VMS)이 도입되어 처음 총 17개소의 인증센터에서 남성 42명, 여성 106명이 활동하던 것이 지속적으로 사업이 확대되면서 2016년 12월 말 현재 총 239개 인증센터에서 남성 5만 5,598명과 여성 7만 5,094명 등 총 13만 692명이 VMS에 등록하여 관리되고 있다. 또한 협의회 소속 자원봉사자들을 활용한 자원봉사 활동 프로그램으로 효도잔치 한마당, 사랑의 김장김치 나누기, 저소득가정 밑반찬 지원 사업, 저소득가정 주거환경 개선 사업 등 다양한 자원봉사활동 프로그램을 추진해 왔다. 그리고 2010년부터는 사회복지자원봉사자들 중 우수자원봉사자들을 발굴하여 그 공적을 널리 홍보하고 자긍심을 높이는 한편, 동기 부여를 통한 능동적인 자원봉사활동의 확산을 도모하고자 매년 '사회복지자원봉사 명예의 전당'을 운영하고 있다.

제주지역 사회복지자원봉사활동을 총괄하는 제주특별자치도사회복지협의회에서는 그동안 신규자원봉사자 교육 등을 통한 자원봉사자 양성과 사회복지자원봉사와 관련된 홍보사업 등과 함께 자원봉사관리자들에 대한 다양한 교육과 정보공유의 기회를 제공하여 체계적인 봉사활동으로 발전할 수 있는 데 큰 기여를 하고 있다(제주특별자치도사회복지협의회, 2012 : 92-93).

라. 지역복지서비스사업

1999년부터 실직가정과 저소득가정 등을 지원하기 위하여 지역복지서비스사업을 추진하였다. 첫해에는 홀로 사는 어르신 등 저소득가구 180세대와 노숙인쉼터에 된장과 달걀, 자반고등어 등 부식을 제공하였으며, 실직가정 및 저소득가정 13가구에 현금을 지원하였다. 2001년부터는 주거환경이 취약한 제주지역 저소득가정의 삶의 질을 높이기 위한 주거환경 개선 사업을 실시하여 현재까지 137가구의 주택을 안락한 보금자리로 변모시켰다.

또한 같은 해에 자원봉사단체인 온누리봉사회가 홀로 사는 어르신과 한부모가족 등에 직접 밑반찬을 조리하여 가정까지 배달하는 저소득가정 밑반찬 지원서비스를 시작하였다. 서비스대상자는 5가구에서 10년 새 70가구로 14배 증가하였다(제주특별자치도사회복지협의회, 2012 : 100).

마. 사회복지증진사업

사회복지에 대한 사회적 관심을 유도하고 지역주민의 참여를 활성화함으로써 더불어 사는 사회복지환경을 조성하고 사회복지종사자에게 지속적으로 동기를 부여하기 위하여 '사회복지의 날 기념식'을 2001년 이후 해마다 개최하고 있다.

사회복지시설·단체 간 선의의 경쟁을 통해 사회복지인 모두가 하나 되는 화합의 장인 '사회복지인 한마음축제'도 2002년부터 사회복지의 날 기념행사로 개최하고 있다. 또한 사회복지의 날 기념식과 더불어 사회복지현장에서 시행되고 있는 우수 사회복지 프로그램을 발굴하여 프로그램기획자의 전문성을 존중하고 노고를 격려함으로써 사회복지종사자의 사기를 진작시키는 동시에 우수 프로그램의 공유 및 보급을 통해 사회복지서비스의 균형적인 발전을 도모하는 우수 프로그램 공모전 등 다양한 사회복지 주간행사도 열리고 있다(제주특별자치도사회복지협의회, 2012 : 102).

바. 자원개발사업

제주특별자치도사회복지협의회는 설립 초기부터 일일찻집과 자선바자회, 자선음악회 등을 통하여 얻은 수익금을 운영사정이 열악한 사회복지시설 등에 지원하며 도움을 주었다.

1987년 5월 9일부터 처음으로 '불우이웃돕기 일일찻집'을 열어 얻은 수익금 142만 5,630원을 제주양로원과 성이시돌요양원, 성요셉요양원, 제주종합사회복지관에 선풍기와 냉장고 등을 지원했다. 이듬해에는 '사랑의 손길 펴기 제1회 등공예 자선바자회'를 열어 제남보육원과 영진보육원, 제주모자원에 전열기를 지원하였으며, 1991년에는 '소외된 이웃돕기 사랑의 열매 나누기 가두모금운동'을 실시하여 재가 저소득노인가정, 소년소녀가정 등에게 지원하는 등 현재까지 꾸준하게 사업을 진행하고 있다(제주특별자치도사회복지협의회, 2012 : 103).

사. 식품나눔사업

푸드뱅크사업은 음식물 쓰레기를 줄이기 위한 환경문제 개선의 측면과 함께 1998년 IMF 경제위기 이후 급격히 증가한 노숙인 및 결식아동들의 급식문제를 해결하는 복지적인 배경에서 시작했다.

2004년 2월 제주특별자치도사회복지협의회가 광역푸드뱅크 운영기관으로 지정받아 현재까지 8년 동안 제주지역 식품나눔사업대표기관으로서 나눔문화 활성화를 위해 많은 노력을 기울이고 있으며, 사회 결식문제 완화 등 민간 사회복지안전망으로서의 중추적 역할을 수행하고 있다.

전국 푸드뱅크 DB시스템(FMS)이 구축되어 운영실적에 대한 전산관리를 시작한 2002년 이후로 기부자 및 단체들이 매년 증가하여 현재 총 488명(개소)의 기부자들로부터 11억 원 상당의 기부식품을 모집해 사회복지시설·단체 37개소 및 저소득가정 등 2,849명에게 정기적으로 지원을 하고 있다.

2009년 6월 문을 연 사랑나눔푸드마켓은 초창기 국민기초생활보장수급자 모두를 대상으로 운영하다 보니 하루 100명 이상이 이용하여 운영에 큰 어려움을 겪었다. 이에 따라 부득이 개점 2개월 만인 9월 1일부터 이용대상을 국민기초생활보장수급자 중 만 65세 이상 노인들로 제한하고, 이용횟수는 월 1회, 지원물품은 5개 품목에서 3개 품목으로 줄여 운영하고 있다. 현재 사랑나눔푸드마켓은 매월 1,500명 이상이 이용하는 전국 최고의 이용률을 자랑하는 모범적인 푸드마켓 사업장으로 안정적으로 운영되고 있다(제주특별자치도사회복지협의회, 2012 : 105-106).

아. 출판홍보사업

지역주민과 사회복지 관련 기관 근무자들에게 유익한 사회복지 관련 정보 및 동향 등을 제공하고, 사회복지활동에 지역주민들의 참여를 유도하여 사회복지 의식을 향상시킴은 물론 사회복지시설종사자 간 정보교류의 장 및 사회복지 관련 각종 정보 등을 전달하는 매개체로서 매월 사회복지신문을 발행하고 있다.

사회복지 관련 시설·기관·단체에 대한 기본 현황을 총괄적으로 수록하여 지역 내 사회복지환경을 점검·확인하고, 사회복지시설·단체 간 복지사업의 연계를 활성화함은 물론 상호교류를 촉진시키기 위하여 사회복지편람과 사회복지시설·단체 현황을 해마다 빈갈이 가며 세작, 제공히고 있다.

또한 협의회가 추진하고 있는 주요 사업 등을 언론사에 상세히 알림으로써 홍보활동을 강화하고 운영의 활성화를 기하기 위하여 기자간담회도 연 2회 이상 실시하고 있다(제주특별자치도사회복지협의회, 2012 : 107).

자. 사회복지상담(복지전화)사업

도움의 손길이 필요한 지역주민에게 지역사회의 다양한 사회복지서비스 정보를 알려주기 위하여 1986년부터 아동, 청소년, 노인, 가정문제 등을 비롯하여 자원봉사, 입양, 의료문제 등을 상담・안내하여 지역주민들의 복지욕구를 해소해 주고 있다. 첫해에는 411건의 상담이 이루어졌으며, 해마다 상담건수가 증가하여 1998년에는 첫해의 3배 이상인 1,368건의 상담을 실시하였다(제주특별자치도사회복지협의회, 2012 : 109).

차. 어린이 새 생명돕기 진료 지원사업

1991년 어린이 새 생명돕기 진료 지원사업을 시작하여 1995년까지 5년간 신경아 세포증, 악성 임파종, 백혈병 등에 걸려 힘겨운 투병생활을 이어가는 총 34명의 어린이에게 5,630만 원을 지원, 위로와 응원의 메시지를 전했다. 이 사업은 1995년 11월 읍・면・동으로 업무가 이양되었다(제주특별자치도사회복지협의회, 2012 : 110).

카. 난치병환아 진료비 지원사업

1999년부터 1995년 종료된 어린이 새생명 돕기 진료사업을 이어받아 난치병환아 진료비 지원사업을 추진하고 있다. 과중한 치료비를 부담하고 있는 환자가족의 고통을 조금이나마 덜어주고, 병마와 싸우고 있는 어린이들에게 희망과 용기를 주기 위하여 치료비와 장학금 등을 지원하고 있다. 1999년 이후 총 36명에게 2,113만 원을 후원했다(제주특별자치도사회복지협의회, 2012 : 110).

타. 후원결연사업

1986년 보건복지부 위탁사업인 사회복지시설 노인결연사업을 시작으로 후원자를 발굴하여 사회복지시설 생활노인들과 결연을 맺어 후원금을 지원하였다. 후원자가 늘면서 사업대상을 생활이 어려운 저소득 노인가구 등으로 확대하여 진행했다.

1998년에는 주부후원회가 조직되어 활동하기도 하였으며, 1999년 보건복지부 지침이 변경되면서 같은 해 4월 사회복지시설 노인결연사업이 한국노인복지시설협회로 이관되었다(제주특별자치도사회복지협의회, 2012 : 110).

파. 사회복지도우미 공공근로사업

세대주의 실직 등으로 여성이 가족의 생계를 책임지는 저소득가정의 여성가장 등을 사회복지도우미로 채용, 사회복지시설 등에 인력을 지원함으로써 사회복지서비스의 질적 향상 도모와 저소득여성가장 가정에 소득을 보장하는 공공 프로그램을 보건복지부로부터 위탁받아 1999년부터 2002년까지 4년간 운영하였다. 총 642명이 이 사업에 참여하였다(제주특별자치도사회복지협의회, 2012 : 101).

하. 시설 운영 사업

제주특별자치도사회복지협의회는 '아라종합사회복지관'과 '아라어린이집'을 운영하고 있다.

아라종합사회복지관은 1992년 8월 개관하였으며, 제주특별자치도로부터 위탁받아 운영하고 있다. 아라어린이집은 1998년 2월 5일 법인보육시설로 개원하였으며 아이들을 안전하게 보호하고, 보육환경과 프로그램에 있어서 보다 나은 질적인 발전과 변화를 위해 노력하고 있다(제주특별자치도사회복지협의회, 2012 : 74-78).

2. 지역사회보장협의체

1) 이론적 및 법률적 논의

(1) 지역사회보장협의체의 정의

지역사회보장협의체는 지역의 사회보장을 증진하고, 사회보장과 관련된 서비스를 제공하는 기관·법인·단체·시설과 연계·협력 강화 기능을 수행하는 기구이다(사회보장급여의 이용·제공 및 수급권자 발굴에 관한 법률 제41조).

(2) 지역사회보장협의체의 설치 및 운영

시장·군수·구청장은 해당 시·군·구에 지역사회보장협의체를 둔다. 지역사회보장협의체의 위원은 다음의 어느 하나에 해당하는 사람 중에서 시장·군수·구청장이 임명 또는 위촉한다.

- 사회보장에 관한 학식과 경험이 풍부한 사람
- 지역의 사회보장을 수행하거나 서비스를 제공하는 기관·법인·단체·시설의 대표자
- 비영리단체에서 추천한 사람
- 복지위원의 대표자
- 사회보장에 관한 업무를 담당하는 공무원

지역사회보장협의체의 업무를 수행하기 위하여 지역사회보장협의체에 실무협의체를 둔다. 보장기관의 장은 지역사회보장협의체의 효율적 운영을 위하여 필요한 인력 및 운영비 등 재정을 지원할 수 있다. 지역사회보장협의체, 실무협의체 및 읍·면·동 단위 지역사회보장협의체의 조직·운영에 필요한 사항은 보건복지부령이 정하는 바에 따라 해당 시·군·구의 조례로 정한다(사회보장급여의 이용·제공 및 수급권자 발굴에 관한 법률 제41조).

지역사회보장협의체는 위원장을 포함하여 10명 이상 40명 이하의 위원으로 구성하고, 위원장은 위원 중에서 호선하되, 공무원인 위원과 위촉위원 각 1명을 공동위원장으로 선출할 수 있다. 지역사회보장협의체 위원의 임기는 2년으로 하되, 위원장은 한 차례만 연임할 수 있다. 다만, 공무원인 위원의 임기는 그 재직기간으로 한다.

지역사회보장협의체의 회의는 재적위원 3분의 1 이상이 요구하거나 위원장이 필요하다고 인정하는 경우에 소집할 수 있다. 지역사회보장협의체의 위원장은 회의를 소집하려면 회의의 일시·장소 및 심의 안건을 위원에게 회의 개최 5일 전까지 서면으로 알려야 한다. 지역사회보장협의체의 회의는 재적위원 과반수의 출석으로 개의하고 출석위원 과반수의 찬성으로 의결한다.

지역사회보장협의체의 위원장은 지역사회보장협의체의 효율적인 심의·자문을 위하여 전문위원회를 구성·운영할 수 있으며, 전문위원회 운영에 필요한 세부적인 사항은 시·군·구의 조례로 정한다(사회보장급여의 이용·제공 및 수급권자 발굴에 관한 법률 시행규칙 제5조).

실무협의체는 위원장 1명을 포함하여 10명 이상 40명 이하의 위원으로 구성한다. 실무협의체의 위원장은 위원 중에서 호선하고, 위원은 사회보장에 관한 실무 지식과 경험이 풍부한 사람 중에서 다음의 어느 하나에 해당하는 사람을 지역사회보장협의체의 위원장이 성별을 고려하여 임명하거나 위촉한다.

- 지역의 사회보장 활동을 수행하거나 서비스를 제공하는 기관·법인·단체·시설 또는 공익단체의 실무자
- 사회보장에 관한 업무를 담당하는 공무원
- 비영리단체에서 추천한 사람
- 그 밖에 학계 등 사회보장 관련 분야 종사자

실무협의체의 위원의 임기는 2년으로 하되, 위원장은 한 차례만 연임할 수 있다. 다만, 공무원인 위원의 임기는 그 재직기간으로 한다. 실무협의체 회의에 관하여는 지역사회보장협의체 규정을 준용한다. 실무협의체의 위원장은 지역의 사회보장 관련 기관·법인·단체·시설 간 연계·협력을 강화하기 위하여 실무분과를 구성·운영할 수 있으며, 실무분과의 운영에 관한 세부적인 사항은 시·군·구 조례로 정할 수 있다(사회보장급여의 이용·제공 및 수급권자 발굴에 관한 법률 시행규칙 제6조).

읍·면·동 단위 지역사회보장협의체는 읍장·면장·동장과 다음의 어느 하나에 해당하는 사람 중에서 읍장·면장·동장의 추천을 받아 시장·군수·구청장이 위촉하는 사람으로 성별을 고려하여 구성한다.

- 지역의 사회보장 활동을 수행하거나 서비스를 제공하는 기관·법인·단체·시설 또는 공익단체의 실무자
- 사회보장에 관한 업무를 담당하는 공무원
- 비영리단체에서 추천한 사람
- 복지위원
- 행정리의 이장 및 행정동의 하부조직으로 두는 통의 통장
- 주민자치위원, 자원봉사단체 구성원
- 그 밖에 관할 지역의 사회보장 증진에 열의가 있는 사람

읍·면·동 단위 지역사회보장협의체 위원은 읍·면·동별로 각 10명 이상으로 한다. 읍·면·동 단위 지역사회보장협의체 위원장은 위원 중에서 호선하되, 읍장·면장·동장과 민간위원 중에서 각 1명을 공동위원장으로 선출한다. 읍·면·동 단위 지역사회보장협의체 위원의 임기는 2년으로 하며 연임할 수 있다. 다만, 공무원인 위원의 임기는 그 재직기간으로 한다. 읍·면·동 단위 지역사회보장협의체의 회의에 관하여는 지역사회보장협의체 규정을 준용한다(사회보장급여의 이용·제공 및 수급권자 발굴에 관한 법률 시행규칙 제7조).

(3) 지역사회보장협의체의 사업

지역사회보장협의체는 다음의 업무를 심의 · 자문한다(사회보장급여의 이용 · 제공 및 수급권자 발굴에 관한 법률 제41조).

- 시 · 군 · 구의 지역사회보장계획 수립 · 시행 및 평가에 관한 사항
- 시 · 군 · 구의 지역사회보장조사 및 지역사회보장지표에 관한 사항
- 시 · 군 · 구의 사회보장급여 제공에 관한 사항
- 시 · 군 · 구의 사회보장 추진에 관한 사항
- 읍 · 면 · 동 단위 지역사회보장협의체의 구성 및 운영에 관한 사항
- 그 밖에 위원장이 필요하다고 인정하는 사항

읍 · 면 · 동 단위 지역사회보장협의체는 다음의 업무를 지원한다(사회보장급여의 이용 · 제공 및 수급권자 발굴에 관한 법률 시행규칙 제7조).

- 관할 지역의 주민 · 아동 · 노인 · 장애인 · 한부모가족 등 사회보장사업에 의한 도움을 필요로 하는 사람(사회보장 대상자) 발굴
- 사회보장 자원 발굴 및 연계 업무
- 지역사회보호체계 구축 및 운영 업무
- 그 밖에 관할 지역 주민의 사회보장 증진을 위하여 필요한 업무

2) 제주지역의 실천현장 사례

(1) 제주시지역사회보장협의체

① 설립 목적

제주시지역사회보장협의체는 참여 복지 구현 및 상향식 의사소통 확립과 수요자 중심의 통합적 복지서비스 제공 기반 마련, 지역사회 복지 자원의 효율적 활용 체계 조성에 목적을 두고 설립 · 운영되고 있다.

참여 복지 구현 및 상향식 의사소통 구조 확립은 지역사회 내 복지 문제

를 해결하기 위한 민주적 의사소통 구조를 확립하는 것으로, 지역사회보장계획 수립 등 지역 복지 증진을 위한 과정에 민간의 참여 기반을 마련하고 서비스 제공 실무자의 문제 해결 의지가 지역사회에서 활발하게 논의될 수 있도록 하는 것이다. 수요자 중심의 통합적 복지 서비스 제공 기반 마련은 지역사회 보건·복지 서비스 제공자 간 연계망을 구성하여 수요자의 복합적인 욕구에 공동 대응하고 주민들이 필요로 하는 서비스를 Any-stop, One-stop으로 제공하는 것이다. 지역사회 복지 자원의 효율적 활용 체계 조성은 지역사회의 잠재적 복지 자원을 발굴, 확충하고 서비스 제공기관 간 연계·협력으로 지역사회 복지 정보 및 서비스 수요자 정보를 공유함으로써 자원 제공의 중복과 누락을 방지하는 것이다.

② 변천

2005년 10월 제정된 운영 조례에 따라 제주시지역사회복지협의체가 설립되었고, 2006년 10월에는 제주특별자치도 출범에 따라 제주시·북제주군 지역사회복지협의체를 통합한 제주시지역사회복지협의체가 구성되어 운영에 들어갔다. 2008년 4월 제주시 주민생활지원협의회(민간협의체)를 구성하였고, 2009년 2월에는 실무분과를 확대 조정함과 아울러 실무분과 위원을 확대 구성하였으며, 매년 사회복지 지역대회를 개최하여 왔다.

2011년 연차별 지역사회복지계획을 심의하였고, 2013년 연차별 지역사회복지계획 시행 결과 평가 심의, 2014년 9월 제3기 제주시지역사회복지계획을 수립하였다. 「사회보장급여의 이용·제공 및 수급권자 발굴에 관한 법률」에 근거하여 2015년 7월 1일 제주시지역사회보장협의체로 명칭을 변경하였다.

③ 주요 사업

제주시지역사회보장협의체는 대표협의체, 실무협의체, 실무분과, 읍·면·동 지역사회보장협의체로 나누어 업무를 수행하고 있다. 대표협의체는 제주시의 지역사회보장계획 수립·시행 및 평가에 관한 사항, 제주시의 지역사회보장조사 및 지역사회보장 지표에 관한 사항, 제주시의 사회보장급여에 관한 사항, 제주시의 사회보장 추진에 관한 사항, 읍·면·동 단위 지역사회보장협의체의 구성 및 운영에 관한 사항, 그 밖에 위원장이 필요하다고 인정하는 업무를 수행하고 있다.

실무협의체에서는 공동 사업 개발 및 건의, 지역사회서비스 제공 및 연계 협력에 관한 협의, 대표협의체 심의(건의) 안건 사전 검토, 실무분과에서 발의한 이슈에 대한 논의, 실무분과 간 역할 조정 및 협력 도모, 그 밖에 위원장이 필요하다고 인정하는 업무를 수행하고 있다. 실무분과에서는 공동사업의 수행, 사회보장 대상자별 사례회의, 서비스 제공 및 연계, 서비스 제공을 위하여 필요한 업무를 수행하고 있다.

26개 읍·면·동 지역사회보장협의체에서는 관할 지역 내 사회보장 대상자 발굴, 사회보장 대상자에 대한 서비스 연계·지원, 지역사회보호체계 구축 및 운영, 지역 내 복지문제 해결을 위한 자체 특화사업 등을 수행하고 있다(http://jeju.grandculture.net).

④ 현황

제주시지역사회보장협의체는 대표협의체, 실무협의체, 9개 실무분과로 구성되어 있다. 대표협의체 위원 24명, 실무협의체 위원 26명이다. 실무분과 위원은 총 127명이며, 기획총괄, 장애인복지, 노인복지, 아동보육, 청소년복지, 여성가족복지, 지역사회복지, 자활고용, 통합사례관리 분과로 나누어져 있다. 사무국에는 실무책임자와 상근활동가가 근무하고 있다(http://www.jejuswc.kr).

(2) 서귀포시지역사회보장협의체

① 설립 목적

서귀포시지역사회보장협의체는 지역사회 내의 민주적 의사소통 구조의 확립, 수요자 중심의 통합적 복지 서비스 제공 마련, 지역사회 내 복지 자원 발굴 및 서비스제공기관 간 연계·협력으로 지역 복지 자원의 효율적 활용 체계 조성을 목적으로 설립·운영되고 있다.

지역사회 내의 민주적 의사소통 구조의 확립은 지역 내 문제를 해결하기 위한 민·관의 협의적 협력 기반을 마련하여 국민 중심의 맞춤형 복지서비스 제공에 기여하고, 지역사회현장 실무자들의 문제 해결 의지 반영이 가능한 민주적 의사소통 구조를 확립하고자 하는 것이다. 수요자 중심의 통합적 복지 서비스 제공 기반 마련은 지역사회 내 서비스제공자 간의 연계망을 구성하여 Any-stop, One-stop 서비스를 제공하고자 하는 것이다. 지역사회 내 복지 자원 발굴 및 서비스제공기관 간 연계·협력으로 지역 복지 자원의 효율적 활용 체계 조성은 지역사회 자원 정보망의 구축과 수요자 정보 공유로 서비스 중복 및 누락 방지와 자원 총량의 확충을 도모하고자 하는 것이다.

② 변천

2005년 5월 서귀포시지역사회복지협의체 준비단이 구성되면서 서귀포시지역사회복지협의체 설립을 위한 준비가 시작되었고, 2005년 8월 서귀포시지역사회복지협의체 운영 조례가 제정되어 지역사회복지협의체 설립을 위한 법적 근거가 마련되었다. 2005년 9월에는 서귀포시지역사회복지협의체 위원 위촉 및 제1차 회의를 시작으로 서귀포시지역사회복지협의체가 설립되었다. 설립 이후 지역사회복지 증진을 위한 각종 연구조사, 회의, 세미나 등을 실시해 왔고, 특히 2006년에는 서귀포시 주민복지욕구조사를 실시하여 서귀포시 지역사회복지계획 4개년 종합계획을 수립하였으며, 2010년에는 제2기 서귀포시 지역사회복지계획 4개년 계획을 수립하였다.

2014년 9월 제3기 서귀포시 지역사회복지계획을 수립하였고, 「사회보장급여의 이용·제공 및 수급권자 발굴에 관한 법률」에 근거하여 2015년 7월 1일 서귀포시지역사회보장협의체로 명칭을 변경하였다.

③ 주요 사업

수요자 중심의 보건·복지서비스 연계 기반 마련, 지역사회보장계획 수립·평가·심의 및 건의, 지역사회 자원의 효율적 활용체계 조성과 전달체계 개선을 위한 서귀포시지역사회보장협의체의 주요 사업은 크게 복지정책·시책 개발 및 건의, 지역사회보장계획 수립, 역량 강화 및 서비스 연계, 서비스 조정 부분을 포함한다.

복지정책·시책 개발 및 건의 부분에서는 지역사회에 적합한 복지정책과 관할 지역 내의 사회복지에 관한 시책을 개발하고 건의하는 것이다. 지역사회보장계획 수립 부분에서는 지역사회보장계획 수립 및 평가와 관련한 전반적인 절차에 참여하며 실행 과정을 모니터링하는 것이다. 역량 강화 및 서비스 연계, 조정 부분에서는 연찬회, 정책토론회, 세미나, 워크숍, 교육사업, 지역사회 통합을 위한 각종 사업 및 역량 강화 사업 등을 실시하며, 지역 내 잠재되어 있는 인적·물적 복지 자원을 발굴하고, 서비스제공기관 간 연계·협력을 통해 서비스 제공의 중복과 누락을 방지하는 활동을 한다. 특히 서귀포시지역사회보장협의체에서는 서비스 통합을 통한 지역사회 연대 기능을 활성화하고 조직화하기 위해서 지역에 맞는 다양한 사업 개발과 논의를 진행하고 있다(http://seogwipo.grandculture.net).

17개 읍·면·동 지역사회보장협의체에서는 사회보장 사각지대 발굴, 지역 내 자원 발굴, 지역사회보장 문제 발굴 및 해결 방안을 모색하는 사업을 수행하고 있다.

④ 현황

서귀포시지역사회보장협의체는 대표협의체, 실무협의체, 7개 실무분과로 구성되어 있다. 대표협의체 위원 22명, 실무협의체 위원 27명이다. 실무분과 위원은 총 75명이며, 장애인, 노인, 영유아, 아동청소년, 여성가족, 통합서비스지원, 사회보장인프라 분과로 나누어져 있다. 사무국에는 실무책임자가 근무하고 있다(http://www.sgposwc.or.kr).

'복지 사각지대 없는 따뜻한 공동체'

정방동지역사회보장협의체는 제주사회복지공동모금회와 희망 나눔 협약을 맺고 주변의 경제적 · 사회적 위기에 처한 이웃을 발굴, 고충을 해결해 주는 데 힘을 쓰고 있다. 특히 정방동지역사회보장협의체는 점차 사라져 가는 이웃의 정을 회복하기 위한 사업을 중점적으로 추진하고 있다. 이 협의체는 '사랑의 끈' 봉사단을 구성해 국가복지제도에서 벗어나 있지만 도움이 필요한 지역주민을 발굴하고 여건에 맞는 맞춤형 서비스를 제공하고 있다. 또한 도움이 필요한 가정에 대해서는 일대일 상담은 물론 필요한 경우 서귀포시청 및 지역 단체와 연계해 주고 있다.

정방동지역사회보장협의체는 문화 향유의 기회가 상대적으로 적은 소외된 이웃을 위해 문화 재능 기부자들로 이루어진 문화콘서트도 개최하고 있다. 또한 주거환경 개선이 필요한 저소득 취약계층 가구를 대상으로 집수리와 도배, 장판 교체, 방충망 지원 등 쾌적한 생활공간을 만드는 이웃 사랑 집수리 봉사활동을 펼치고 있다. 이와 함께 홀로 살다 세상을 떠난 이웃의 집을 정리하는 일은 물론 이웃들에게 밑반찬을 나누어 주는 등 따뜻한 이웃의 정을 전하고 있다. 여기에다가 지역사회에 나눔 문화 확산을 위한 착한 가게와 개인 정기 기부자 발굴에도 나서고 있다.

출처 : 제민일보(2016. 12. 15).

3. 사회복지공동모금회

1) 이론적 및 법률적 논의

(1) 사회복지공동모금회의 정의

사회복지공동모금회는 공동모금을 통하여 국민이 사회복지를 이해하고 참여하도록 함과 아울러 국민의 자발적인 성금으로 조성된 재원을 효율적이고 공정하게 관리·운용함으로써 사회복지 증진에 이바지함을 목적으로 설립된 기관이다(사회복지공동모금회법 제1조).

(2) 사회복지공동모금회의 설치 및 운영

사회복지공동모금사업을 관장하도록 하기 위하여 사회복지공동모금회를 둔다. 모금회는 사회복지법인으로 하며, 정관을 작성하여 보건복지부장관의 인가를 받아 등기함으로써 설립된다(사회복지공동모금회법 제4조). 모금회의 정관에는 목적, 명칭, 주된 사무소의 소재지, 사업에 관한 사항, 임원 및 직원에 관한 사항, 이사회에 관한 사항, 지회의 구성 및 운영 등에 관한 사항, 재산 및 회계에 관한 사항, 공고에 관한 사항, 정관의 변경에 관한 사항이 포함되어야 한다(사회복지공동모금회법 제6조).

모금회에 지역단위의 사회복지공동모금사업을 관장하기 위하여 특별시·광역시·특별자치시·도·특별자치도 단위 사회복지공동모금회를 둔다. 지회에는 지회장을 두고 모금회에 준하는 필요한 조직을 둘 수 있고, 지회장은 이사회의 의결을 거쳐 회장이 임명한다. 모금회의 회장은 지회의 운영 개선을 위하여 지도·감독하며, 지회가 지역의 특성에 맞게 운영될 수 있도록 노력하여야 하고, 지회의 운영이 현저히 부당하다고 인정할 때에는 그 시정을 명할 수 있다. 지회에서 조성한 공동모금재원은 해당 시·도의 배분대상자에 배분하는 것을 원칙으로 한다. 모금회의 회장은 회계연도가 시작되기 2개월 전에 각 지회로부터 사업계획서를 제출받아 이를 종합·조정하여 보건복지부장관에게 보고하여야 한다(사회복지공동모금회법 제14·15조).

(3) 사회복지공동모금회의 사업

사회복지공동모금회는 다음의 사업을 수행한다(사회복지공동모금회법 제5조).

- 사회복지공동모금사업
- 공동모금재원의 배분

- 공동모금재원의 운영 및 관리
- 사회복지공동모금에 관한 조사·연구·홍보 및 교육·훈련
- 사회복지공동모금지회의 운영
- 사회복지공동모금과 관련된 국제교류 및 협력증진사업
- 다른 기부금품 모집자와의 협력사업
- 그 밖에 모금회의 목적 달성에 필요한 사업

2) 제주지역의 실천현장 사례

(1) 제주특별자치도사회복지공동모금회

제주특별자치도사회복지공동모금회는 공동모금을 통하여 사회복지에 대한 지역주민의 이해와 참여를 제고하고, 지역주민의 자발적인 성금으로 조성된 재원을 효율적이고 공정하게 관리·운용함으로써 지역사회복지 증진에 이바지함을 목적으로 1998년 8월 설립되었다. 주요 사업은 다음과 같다(제주특별자치도사회복지협의회, 2011 : 332).

- 사랑의 열매 계좌 갖기 운동 : 매월 기부자가 약정한 금액을 이체하여 정기적으로 기부
- 착한가게 캠페인 : 중소 규모의 자영업 경영자들이 매월 일정액을 정기적으로 기부
- 희망나눔캠페인 : 매년 12월 1일부터 다음 해 1월 31일까지 총 62일간 전 국민이 집중적으로 기부에 동참하여 희망을 나누는 캠페인
- 신청사업 : 사회복지 시설 및 기관에서 필요한 사업을 자유주제로 신청하는 배분사업
- 기획사업 : 지역복지 증진, 지역사회 주민들의 삶의 질 향상을 도모하기 위하여 특정 주제에 배분하는 사업
- 개인긴급지원사업 : 긴급한 복지서비스가 필요한 개인을 지원하는 배분사업

– 지정기탁사업 : 기부자가 지역, 대상, 사용 용도 등을 지정한 바에 따라 배분하는 사업

이 밖에도 제주특별자치도사회복지공동모금회는 사랑의 열매 나눔봉사단을 결성하여 활동을 전개하고 있다. '착한가게 나눔봉사단'은 희망나눔캠페인을 통해 나눔과 기부의 실천에 관한 홍보활동을 펼치고 있고, '지역사회 나눔봉사단'은 가족 없이 힘들게 살아가는 노인가정을 방문하여 집수리 활동을 전개하고 있다(제주특별자치도사회복지공동모금회, 2013).

4. 사회복지사협회

1) 이론적 및 법률적 논의

(1) 사회복지사협회의 정의

사회복지사협회는 협회 회원인 사회복지사의 자질향상, 복지증진, 권익옹호 등을 위해 설립된 호혜조직이다.[1]

(2) 사회복지사협회의 설치 및 운영

사회복지에 관한 전문지식과 기술을 개발・보급하고, 사회복지사의 자질향상을 위한 교육훈련을 실시하며, 사회복지사의 복지증진을 도모하기 위하여 한국사회복지사협회를 설립한다. 협회는 법인으로 하되, 협회의 조직과 운영 등에 필요한 사항은 대통령령으로 정하고, 민법의 사단법인에 관한 규정을 준용한다(사회복지사업법 제46조).

1) 호혜조직은 조직의 성원이 주 수혜자가 되는 조직을 말한다. 즉, 그 조직에 속해 있는 모든 성원이 다 그 조직의 주 수혜자라는 것이다. 예컨대 정당의 당원이라든지, 노동조합의 조합원이라든지, 변호사회, 의사회 등의 전문가단체의 회원 등은 자기가 속해 있는 조직의 주 수혜자이다(강세현 외, 2011 : 269).

(3) 사회복지사협회의 사업

한국사회복지사협회는 다음의 사업을 수행한다(사회복지사업법 시행령 제22조).

- 사회복지에 대한 전문지식 및 기술의 개발·보급
- 사회복지사의 전문성 향상을 위한 교육훈련
- 사회복지제도에 대한 조사연구·학술대회 개최 및 홍보·출판사업
- 국제사회복지사단체와의 교류·협력
- 보건복지부장관이 위탁하는 사회복지사업에 관한 업무
- 기타 협회의 목적 달성에 필요한 사항

2) 제주지역의 실천현장 사례

(1) 제주특별자치도사회복지사협회

제주특별자치도사회복지사협회의 설립일은 1977년 9월 26일로 되어 있다(제주특별자치도사회복지협의회, 2011 : 333). 제주지역에는 1967년부터 1989년까지 친목단체 성격의 제주도사회사업가협회가 구성되어 활동해 왔으며, 그 기간 중 1977년 9월 사단법인 한국사회사업가협회가 보건사회부 소관 법인 설립 허가를 받았는데, 이때를 제주특별자치도사회복지사협회 설립일로 삼고 있는 듯하다. 이후 1990년 2월에는 한국사회복지사협회 제주도지회 창립총회를 개최하였고, 1998년에는 사회복지사업법에 의한 법정단체로 되었으며, 1999년부터는 제1차 사회복지포럼과 제1회 제주도사회복지사대회 개최 등 주요 사업을 전개하기 시작하였다(제주특별자치도사회복지사협회 홈페이지; 제주도지편찬위원회, 2006 : 352).

제주특별자치도사회복지사협회의 설립목적은 사회복지에 관한 전문지식과 기술을 개발·보급하고 사회복지사의 자질 향상을 위한 교육훈련과 사회복지사의 복지증진을 도모하는 것이며, 주요 사업은 다음과 같다(제주특별자치도사회복지사협회, 2011 : 333).

- **교육훈련사업** : 사회복지사 보수교육(새내기, 중간관리자, CEO, 특별보수교육), 사회복지초청강연회, 전문서적 대여, 사회복지담당공무원 협력사업, 사회복지 유라시아 포럼, 사회복지사 1급 국가시험 지원 사업
- **권익옹호사업** : 제주특별자치도 사회복지사대회, 권익옹호(제도개선, 연구사업, 정책공모전), 지역사회갈등조정위원회 운영, 현장사회복지사를 만나다, 사회복지전문인력 지원센터 운영, 사회복지특별공로상・올해의 사회복지사상 시상, 사이버상담실 운영, 협회장 표창
- **회원복리사업** : 선후배 만남의 날, 하계휴양소 운영, 전국사회복지사 축구대회 참가, 평생회원제 운영, 회원 상조사업(근조기 사용), 예비사회복지사 협력사업, 사회복지사 조직화 사업, 사회복지사 회원복리서비스 사업, 동아리 운영(자원봉사, 오름, 축구)
- **홍보기획사업** : 언론기획 홍보사업, 웹진 발간, 홍보물 발간, 다이어리 제작 및 배포
- **협회운영사업** : 사회복지사자격증 발급, 총회 운영 등, 사회복지직능단체 간담회

참 / 고 / 문 / 헌

강세현 외(2011). 인간행동과 사회환경. 경기 : 양서원.
강세현(1999). 사회복지에의 접근. 제주 : 탐라인.
고수현(2010). 사회복지사업현장론. 경기 : 양서원.
국가법령정보센터(http://www.law.go.kr).
김혜란 · 홍선미 · 공계순(2003). 사회복지실천론. 경기 : 나남출판.
남진열 · 강세현 · 전영록 · 유용식(2010). 지역사회복지론. 경기 : 공동체.
대한간호학회 편(1996). 간호학대사전. 서울 : 한국사전연구사.
동부종합사회복지관(http://welfare.seogwipo.go.kr).
디지털서귀포문화대전(http://seogwipo.grandculture.net).
디지털제주시문화대전(http://jeju.grandculture.net).
박용순(2006). 지역사회복지론. 서울 : 학지사.
백은령 외(2008). 사회복지실천론. 경기 : 대왕사.
서귀포시노인복지관(www.sgpswc.com).
서귀포시사랑원(2013). 산울네, 제17호.
서귀포시지역사회보장협의체(http://www.sgposwc.or.kr).
서귀포시대정청소년수련관(http://diyc.sgpyouth.or.kr).
서귀포시청소년수련관(http://sgpyc.sgpyouth.or.kr).
서귀포종합사회복지관(2012). 온누리, 통권 39호.
서부종합사회복지관(http://www.sbw.or.kr).
여성가족부(2015). 2015년도 청소년사업안내.
임은희(2004). 사회복지실천론. 서울 : 학지사.
자치법규정보시스템(http://elis.go.kr).
장인협(1991). 사회복지학개론. 서울 : 서울대학교출판부.
제민일보(2012. 1. 27).
________(2012. 10. 27).
________(2012. 10. 6).
________(2012. 11. 24).
________(2012. 11. 7).

________(2012. 7. 13).
________(2012. 8. 25).
________(2013. 10. 26.).
________(2013. 10. 5).
________(2013. 11. 25).
________(2013. 11. 27).
________(2013. 11. 9).
________(2013. 12. 26).
________(2013. 12. 27).
________(2013. 3. 30).
________(2013. 4. 13).
________(2013. 4. 27).
________(2013. 6. 1).
________(2013. 6. 15).
________(2013. 7. 6).
________(2013. 8. 10).
________(2013. 8. 12).
________(2013. 8. 24).
________(2013. 9. 18).
________(2014. 7. 17).
________(2014. 7 18).
________(2015. 1. 29).
________(2015. 2. 13).
________(2016. 12. 15).
제주가정위탁지원센터(2013). 아이들아 아이들아(가정위탁 10주년 백서).
제주가족사랑상담소(2013). 마음나눔(가족사랑상담소 소식지), 제28호.
제주공생(2013). 사랑샘, 제43호.
제주도농아복지관(2012). 편견 없는 마음 차별 없는 세상.
제주도사회복지협의회(1996). 제주사회복지 발자취.
제주도지편찬위원회(2006). 제주도지. 제5권.
제주발전연구원(2012). 자활사업 참여자의 생활행태와 의식변화 연구.
제주사회복지신문(2008. 11. 1).

________________(2008. 12. 1).

________________(2008. 4. 1).

________________(2008. 6. 2).

________________(2008. 7. 1).

________________(2008. 8. 1).

________________(2009. 11. 1).

________________(2009. 3. 2).

________________(2009. 7. 1).

________________(2009. 9. 1).

________________(2010. 1. 2).

________________(2010. 12. 1).

________________(2010. 5. 1).

________________(2010. 7. 1).

________________(2011. 12. 1).

________________(2011. 4. 1).

________________(2011. 7. 1).

________________(2011. 8. 1).

________________(2011. 9. 1).

________________(2012. 10. 2).

________________(2012. 11. 1).

________________(2012. 12. 3).

________________(2012. 2. 1).

________________(2012. 3. 2).

________________(2012. 8. 1).

________________(2012. 9. 3).

________________(2013. 2. 4).

________________(2013. 3. 4).

________________(2013. 4. 2).

________________(2013. 5. 2).

________________(2013. 6. 3).

________________(2013. 7. 1).

________________(2014. 4. 1).

제주시(2012). 제주시 사회복지과 내부자료.
제주시지역사회보장협의체(http://www.jejuswc.kr).
제주시청(2013). 열린 제주시, Vol. 86.
제주시청소년상담복지센터(http:www.제주시1388.한국).
제주시청소년수련관(http:jjyouth.jejusi.go.kr).
제주여성・학교폭력피해자원스톱지원센터(2013). 제주여성・학교폭력피해자 원스톱 지원센터 내부자료.
제주여자기독청년회(2013). 제주YWCA, 제110호.
제주영락종합사회복지관(http://www.youngwel..org).
제주YWCA여성의 쉼터(2016). 제주YWCA여성의 쉼터.
제주특별자치도(2010). 제2기 제주특별자치도 지역사회복지계획.
____________(2012). 2012 제주 사회조사 및 사회지표.
____________(2012). 2012 통계연보.
____________(2013). 2013 통계연보.
____________(2014a). 제주특별자치도 노인장애인복지과 내부자료.
____________(2014b). 제3기 제주특별자치도 지역사회복지계획.
제주특별자치도(http://www/jeju.go.kr).
제주특별자치도광역정신건강증진센터(http://www.jejumind.or.kr).
제주특별자치노노인보호전문기관(http://www jejunoin.org)
제주특별자치도노인복지관(2013). 2013 복지관 운영안내.
제주특별자치도사회복지공동모금회(2013). 나눔 제주사랑의열매, 제9호.
제주특별자치도사회복지협의회(http://jejubokji.net).
제주특별자치도사회복지사협회(http://jeju.welfare.net).
제주특별자치도사회복지협의회(2007). 제주사회복지편람.
______________________(2011). 제주사회복지편람.
______________________(2012). 제주사회복지협의회 25년사.
제주특별자치도사회복지협의회조사연구전문위원회(2003). 영구임대아파트 단지 내 사회복지관 발전방안. 제주특별자치도사회복지협의회.
제주특별자치도청소년상담복지센터(http://jeju1388.or.kr).
창암재활원(www.jejuchangam.co.kr).
초록우산 어린이재단 제주종합사회복지관(2013). 2013사업보고서.
한국사회복지관협회(2013). 2013년도 사회복지관운영관련 업무처리 안내.

한국전문대학사회복지교육협의회(2008). 사회복지실천론. 경기 : 양서원.

한라일보(http://www.ihalla.com)(2015. 6. 24).

희망나눔종합지원센터(2014). 행복한 공동체.

Barker, Robert L.(1995). *The Social Work Dictionary*(3rd ed.). Edition. Washington, DC : NASW Press.

Friedlander, Walter A., & Robert Z. Apte(1980). *Introduction to Social Welfare*. Englewood Cliffs, New Jersey : Prentice-Hall, Inc.

jemin.com(2010. 4. 30).

________(2011. 8. 9).

________(2012. 2. 10).

Skidmore, Rex, A., Milton G. Thackeray & O. William Farley(1991). *Introduction to Social Work*. Englewood Cliffs, New Jersey : Prentice-Hall, Inc.

찾 / 아 / 보 / 기

저/자/약/력

■ **강세현(姜世現, Sei-Hyon Kang)**

연세대학교 대학원 졸업(문학박사)
사회복지사 1급 자격증 취득
현 제주한라대학교 사회복지과 교수

<주요 저서>
사회복지학개론(공저), 인간행동과 사회환경(공저),
지역사회복지론(공저), 정신건강론(공저) 외 다수

[제2판]

지역사회복지실천현장의 이론과 사례

|저자| 강세현

|1판 1쇄| 발행 2014년 8월 11일
|2판 1쇄| 발행 2017년 1월 25일
|2판 2쇄| 발행 2020년 2월 14일
|2판 3쇄| 발행 2023년 1월 30일

|발행인| 김동훈
|발행처| 형설출판사

|주소| 경기도 고양시 일산동구 호수로 358-39, 동문타워 I 905호(백석동)
|전화| 031) 814-3000(대표)
|팩스| 031) 814-3100
|홈페이지| http://www.compub.co.kr
|전자우편| compub@naver.com
|출판등록| 2005년 10월 6일
|등록번호| 제396-2005-36호

|ISBN| 978-89-6352-998-1
정가 16,000원